Italien

DANS LA SÉRIE *LES GRANDS LIBRIO*

Anglais, Librio n° 830
Expression française, Librio n° 832
Langue française, Librio n° 835
Mathématiques, Librio n° 836
Mythologie, Librio n° 877
XXe siècle, Librio n° 878
Espagnol, Librio n° 879
La culture est un jeu, Librio n° 881
Première Guerre mondiale, Librio n° 891
Histoire des religions, Librio n° 892
Histoire de l'Art, Librio n° 927

Collectif

Italien

Inédit

© E.J.L., 2009

SOMMAIRE

PREMIÈRE PARTIE
Conjugaison espagnole
par Frédéric Eusèbe

1. **Présentation d'ensemble** 13
2. **Les conjugaisons régulières** 16
   1. Le présent de l'indicatif 16
   2. Le présent du subjonctif 17
   3. L'impératif 18
   4. Le futur de l'indicatif et le conditionnel 19
   5. L'imparfait de l'indicatif 20
   6. L'imparfait du subjonctif 21
   7. Le passé simple de l'indicatif 21
   8. Le gérondif, les participes, l'adjectif verbal 22
   9. Les temps composés 24
   10. Les formes passives, pronominales
       et impersonnelles 26
   11. Les semi-auxiliaires 27
3. **Les principaux types d'irrégularités** 29
   1. Les radicaux terminés par « c » et « g » 29
   2. Verbes en -iare et -iere 31
   3. Le changement du radical 32
   4. Les infinitifs contractés 34
4. **Les conjugaisons irrégulières** 36
   1. Le présent de l'indicatif et du subjonctif 36
   2. Le futur de l'indicatif et le conditionnel 41
   3. L'imparfait de l'indicatif et du subjonctif 43
   4. Les passés simples et les participes passés
      irréguliers 44
   5. L'impératif 50

5. Tableaux de conjugaison des verbes 51
    Les verbes à passé simple et participe passé irréguliers........... 96
6. Liste des principaux verbes irréguliers 101

DEUXIÈME PARTIE
Grammaire italienne
Par Mireille Guezenec & Anne Mazire

1. L'alphabet 107
    1. La prononciation.. 107
    2. L'accent tonique... 110
    3. L'élision, l'apocope et l'euphonie 111

2. La phrase 112
    1. Généralités 112
    2. L'exclamation 112
    3. L'interrogation 113
    4. La négation 115

3. L'article 118
    1. L'article indéfini 118
    2. L'article défini 118
    3. Les articles contractés 119
    4. L'article partitif 120
    5. Emploi particulier de l'article 120

4. Le nom 122
    1. Formation du féminin 122
    2. Formation du pluriel 123
    3. Les pluriels irréguliers 128

5. Les suffixes 131
    1. Les diminutifs 131
    2. Les augmentatifs 132
    3. Les péjoratifs 133
    4. Les autres suffixes 133

6. L'adjectif 135
    1. Généralités 135
    2. Adjectifs invariables 136
    3. Cas particuliers 136

7. Comparatif et superlatif 138
    1. Le comparatif d'égalité 138

   2. Les comparatifs de supériorité et d'infériorité 138
   3. Le superlatif 140

8. Les adverbes 143
   1. Les adverbes de manière 143
   2. Les adverbes de temps et de lieu 144

9. Les nombres 145
   1. Les nombres cardinaux 145
   2. Les nombres ordinaux 146
   3. L'âge 147
   4. La date 147
   5. L'heure 148
   6. Les siècles 148

10. Les démonstratifs 149
   1. Questo 149
   2. Quello 150

11. Le possessif 151
   1. L'adjectif possessif 151
   2. Le pronom possessif 155

12. Les pronoms personnels 156
   1. Les pronoms personnels sujets 156
   2. Les pronoms personnels réfléchis 156
   3. Les pronoms personnels compléments d'objet
      direct 157
   4. Les pronoms personnels compléments d'objet
      indirect 157
   5. les pronoms personnels forme forte 158
   6. Place des pronoms personnels 159
   7. Les pronoms personnels groupés 159

13. Les pronoms relatifs 162

14. La quantité 164
   1. Adjectifs et adverbes indéfinis 164
   2. Autres adverbes et locutions adverbiales
      de quantité 166

15. Les prépositions 168
   1. A 168
   2. Con 169
   3. Da 170
   4. Di 171
   5. Différence entre *di* et *da* 173
   6. In 174
   7. Per 175

8. Su..	175
9. Tra et fra...	176

16. L'expression du temps 177
   1. Généralités 177
   2. Le passé proche 177
   3. Le futur proche 178
   4. La forme progressive *être en train de* 178

17. La personne de politesse 179

18. Les conjonctions 181
   1. Les conjonctions de coordination 181
   2. Les conjonctions de subordination 183

19. Emploi du subjonctif 186

20. La subordonnée hypothétique 188

21. La concordance des temps 189

22. Traduction de « aimer » 190

23. Obligation et nécessité 191
   1. « bisogna » suivi d'un verbe à l'infinitif 191
   2. « ci vuole » ou « ci vogliono » 191
   3. Le verbe « occorrere » 191
   4. Autres verbes ou expressions 192

24. Traduction de « il y a » 193

25. Traduction de « on » 194

TROISIÈME PARTIE
Vocabulaire italien
Éléonore Mongiat

1. L'alphabet 198
   1. L'alphabet 198
   2. La prononciation 198
   3. L'accent tonique 201
   4. Le genre et le nombre 201
   5. Dernière remarque 202

2. Les nombres, les calculs 203

3. Les mesures, l'argent, la monnaie 208

4. La consommation 213

5. L'économie, l'industrie, l'agriculture	216
6. Le travail, la politique, l'armée...........................	219
7. L'informatique, l'internet	223
8. Les télécommunications, les médias	226
9. Les transports	229
10. Les vacances, les voyages, les pays......................	234
11. La culture	239
12. Les loisirs	244
13. Le temps	249
14. La nature, l'environnement..................................	254
15. Les animaux	257
16. Le corps humain	260
17. La santé	262
18. La nourriture	265
19. Les vêtements	269
20. La maison	271
21. La ville	274
22. La famille	276
23. Les études...	278
24. Les sentiments et l'intelligence	280
25. La rédaction, la correspondance	282

Quatrième partie
L'italien est un jeu
Par Mariuccia Bertolozzi

1. La musique italienne – Comment prononce-t-on l'italien?...	287
2. Des mots, des mots, encore des mots – Vos premiers mots en italien.................................	291
3. Faites l'article ! – Les articles	296

4. Dans la jungle des pluriels – **Les mots au pluriel**	301
5. Priorité à l'emploi qualifié! – Les **adjectifs qualificatifs**	304
6. Encore des adjectifs… – **Comparatifs et superlatifs**	309
7. A da di… et autres prépositions – **Les prépositions et leur emploi**	316
8. Soyez possessif! – **Les possessifs**	322
9. Qui c'est celui-là? – **Adjectifs et pronoms démonstratifs**	327
10. Y a quelqu'un? – Y a personne! – **Adjectifs et pronoms indéfinis**	331
11. Relations personnelles – **Les pronoms personnels sujets**	335
12. La ronde des compléments – **Les pronoms personnels compléments faibles**	339
13. La ronde des compléments, deuxième tour – **Les pronoms personnels compléments forts**	345
14. Que les couples se forment! – **Les pronoms personnels groupés**	349
15. Soyez présent! – **Les verbes: le présent et l'impératif**	353
16. C'est du passé! – **L'imparfait et le passé composé**	361
17. Retour vers le futur – **Le futur et le conditionnel**	367
18. Subjectif subjonctif – **Le présent et l'imparfait du subjonctif**	373
19. Faites-vous des relations! – **Les pronoms relatifs**	379

Première partie
Conjugaison italienne

Par Éléonore Mongiat

Chapitre 1
Présentation d'ensemble

En italien, il existe trois types de conjugaisons régulières :
- les verbes en **-are**, comme *PARLARE*
- les verbes en **-ere** comme *CREDERE*
- les verbes en **-ire** comme *DORMIRE* et *CAPIRE*

Les irrégularités sont nombreuses, mais elles appartiennent le plus souvent à des systèmes fixes.

La voyelle de la terminaison de l'infinitif déterminera la conjugaison du verbe. On parle d'un thème en **-a**, en **-e** ou en **-i**.

Remarque 1. L'organisation des temps
En italien, la plupart des temps sont formés selon une structure semblable. Ainsi, les présents (indicatif, subjonctif et impératif), les imparfaits (indicatif et subjonctif), le futur et le conditionnel, enfin le passé simple et le participe passé.
Pour former les temps, on ajoute au radical des verbes les terminaisons qui indiquent les temps et les personnes. Selon les temps, on obtient le radical des verbes en enlevant les trois dernières lettres de l'infinitif **-are**, **-ere**, **-ire** ; ou simplement les deux dernières, lorsque la voyelle thématique est conservée.

Remarque 2. Les personnes verbales
Les pronoms personnels sujets ne sont en général pas exprimés car la terminaison du verbe indique à elle seule la personne. Ils n'apparaissent que si l'on veut insister ou préciser davantage. Les formes non personnelles (infinitif, participe et gérondif) et l'impératif n'ont jamais de pronom sujet.

Remarque 3. Terminaisons personnelles
La forme des terminaisons indiquant les personnes est

déterminée le plus souvent par le temps du verbe. La voyelle qui termine le radical reprend souvent la voyelle thématique.

Personnes	Choses et personnes	Terminaisons personnelles
io (je)		-voyelle
tu (tu)		-i
lui, egli (il)	esso (il)	-voyelle
lei, ella (elle)	essa (elle)	-voyelle
noi (nous)		-voyelle + mo
voi (vous)		-voyelle + te
loro (ils)	essi (ils)	-voyelle + no
loro (elles)	esse (elles)	-voyelle + no
Politesse		
Lei, Ella (vous sg.)		-voyelle
Loro (vous pl.)		-voyelle + no

La personne de politesse est la troisième du singulier ou du pluriel, selon le nombre de personnes indiquées. Elle se référait autrefois à Sa Seigneurie, Leurs Altesses...

Remarque 4. L'accent tonique

L'accent tonique ne s'écrit pas. On le note seulement lorsqu'il tombe sur la dernière syllabe : au futur (*parlerò*, *parlerà*) et au passé simple (*parlò*), ainsi que sur les syllabes qui proviennent de terminaisons tronquées : *può*. D'autres accents servent à distinguer des homophones : la 3e personne du singulier des verbes *ESSERE* (*è*) et *DARE* (*dà*) pour les distinguer de la conjonction *e* et de la préposition *da*.

Cependant, on écrit sans accent *ho*, *ha*, au présent du verbe AVOIR et *fu* au passé simple du verbe ÊTRE.

En général, en italien l'accent tonique tombe sur l'avant-dernière syllabe (*parola piana* : mot plat), quelquefois sur l'avant-avant-dernière syllabe (*parola sdrucciola* : mot glissant) et quelquefois même sur la syllabe encore précédente (*parola bisdrucciola*).

Dans la conjugaison, cependant, l'accentuation n'est pas livrée au hasard et se place de façon très régulière selon les temps et les personnes. Son étude est indispensable à une prononciation correcte et constituera une aide précieuse pour la mémoire.

La voyelle thématique est toujours accentuée à l'infinitif pour les verbes en **-are** et en **-ire**. Les 1re et 2e personnes du pluriel sont accentuées sur la terminaison, à toutes les conjugaisons – régulières et irrégulières.

Remarque 5. Les formes interrogative et négative

Comme le sujet n'est pas souvent exprimé en italien, on forme l'interrogation en montant la voix, ou à l'écrit, en terminant la phrase par un point d'interrogation. Il s'ensuit que l'on ne traduit pas la formule française « est-ce que ».

> *Hai fame ?* – As-tu faim ?
> *Tu hai fame ?* – Tu as faim, toi ?
> *Lucio e Raffaele vogliono venire ?* – Est-ce que Luc et Raffaël veulent venir ?

La forme négative ajoute *non* devant le verbe conjugué.

> *Non mi interessa la musica.* – La musique ne m'intéresse pas.
> *I bambini non sono ancora tornati.* – Les enfants ne sont pas encore rentrés.

Attention cependant à la 2e personne du singulier de l'impératif : la négation *non* entraîne l'infinitif au lieu de la forme d'impératif conjuguée.

> *Non parlare.* – Ne parle pas.

La forme interro-négative emploie *non* et le point d'interrogation.

> *Non hai fame ?* – Tu n'as pas faim ?

Chapitre 2
Les conjugaisons régulières

1. Le présent de l'indicatif

Les verbes réguliers se forment selon le modèle suivant.

parl-_a_re	cr_e_d-ere	cap-_i_re	dorm-_i_re
p_a_rl-o	cr_e_d-o	cap-_i_sc-o	d_o_rm-o
p_a_rl-i	cr_e_d-i	cap-_i_sc-i	d_o_rm-i
p_a_rl-_a_	cr_e_d-_e_	cap-_i_sc-e	d_o_rm-e
parl-i_a_mo	cred-i_a_mo	cap-i_a_mo	dorm-i_a_mo
parl-_a_te	cred-_e_te	cap-_i_te	dorm-_i_te
p_a_rl-ano	cr_e_d-ono	cap-_i_sc-ono	d_o_rm-ono

Remarque 1. Balancement de l'accent
– Seules les 1ʳᵉ et 2ᵉ personnes du pluriel sont accentuées sur la terminaison. Dans le tableau, elles ont été décalées volontairement.
– Attention à la 3ᵉ personne du pluriel : elle porte normalement l'accent sur la même syllabe que la 1ʳᵉ personne du singulier, celle qui précède la terminaison (*parola sdrucciola*).
Ex. p_a_rlo, p_a_rlano – cr_e_do, cr_e_dono – cap_i_sco, cap_i_scono.

Cependant, l'accent peut tomber sur la syllabe encore précédente (*bisdrucciola*). Pour éviter les erreurs d'accentuation, il faut penser à la 1ʳᵉ personne du singulier, d'une part, et au nom de la même famille, d'autre part ; les deux portent l'accent sur la même syllabe.
Ex. : *gi_u_dico/gi_u_dicano/il gi_u_dice*.

Remarque 2. Voyelle thématique.
La voyelle caractéristique de l'infinitif **-are**, **-ere** ou **-ire** – ou voyelle thématique – est conservée : à la 2ᵉ personne du pluriel pour les trois conjugaisons ; aux 3ᵉ personnes du sin-

gulier et du pluriel pour les verbes en **-are** ; à la 3ᵉ personne du singulier pour les verbes en **-ere**.

Remarque 3. La particule -isc-*

La majorité des verbes en **-ire** se conjugue sur *CAPIRE*. Ces verbes intercalent la particule **-isc-** entre le radical et la terminaison. Cette particule n'apparaît qu'au présent de l'indicatif, du subjonctif et de l'impératif. Elle est toujours accentuée. Seules les 1ʳᵉ et 2ᵉ personnes du pluriel ne la possèdent pas et sont accentuées normalement sur la terminaison.

* Cette particule vient de la particule **-esc-** qui s'ajoutait aux verbes latins pour indiquer le commencement de l'action et sa progression. Ex. *florescit* : il commence à fleurir.

Presque tous les verbes en **-ire** se conjuguent sur *CAPIRE*. Seule une quinzaine de verbes – ainsi que leurs composés – se conjugue sur le modèle de *DORMIRE* :
BOLLIRE, CUCIRE, FUGGIRE, OFFRIRE, PARTIRE, SEGUIRE, SENTIRE, SERVIRE, SOFFRIRE, SORTIRE, VESTIRE, AVVERTIRE (ainsi que *CONVERTIRE, DIVERTIRE,* etc.)

Quelques verbes connaissent les deux formes :
ASSORBIRE, ABORRIRE, COMPIRE, CONSEGUIRE, ESEGUIRE, INGHIOTTIRE, LANGUIRE, MENTIRE, NUTRIRE, PROSEGUIRE, RUGGIRE, SDRUCIRE, TOSSIRE.
Ex. : *NUTRIRE* fait *nutrisco* et *nutro*.

➤ Beaucoup de verbes sont irréguliers au présent.

2. Le présent du subjonctif

On enlève **-are**, **-ere** ou **-ire** à l'infinitif et on ajoute les terminaisons.

Il est à remarquer que la voyelle thématique est inversée :
« i » au lieu du « a » de *PARLARE* ;
« a » au lieu du « e » de *CREDERE* et du « i » de *CAPIRE*.

parl-_a_re	cr_e_d-ere	cap-_i_re	dorm-_i_re
p_a_rli	cr_e_da	cap_i_sca	d_o_rma
p_a_rli	cr_e_da	cap_i_sca	d_o_rma
p_a_rli	cr_e_da	cap_i_sca	d_o_rma
parli_a_mo	credi_a_mo	capi_a_mo	dormi_a_mo
parli_a_te	credi_a_te	capi_a_te	dormi_a_te
p_a_rlino	cr_e_dano	cap_i_scano	d_o_rmano

Les trois 1res personnes sont identiques entre elles.

Les 1re et 2e personnes du pluriel sont semblables aux trois conjugaisons.

Comme au présent de l'indicatif :
- *CAPIRE* intercale sa particule **-isc** sauf aux 1re et 2e personnes du pluriel ;
- la 1re personne du pluriel est la même ;
- la 3e personne du pluriel est *sdrucciola*, accentuée sur le radical comme la 1re personne du singulier.

➤ Beaucoup de verbes sont irréguliers, les mêmes qu'au présent de l'indicatif.

3. L'IMPÉRATIF

L'impératif proprement dit ne possède en principe que deux personnes : tu et vous. Il n'a pas de sujet. Il reprend les personnes correspondantes du présent de l'indicatif, sauf à la 2e personne du singulier des verbes en **-are**, qui est en « a ». Les autres personnes sont prises du subjonctif présent, et suppléent aux personnes manquantes de l'impératif.

parl-_a_re		cred-_e_re	
Impératif	Subjonctif	Impératif	Subjonctif
	parli		creda
parl_a_		credi	
	parli		creda
	parli_a_mo		credi_a_mo
parl_a_te		cred_e_te	
	p_a_rlino		cr_e_dano

	cap-*ire*		dorm-*ire*
Impératif	Subjonctif	Impératif	Subjonctif
	cap*i*sca		d*o*rma
cap*i*sci		d*o*rmi	
	cap*i*sca		d*o*rma
	capi*a*mo		dormi*a*mo
cap*i*te		dorm*i*te	
	cap*i*scano		d*o*rmano

Ce mode sert à donner des ordres ou des conseils. En français, l'impératif du verbe *parler* se traduirait par : que je parle, parle, qu'il parle, parlons, parlez, qu'ils parlent.

Remarque 1. L'impératif, sans sujet exprimable, soude les pronoms personnels à la fin du mot. De plus, si l'impératif est en une syllabe (*da'*, *fa'*, *sta'*, etc.), il double la consonne initiale du pronom (sauf avec *gli*). Enfin, l'accent tonique ne change pas sa place d'origine.

*P*ortagliela subito ! – Porte-la-lui tout de suite !
*Di*mmelo ! – Dis-le-moi !

Remarque 2. L'impératif négatif de la 2ᵉ personne du singulier se fait avec *non* + infinitif.

Non parlare, non credere, non dormire : ne parle pas, ne crois pas, ne dors pas.

▶ Les irrégularités sont peu nombreuses.

4. LE FUTUR DE L'INDICATIF ET LE CONDITIONNEL

On enlève **-re** à l'infinitif et on ajoute les terminaisons. Les deux formes de la 3ᵉ conjugaison sont semblables.

▶ La conjugaison en **-are** change la voyelle thématique : **-a** se transforme en **-e**.

Futur de l'indicatif

parl*a*-re	cred*e*-re	cap*i*-re	dorm*i*-re
parl*e*-r<u>ò</u>	cred*e*-r<u>ò</u>	cap*i*-r<u>ò</u>	dorm*i*-r<u>ò</u>
parl*e*-r<u>ai</u>	cred*e*-r<u>ai</u>	cap*i*-r<u>ai</u>	dorm*i*-r<u>ai</u>
parl*e*-r<u>à</u>	cred*e*-r<u>à</u>	cap*i*-r<u>à</u>	dorm*i*-r<u>à</u>
parl*e*-r<u>e</u>mo	cred*e*-r<u>e</u>mo	cap*i*-r<u>e</u>mo	dorm*i*-r<u>e</u>mo
parl*e*-r<u>e</u>te	cred*e*-r<u>e</u>te	cap*i*-r<u>e</u>te	dorm*i*-r<u>e</u>te
parl*e*-r<u>a</u>nno	cred*e*-r<u>a</u>nno	cap*i*-r<u>a</u>nno	dorm*i*-r<u>a</u>nno

Conditionnel présent

parl*a*-re	cred*e*-re	cap*i*-re	dorm*i*-re
parl*e*-r<u>ei</u>	cred*e*-r<u>ei</u>	cap*i*-r<u>ei</u>	dorm*i*-r<u>ei</u>
parl*e*-r<u>e</u>sti	cred*e*-r<u>e</u>sti	cap*i*-r<u>e</u>sti	dorm*i*-r<u>e</u>sti
parl*e*-r<u>e</u>bbe	cred*e*-r<u>e</u>bbe	cap*i*-r<u>e</u>bbe	dorm*i*-r<u>e</u>bbe
parl*e*-r<u>e</u>mmo	cred*e*-r<u>e</u>mmo	cap*i*-r<u>e</u>mmo	dorm*i*-r<u>e</u>mmo
parl*e*-r<u>e</u>ste	cred*e*-r<u>e</u>ste	cap*i*-r<u>e</u>ste	dorm*i*-r<u>e</u>ste
parl*e*-r<u>e</u>bbero	cred*e*-r<u>e</u>bbero	cap*i*-r<u>e</u>bbero	dorm*i*-r<u>e</u>bbero

➤ Attention à l'accent tonique. Il porte régulièrement sur la terminaison, à toutes les personnes. Au futur, les 1re et 3e personnes du singulier sont donc accentuées sur la dernière syllabe, et l'accent tonique est écrit puisqu'il termine le mot*.

* Le futur et le conditionnel résultent d'une contraction verbale qui explique leur accentuation.
Il s'agit de la contraction de l'expression infinitif + auxiliaire AVOIR au présent pour le futur : *CAPIRE* + *ho* (j'ai à comprendre) ➜ *capirò*, ainsi que de l'expression infinitif + auxiliaire AVOIR au passé pour le conditionnel : *CAPIRE* + *ebbi* (j'avais à comprendre) ➜ *capirei*.

➤ Ces deux temps ont un radical qui a parfois subi des transformations phonétiques.

5. L'IMPARFAIT DE L'INDICATIF

On enlève **-re** à l'infinitif, et on ajoute les terminaisons. Les deux formes de la 3e conjugaison sont semblables.

2. Les conjugaisons régulières

parl*a*-re	cr*e*d*e*-re	cap*i*-re	dorm*i*-re
parl*a*-vo	cr*e*d*e*-vo	cap*i*-vo	dorm*i*-vo
parl*a*-vi	cr*e*d*e*-vi	cap*i*-vi	dorm*i*-vi
parl*a*-va	cr*e*d*e*-va	cap*i*-va	dorm*i*-va
parl*a*-vamo	cr*e*d*e*-vamo	cap*i*-vamo	dorm*i*-vamo
parl*a*-vate	cr*e*d*e*-vate	cap*i*-vate	dorm*i*-vate
parl*a*-vano	cr*e*d*e*-vano	cap*i*-vano	dorm*i*-vano

➤ Ce temps est très régulier, sauf pour l'auxiliaire ÊTRE.

6. L'IMPARFAIT DU SUBJONCTIF

On enlève **-re** à l'infinitif, et on ajoute les terminaisons.
La voyelle thématique est conservée. De plus, elle est toujours accentuée.

parl*a*-re	cr*e*d*e*-re	cap*i*-re	dorm*i*-re
parl*a*ssi	cr*e*d*e*ssi	cap*i*ssi	dorm*i*ssi
parl*a*ssi	cr*e*d*e*ssi	cap*i*ssi	dorm*i*ssi
parl*a*sse	cr*e*d*e*sse	cap*i*sse	dorm*i*sse
parl*a*ssimo	cr*e*d*e*ssimo	cap*i*ssimo	dorm*i*ssimo
parl*a*ste	cr*e*d*e*ste	cap*i*ste	dorm*i*ste
parl*a*ssero	cr*e*d*e*ssero	cap*i*ssero	dorm*i*ssero

➤ Comme pour l'imparfait de l'indicatif, ce temps est très régulier, sauf pour ÊTRE, *DARE* et *STARE*.

7. LE PASSÉ SIMPLE DE L'INDICATIF

Ce temps porte aussi le nom de passé défini ; en italien, *passato remoto*.
On enlève **-re** à l'infinitif et on ajoute les terminaisons.
Les deux formes de la 3ᵉ conjugaison sont semblables.

➤ La conjugaison en **-are** change la voyelle thématique de la 3ᵉ personne du singulier : **-a** se transforme en **-ò**.

➤ Attention à l'accent tonique. Il porte régulièrement sur la voyelle thématique, à toutes les personnes. La 3ᵉ personne du singulier est donc accentuée sur la dernière syllabe, même à l'écrit. Et la 1re personne du singulier des verbes en **-ire**, sur le premier « i » : *dormi-i*.

parl<u>a</u>-re	cr<u>e</u>de-re	cap<u>i</u>-re	dorm<u>i</u>-re
parl<u>a</u>i	cr<u>e</u>dei/cr<u>e</u>detti*	cap<u>i</u>i	dorm<u>i</u>i
parl<u>a</u>sti	cr<u>e</u>desti	cap<u>i</u>sti	dorm<u>i</u>sti
parl<u>ò</u>	cr<u>e</u>dé/cr<u>e</u>dette*	cap<u>ì</u>	dorm<u>ì</u>
parl<u>a</u>mmo	cr<u>e</u>demmo	cap<u>i</u>mmo	dorm<u>i</u>mmo
parl<u>a</u>ste	cr<u>e</u>deste	cap<u>i</u>ste	dorm<u>i</u>ste
parl<u>a</u>rono	cr<u>e</u>derono/ cr<u>e</u>dettero*	cap<u>i</u>rono	dorm<u>i</u>rono

* La conjugaison en **-ere**
Elle présente deux formes aux 1re et 3e personnes du singulier et à la 3e du pluriel.

On évitera la forme en « ett » avec les verbes qui ont déjà un « t » au radical. Notons cependant que les verbes en **-sistere** l'emploient de préférence : *INSISTERE* fait *insistetti* plutôt que *insistei*.

➤ C'est ce temps qui présente les irrégularités les plus nombreuses.

8. LE GÉRONDIF, LES PARTICIPES, L'ADJECTIF VERBAL

A. Le gérondif

On enlève **-re** à l'infinitif, et on ajoute la terminaison **-ando** pour les verbes en **-are** et **-endo** pour les autres.

parl-<u>a</u>ndo : en parlant	*cap-<u>e</u>ndo* : en comprenant
cred-<u>e</u>ndo : en croyant	*dorm-<u>e</u>ndo* : en dormant

B. Les participes

a. Le participe présent

Le participe présent se forme régulièrement. On enlève **-re** à l'infinitif et on ajoute la terminaison **-ante** pour les verbes en **-are** et **-ente** pour les autres. Le participe présent s'accorde avec le nom qu'il accompagne, il possède un singulier en **-e** et un pluriel en **-i**.

2. Les conjugaisons régulières

> *parl-ante* : parlant   *capente* : comprenant
> *cred-ente* : croyant   *dorm-ente/dorm-iente* : dormant

Tous les verbes ne possèdent pas de participes présents. Beaucoup de verbes en **-ere** et en **-ire** possèdent souvent deux formes, comme *DORMIRE*. Il faut consulter le dictionnaire.

b. Le participe passé

On enlève **-re** à l'infinitif, et on ajoute la terminaison **-ato** pour les verbes en **-are**, **-uto** pour les verbes **-ere** et **-ito** pour les verbes en **-ire**.

| parl-*a*re | cred-*e*re | cap-*i*re | dorm-*i*re |
| parl-*a*to | cred-*u*to | cap-*i*to | dorm-*i*to |

Le participe passé s'accorde en genre et en nombre avec le nom qu'il accompagne, comme n'importe quel adjectif.

> *Parlato, parlata, parlati, parlate* : parlé, parlée, parlés, parlées
> *L'italiano è una lingua parlata.* – L'italien est une langue parlée.

Remarque.

Ces formes, sans sujet exprimable, soudent les pronoms personnels compléments à la fin du mot.
L'accent tonique ne change pas sa place d'origine.

> *Vedendolo, lo chiama.* – Le voyant, il l'appelle.

C. L'adjectif verbal

En plus du participe passé qui marque le résultat de l'action, certains verbes possèdent un adjectif verbal indiquant un état. Sa forme est plus courte et ne doit pas être confondue avec celle du participe passé ; la différence de sens est la même qu'entre sec et séché, plein et rempli.

> *colmo/colmato* : plein/rempli
> *asciutto/asciugato* : sec/séché
> *sveglio/svegliato* : éveillé/réveillé
> *gonfio/gonfiato* : gonflé, rebondi, plein d'air/gonflé (résultat de l'action de gonfler)

9. LES TEMPS COMPOSÉS

A. *Formation et auxiliaire*

Comme en français, les temps composés se forment avec l'auxiliaire AVOIR ou ÊTRE et le participe passé. Ils comprennent le futur antérieur, le passé composé, le plus-que-parfait, le passé antérieur, le conditionnel passé, le subjonctif passé et le plus-que-parfait, l'infinitif passé et le gérondif passé. L'auxiliaire ÊTRE se conjugue avec ÊTRE ; l'auxiliaire AVOIR avec AVOIR.

Ho parlato, avevo parlato, avrò parlato ; *sono partito, ero partito, sarò partito* ; *sono stato, ho avuto.*

Le choix de l'auxiliaire tombe sur AVOIR pour les verbes transitifs, car ils indiquent un acte volontaire.

Pour les verbes intransitifs, l'italien emploie l'auxiliaire ÊTRE bien plus souvent que le français lorsque ces verbes expriment un état ou un devenir, ou un mouvement :

essere : être	*invecchiare* : vieillir
sembrare : sembler	*continuare* : continuer
piacere : plaire	*andare* : aller
dolere : faire mal	*venire* : venir
dimagrire : maigrir	*stare* : se tenir

> *È stato a Parigi quest'inverno.* – Il a été à Paris cet hiver.
> *Mio nonno è vissuto molto vecchio.* – Mon grand-père a vécu très vieux.
> *Mi è sembrato più alto.* – Il m'a semblé plus grand.

Remarque 1.

Lorsqu'un même verbe peut avoir une forme transitive et intransitive (en particulier les verbes de mouvement), l'auxiliaire AVOIR insiste sur l'action, l'auxiliaire ÊTRE sur le but du mouvement.

> *Ho salito con fatica le scale./Sono salito a casa.* – J'ai grimpé les marches avec peine./Je suis monté à la maison.

2. Les conjugaisons régulières

Remarque 2. Les verbes serviles

On appelle ainsi les verbes *DOVERE, POTERE, VOLERE, SAPERE, SOLERE*. Ils se conjuguent normalement avec AVOIR.

S'ils accompagnent un infinitif se conjuguant avec ÊTRE, ils prennent aussi l'auxiliaire ÊTRE.

> *Ha voluto + È andato → È voluto andare.* – Il a voulu aller.
> *Ho dovuto + Sono venuto → Sono dovuto venire.* – Il a dû venir.
> *Ho dovuto + Ho studiato → Ho dovuto studiare.* – J'ai dû étudier.

Avec ÊTRE, on place les pronoms personnels devant l'auxiliaire au lieu de les souder à l'infinitif.

> *Mi son dovuta pettinare.* – J'ai dû me coiffer.

B. Accord du participe passé

L'accord du participe passé conjugué avec ÊTRE se fait comme en français avec le sujet.

> *I ragazzi sono entrati in casa.* – Les jeunes garçons sont entrés dans la maison.
> *Le donne sono rimaste fuori.* – Les femmes sont restées dehors.

L'accord du participe passé conjugué avec AVOIR se fait comme en français avec les COD placés avant le participe, mais il n'est **absolument obligatoire qu'avec les pronoms personnels COD placés avant le participe** (sauf *ci*, *vi*).

> *Ho scritto le lettere ieri.*
> *Le lettere che ho scritto/scritte ieri.*
> *Le ho scritte ieri.*

Le participe passé du verbe ÊTRE s'accorde, contrairement au français.

> *Siamo stati a Roma.* – Nous sommes allés à Rome.

10. Les formes passives, pronominales et impersonnelles

A. *Le passif*

Comme en français, la formation du passif veut l'auxiliaire ÊTRE et le participe passé; le participe passé s'accorde en genre et en nombre avec le sujet.

▶ L'auxiliaire ÊTRE aux temps composés se conjugue avec ÊTRE, et non avec AVOIR.

> *Il topolino è stato mangiato dal gatto.* – La souris a été mangée par le chat.

Remarque.
Au lieu de l'auxiliaire ÊTRE, le passif peut se former aussi avec *VENIRE* pour les temps simples, surtout pour indiquer la progression de l'action.

> *La porta vien chiusa dal vento, adesso è chiusa.* – La porte est fermée par le vent, maintenant elle est fermée.

B. *Les formes pronominales*

Les verbes pronominaux se conjuguent avec un pronom personnel réfléchi ou réciproque et l'auxiliaire ÊTRE, comme en français. Le participe passé s'accorde en genre et en nombre avec le sujet.

lavarsi au présent	lavarsi au présent passif
mi lavo	mi sono lavato, a
ti lavi	ti sei lavato, a
si lava	si è lavato, a
ci laviamo	ci siamo lavati, e
vi lavate	vi siete lavati, e
si lavano	si sono lavati, e

C. *Les formes impersonnelles*

Les verbes impersonnels se conjuguent avec l'auxiliaire ÊTRE. S'ils se rapportent aux conditions météorologiques, ils

2. Les conjugaisons régulières

acceptent ÊTRE et AVOIR. À l'occasion, ils peuvent prendre une valeur équivalente à l'indéfini on.

> *È bastato poco per convincerlo.* – Il n'en a pas fallu beaucoup pour le convaincre.
> *È piovuto molto/Ha piovuto molto.* – Il a beaucoup plu.
> *Si sente una voce, si sentono saluti.* – On entend une voix, on entend des salutations.

Remarque.
Les verbes impersonnels s'accordent en genre et en nombre avec leur sujet réel.

11. LES SEMI-AUXILIAIRES

Les semi-auxiliaires sont des expressions verbales qui servent à modifier le degré de progression de l'action, comme le ferait un mode dans la conjugaison – ainsi, l'indicatif montre-t-il la réalité objective ; le subjonctif, ce qui est dans la conscience.

Ces expressions verbales précisent si l'action va survenir, si elle commence, dure, progresse, si elle est une conséquence ou une simple constatation. Elles s'emploient aux temps simples.

A. *L'avenir.*

– *ANDARE* + PARTICIPE PASSÉ. Indique une action qui doit être faite.

> *La pastasciutta va mangiata con la salsa.* – On mange les pâtes avec de la sauce.
> *Questo compito va fatto con cura.* – Il faut faire ce devoir avec soin.

– *STARE PER* + INFINITIF. Indique le futur proche.

> *Sta per partire.* – Il est sur le point de partir, il va partir.
> *Stava per partire.* – Il était sur le point de partir, il allait partir.

B. *Le présent.*

– *VENIRE* + PARTICIPE PASSÉ. Indique une action vive, inattendue ; cette expression peut remplacer le passif aux temps simples pour mettre l'accent sur l'action en cours d'accomplissement plutôt que sur l'état.

> *Il ladro venne sorpreso mentre rubava.* – Le voleur a été surpris pendant qu'il volait.
> *La porta vien chiusa dal vento.* – La porte est fermée par le vent.

– *VENIRE* + GÉRONDIF. Indique une action qui commence ou qui se répète.

> *Viene notando ogni mia parola.* – Il remarque chaque mot que je dis.

– *STARE A* + INFINITIF. Indique un état qui se prolonge.

> *Che cosa stai lì a fare?* – Qu'est-ce que tu attends?

– *STARE* + GÉRONDIF. Indique une action qui dure, comme la forme progressive anglaise.

> *Stavo mangiando quando hai telefonato.* – J'étais en train de manger quand tu as téléphoné.

– *ANDARE* + GÉRONDIF. Indique une action qui progresse (souvent avec mouvement).

> *Vo cantando per le strade.* – Je vais par les rues en chantant.

C. Le résultat.

– *RIMANERE, RESTARE* + INFINITIF. Indique un état résultant.

> *È rimasto male.* – Il a été déçu, il en a été ennuyé.

– *RIUSCIRE/RISULTARE* + ATTRIBUT. Indique une pensée résultante, une constatation.

RIUSCIRE se réfère au sens étymologique de *USCIRE*: sortir, donc paraître.

> *Questo professore mi riesce/mi risulta noioso.* – Ce professeur me paraît ennuyeux.

Chapitre 3
Les principaux types d'irrégularités

En italien, les irrégularités portent quasiment toujours sur les radicaux, et presque jamais sur les terminaisons (sauf quelques rares cas à l'impératif).

1. Les radicaux terminés par « c » et « g »

Selon la voyelle qui les suit, « c » et « g » prennent en italien (comme en français) un son différent. Ces consonnes sont douces devant « e » et « i », dures devant « a » et « o ».

A. Aucun changement d'écriture

Verbes en -scere, -gere et -gire
Pour mémoire – car l'on ne peut pas parler d'irrégularité pour ces verbes – il faut bien se souvenir que la prononciation varie en fonction de la voyelle qui suit « sc » et « g ».
sce/sci → [ché]/ [chi]
ge/gi → [djé]/[dji]
sco, go → [sko], [go]

conoscere	[ché]	correggere	[djé]	fuggire	[dji]
conosco	[sko]	correggo	[go]	fuggo	[go]
conosci	[chi]	correggi	[dji]	fuggi	[dji]
conosce	[ché]	corregge	[djé]	fugge	[djé]
conosciamo	[cha]	correggiamo	[dja]	fuggiamo	[dja]
conoscete	[ché]	correggete	[djé]	fuggite	[dji]
conoscono	[sko]	correggono	[go]	fuggono	[go]

I. LA CONJUGAISON ITALIENNE

B. Aucun changement de prononciation

a. Verbes en -care et -gare

« c » et « g » conservent le son dur de l'infinitif dans toute la conjugaison [k] et [g].

Pour cela, ils prennent un « h » devant « i » ou « e ».

indicatif présent		futur	
caricare	legare	caricare	legare
carico	lego	caricherò	legherò
carichi	leghi	caricherai	legherai
carica	lega	caricherà	legherà
carichiamo	leghiamo	caricheremo	legheremo
caricate	legate	caricherete	legherete
caricano	legano	caricheranno	legheranno

b. Verbes en -cire

« c » conserve le son doux du radical dans toute la conjugaison.

Pour cela, il prend un « i » devant « a » et « o ».

cucire
cucio
cuci
cuce
cuciamo
cucite
cuciono

c. Verbes en -ciare et -giare

« c » et « g » conservent le son doux de l'infinitif dans toute la conjugaison [tch] et [dj], car ils sont toujours suivis d'une voyelle douce « i » ou « e ».

Ces verbes perdent le « i » du radical devant le « i » de la terminaison, à la 2e personne du singulier et à la 1re du pluriel.

De plus, ils perdent le « i » devant un « e », au futur et au conditionnel.

3. Les principaux types d'irrégularités

	cominciare		mangiare	
indicatif présent	futur		indicatif présent	futur
comincio	comincerò		mangio	mangerò
cominci	comincerai		mangi	mangerai
comincia	comincerà		mangia	mangerà
cominciamo	cominceremo		mangiamo	mangeremo
cominciate	comincerete		mangiate	mangerete
cominciano	cominceranno		mangiano	mangeranno

2. Verbes en -iare et -iere

A. Radical avec un « i » non accentué

Ces verbes perdent le « i » du radical devant le « i » de la terminaison, à la 2ᵉ personne du singulier et à la 1ʳᵉ du pluriel, comme *SAZIARE – PICCHIARE – SBAGLIARE – SCEGLIERE*.

indicatif présent	
saziare	picchiare
sazio	picchio
sazi	picchi
sazia	picchia
saziamo	picchiamo
saziate	picchiate
saziano	picchiano

B. Radical avec un « i » accentué

Ces verbes présentent au radical un « i » accentué devant la terminaison, au présent de l'indicatif, du subjonctif et de l'impératif – sauf si l'accent tonique tombe naturellement sur la terminaison, comme à la 1ʳᵉ et 2ᵉ personne du pluriel, auquel cas le « i » accentué disparaît. On prononce à part le « i » du radical : *invi̱-o, invi̱-i*.

inviare

invio
invii
invia
inviamo
inviate
inviano

3. Le changement du radical

A. *La gutturale d'appui*

Ces verbes prennent un « g » dur à certaines personnes. Un « g » existait déjà à l'infinitif, ou il y a été introduit. On le trouve aux personnes suivantes des présents :

1re personne du singulier et 3e du pluriel du présent de l'indicatif ; 1re, 2e et 3e personnes du singulier et 3e du pluriel du présent du subjonctif ; 3e personne du singulier et du pluriel de l'impératif.

SALIRE, VALERE, RIMANERE, PORRE : io salgo/salga
COGLIERE, TOGLIERE, SCEGLIERE, SCIOGLIERE, SPEGNERE : io sciolgo/sciolga
TENERE, VENIRE, DOLERE : io tengo/tenga

Présent indicatif	Présent subjonctif	Présent impératif
rimango	rimanga	
rimani	rimanga	rimani
rimane	rimanga	rimanga
rimaniamo	rimaniamo	rimaniamo
rimanete	rimaniate	rimanete
rimangono	rimangano	rimangano

3. Les principaux types d'irrégularités

B. Variation de voyelle due au balancement de l'accent

a. Variation vocalique: *DOVERE, USCIRE, UDIRE*

dovere	uscire	udire
devo (ou debbo)	esco	odo
devi	esci	odi
deve	esce	ode
dobbiamo	usciamo	udiamo
dovete	uscite	udite
devono (ou debbono)	escono	odono

b. Diphtongaison (jamais devant une double consonne):

    -e/-ie: *SEDERE, TENERE, VENIRE*
    -o/-uo: *MORIRE*

sedere	venire	morire
siedo (ou seggo)	vengo	muoio
siedi	vieni	muori
siede	viene	muore
sediamo	veniamo	moriamo
sedete	venite	morite
siedono (ou seggono)	vengono	muoiono

C. Verbes à plusieurs radicaux

a. Les verbes ÊTRE et AVOIR se conjuguent formellement sur plusieurs radicaux:

ESSERE souvent contracté en **s-** ou en **sar-**, **er-**, **fu-** et *stato*.
AVERE **av-** contracté parfois en *ho*, **abb-/ebb-**.
  Ce sont les verbes les plus irréguliers de tous, parce qu'ils sont les plus courants, et par suite les plus faciles à retenir.

b. Beaucoup de verbes fortement irréguliers ont parfois plusieurs radicaux:

vad-/and- pour *ANDARE*, **poss-/pot-** pour *POTERE*, etc.

4. LES INFINITIFS CONTRACTÉS

Quelques verbes possèdent un infinitif contracté: *DIRE, FARE, PORRE, TRARRE, BERE, CONDURRE* et leurs composés.

A. Le présent et l'imparfait de l'indicatif et du subjonctif

Au présent et à l'imparfait de l'indicatif et du subjonctif, ces verbes reprennent leur infinitif complet d'origine.

Infinitif d'origine		Présent indicatif	Présent subjonctif
dicere	→	dico	dica
facere	→	faccio	faccia
ponere	→	pongo	ponga
traere/traggere	→	traggo	tragga
bevere	→	bevo	beva
conducere	→	conduco	conduca

Infinitif d'origine		Imparfait indicatif	Imparfait subjonctif
dicere	→	dicevo	dicessi
facere	→	facevo	facessi
ponere	→	ponevo	ponessi
traere/traggere	→	traevo	traessi
bevere	→	bevevo	bevessi
conducere	→	conducevo	conducessi

B. Le passé simple

Aux personnes irrégulières du passé simple, ces verbes reprennent leur infinitif d'origine:
feci/facesti; *posi/ponesti*; *trassi/traesti*; *condussi/conducesti*.

3. Les principaux types d'irrégularités

Verbe *DIRE* :

	Personnes irrégulières	Personnes régulières
io	dissi	
tu	....	dicesti
egli	disse	
noi	......	dicemmo
voi	....	diceste
loro	dissero	

C. Le futur et le conditionnel

En revanche, au futur et au conditionnel, ces verbes restent contractés.

dire	→	dirò, direi
fare	→	farò, farei
porre	→	porrò, porrei
trarre	→	trarrò, trarrei
bere	→	berrò, berrei
condurre	→	condurrò, condurrei

D. Certains verbes courants

D'autres verbes très courants se sont contractés au futur et au conditionnel, même si l'infinitif ne l'était pas.

avere	→	avrò, avrei	*tenere*	→	terrò, terrei
potere	→	potrò, potrei	*sapere*	→	saprò, saprei
dovere	→	dovrò, dovrei	*cadere*	→	cadrò, cadrei
volere	→	vorrò, vorrei	*morire*	→	morrò, morrei
valere	→	varrò, varrei	*dolere*	→	dorrò, dorrei
venire	→	verrò, verrei	*rimanere*	→	rimarrò, rimarrei

Chapitre 4
Les conjugaisons irrégulières

1. LE PRÉSENT DE L'INDICATIF ET DU SUBJONCTIF

Le subjonctif se forme sur les temps correspondants de l'indicatif. Les trois 1res personnes sont les mêmes.

• Verbes en **-care** et **-gare** : un « h » conserve le son dur devant « i ».

Présent indicatif	Présent subjonctif	Présent indicatif	Présent subjonctif
attacco	attacchi	pago	paghi
attacchi	attacchi	paghi	paghi
attacca	attacchi	paga	paghi
attacchiamo	attacchiamo	paghiamo	paghiamo
attaccate	attacchiate	pagate	paghiate
attaccano	attacchino	pagano	paghino

• Verbes en **-cire** : un « i » conserve le son doux devant « a » et « o » (*CUCIRE*).

Présent indicatif	Présent subjonctif
cucio	cucia
cuci	cucia
cuce	cucia
cuciamo	cuciamo
cucite	cuciate
cuciono	cuciano

4. Les conjugaisons irrégulières

• Verbes en **-iare** et **-iere** au « i » non accentué : un seul « i » après le « g », car ces verbes perdent le « i » du radical devant le « i » de la terminaison (*MANGIARE*).

Présent indicatif	Présent subjonctif
mangio	mangi
mangi	mangi
mangia	mangi
mangiamo	mangiamo
mangiate	mangiate
mangiano	mangino

• Verbes en **-iare** et **-iere** au « i » accentué :
à l'indicatif présent, un seul « i », sauf à la 2ᵉ personne du singulier
au subjonctif présent, deux « i » entre le radical et la terminaison (*INVIARE*) sauf à la 1ʳᵉ et à la 2ᵉ personne du pluriel (accentuées sur la terminaison).

Présent indicatif	Présent subjonctif
invio	invii
invii	invii
invia	invii
inviamo	inviamo
inviate	inviate
inviano	inviino

• Verbes à gutturale d'appui : ils prennent un « g » dur aux 1ʳᵉ et 3ᵉ personnes du singulier du présent de l'indicatif ; et aux 1ʳᵉ, 2ᵉ et 3ᵉ personnes du singulier et 3ᵉ du pluriel du présent du subjonctif.
SALIRE, VALERE, RIMANERE, PORRE
COGLIERE, TOGLIERE, SCEGLIERE, SCIOGLIERE, SPEGNERE
TENERE, VENIRE, DOLERE

Présent de l'indicatif			
salire	cogliere	tenere	porre
salgo	colgo	tengo	pongo
sali	cogli	tieni	poni
sale	coglie	tiene	pone
saliamo	cogliamo	teniamo	poniamo
salite	cogliete	tenete	ponete
salgono	colgono	tengono	pongono

Présent du subjonctif

salire	cogliere	tenere	porre
salga	colga	tenga	ponga
salga	colga	tenga	ponga
salga	colga	tenga	ponga
saliamo	cogliamo	teniamo	poniamo
saliate	cogliate	teniate	poniate
salgano	colgano	tengano	pongano

Présent de l'impératif

salire	cogliere	tenere	porre
sali	cogli	tieni	poni
salga	colga	tenga	ponga
saliamo	cogliamo	teniamo	poniamo
salite	cogliete	tenete	ponete
salgano	colgano	tengano	pongano

• Verbes à variation vocalique : les radicaux accentués changent de voyelle.
    -u/-e : *USCIRE* et **-u/-o** : *UDIRE*

Présent indicatif	Présent subjonctif
esco	esca
esci	esca
esce	esca
usciamo	usciamo
uscite	usciate
escono	escano

Présent indicatif	Présent subjonctif
odo	oda
odi	oda
ode	oda
udiamo	udiamo
udite	udiate
odono	odano

• Verbes à diphtongaison : les radicaux accentués changent de voyelle.
    -e/-ie : *SEDERE* et **-o/-uo** : *MORIRE*

4. Les conjugaisons irrégulières

Présent indicatif	Présent subjonctif
si_e_do (ou seggo)	si_e_da (ou segga)
si_e_di	si_e_da (ou segga)
si_e_de	si_e_da (ou segga)
sedi_a_mo	sedi_a_mo
sed_e_te	sedi_a_te
si_e_dono (ou seggono)	si_e_dano (ou seggano)

Présent indicatif	Présent subjonctif
mu_o_io	mu_o_ia
mu_o_ri	mu_o_ia
mu_o_re	mu_o_ia
mori_a_mo	mori_a_mo
mor_i_te	mori_a_te
mu_o_iono	mu_o_iano

- Verbes à infinitifs contractés

Infinitif actuel	Infinitif d'origine		Présent indicatif	Présent subjonctif
dire	dicere	→	dico*	dica
fare	facere	→	faccio**	faccia
porre	ponere	→	pongo	ponga
trarre	traere	→	traggo	tragga
bere	bevere	→	bevo	beva
condurre	conducere	→	conduco	conduca

* Attention à la 2ᵉ personne du pluriel : *dite*.
** Attention à la 2ᵉ personne du pluriel : *fate*.

- Verbes fortement irréguliers
  – Verbes à plusieurs radicaux : les auxiliaires ÊTRE et AVOIR

À noter que le « h » des quatre personnes de l'auxiliaire AVOIR, accentuées sur le radical, ne se prononce pas.

I. LA CONJUGAISON ITALIENNE

essere		avere	
Présent indicatif	Présent subjonctif	Présent indicatif	Présent subjonctif
s_o_no	s_ia_	h_o_	_a_bbi
s_ei_	s_ia_	h_ai_	_a_bbi
è	s_ia_	ha	_a_bbi
si_a_mo	si_a_mo	abbi_a_mo	abbi_a_mo
si_e_te	si_a_te	av_e_te	abbi_a_te
s_o_no	si_a_no	h_a_nno	_a_bbiano

— Verbes irréguliers par analogie: *DARE, STARE, FARE, ANDARE, SAPERE*

Ces verbes très courants ont subi l'attraction du verbe AVOIR.

Attention à l'accent écrit sur *dà*: il différencie le verbe *DARE* de la préposition *da*.

Présent de l'indicatif					
avere	dare	stare	fare	andare	sapere
ho	do	sto	fo/f_a_ccio	vo/vado	so
hai	dai	stai	fai	vai	sai
ha	dà	sta	fa	va	sa
abbi_a_mo	di_a_mo	sti_a_mo	facci_a_mo	andi_a_mo	sappi_a_mo
av_e_te	d_a_te	st_a_te	f_a_te	and_a_te	sap_e_te
h_a_nno	d_a_nno	st_a_nno	f_a_nno	v_a_nno	s_a_nno

Présent du subjonctif					
avere	dare	stare	fare	andare	sapere
_a_bbi	d_i_a	st_i_a	f_a_ccia	v_a_da	s_a_ppia
_a_bbi	d_i_a	st_i_a	f_a_ccia	v_a_da	s_a_ppia
_a_bbi	d_i_a	st_i_a	f_a_ccia	v_a_da	s_a_ppia
abbi_a_mo	di_a_mo	sti_a_mo	facci_a_mo	andi_a_mo	sappi_a_mo
abbi_a_te	di_a_te	sti_a_te	facci_a_te	andi_a_te	sappi_a_te
_a_bbiano	d_i_ano	st_i_ano	f_a_cciano	v_a_dano	s_a_ppiano

— Autres verbes très fortement irréguliers

Ils cumulent plusieurs irrégularités et en présentent d'autres, ce qui les rend inclassables. Il faut les apprendre par cœur: *VOLERE, DOVERE, POTERE, SOLERE, PARERE, PIACERE/TACERE*

4. Les conjugaisons irrégulières

Présent

indicatif	subjonctif	indicatif	subjonctif
vol<u>e</u>re	vol<u>e</u>re	dov<u>e</u>re	dov<u>e</u>re
v*o*glio	v*o*glia	d*e*vo/d*e*bbo	d*e*bba
vu*o*i	v*o*glia	d*e*vi	d*e*bba
vu*o*le	v*o*glia	d*e*ve	d*e*bba
vogliamo	vogliamo	dobbiamo	dobbiamo
volete	vogliate	dovete	dobbiate
v*o*gliono	v*o*gliano	d*e*vono/d*e*bbono	d*e*bbano

Présent

indicatif	subjonctif	indicatif	subjonctif
pot<u>e</u>re	pot<u>e</u>re	sol<u>e</u>re	sol<u>e</u>re
p*o*sso	p*o*ssa	s*o*glio	s*o*glia
pu*o*i	p*o*ssa	su*o*li	s*o*glia
può	p*o*ssa	su*o*le	s*o*glia
possiamo	possiamo	sogliamo	sogliamo
potete	possiate	solete	sogliate
p*o*ssono	p*o*ssano	s*o*gliono	s*o*gliano

Présent

indicatif	subjonctif	indicatif	subjonctif
par<u>e</u>re	par<u>e</u>re	piac<u>e</u>re	piac<u>e</u>re
p*a*io	p*a*ia	pi*a*ccio	pi*a*ccia
pari	p*a*ia	pi*a*cci	pi*a*ccia
pare	p*a*ia	pi*a*ce	pi*a*ccia
p*a*iamo	p*a*riamo	piacciamo	piacciamo
parete	pariate	piacete	piacciate
p*a*iono	p*a*iano	pi*a*cciono	pi*a*cciano

2. LE FUTUR DE L'INDICATIF ET LE CONDITIONNEL

Certains verbes ont un infinitif contracté. Au futur et au conditionnel, ils restent contractés. Le radical contracté est stable à toutes les personnes, il suffit de lui ajouter les terminaisons voulues.

I. LA CONJUGAISON ITALIENNE

dire	→	dirò, direi
fare	→	farò, farei
porre	→	porrò, porrei
trarre	→	trarrò, trarrei
bere	→	berrò, berrei
condurre	→	condurrò, condurrei

D'autres verbes très courants se sont contractés au futur et au conditionnel, même si l'infinitif ne l'était pas, dont l'auxiliaire AVOIR.

avere	→	avrò, avrei
potere	→	potrò, potrei
dovere	→	dovrò, dovrei
volere	→	vorrò, vorrei
valere	→	varrò, varrei
venire	→	verrò, verrei
tenere	→	terrò, terrei
sapere	→	saprò, saprei
cadere	→	cadrò, cadrei
morire	→	morrò, morrei
dolere	→	dorrò, dorrei
rimanere	→	rimarrò, rimarrei

L'auxiliaire *ESSERE* possède un radical complètement différent de l'infinitif : sarò, sarei.

futur	conditionnel
sarò	sarei
sarai	saresti
sarà	sarebbe
saremo	saremmo
sarete	sareste
saranno	sarebbero

• Les radicaux terminés par « c » et « g » gardent le son doux devant « e » et « i » : **-sce** [ché], **-ge** [djé] et **-gi** [dji].

4. Les conjugaisons irrégulières

conoscere	correggere	fuggire
conoscerò	correggerò	fuggirò
conoscerai	correggerai	fuggirai
conoscerà	correggerà	fuggirà
conosceremo	correggeremo	fuggiremo
conoscerete	correggerete	fuggirete
conosceranno	correggeranno	fuggiranno

Conoscerei, correggerei, fuggirei, etc., au conditionnel.

– Les verbes en **-care** et **-gare** conservent le son dur de l'infinitif dans toute la conjugaison [k] et [g].
Pour cela, ils prennent un « h » devant « e » et « i ».

legare
legherò
legherai
legherà
legheremo
legherete
legheranno

Caricherei, legherei, etc., au conditionnel.

– Les verbes en **-ciare** et **-giare** perdent le « i » devant un « e ».

cominciare	mangiare
comincerò	mangerò
comincerai	mangerai
comincerà	mangerà
cominceremo	mangeremo
comincerete	mangerete
cominceranno	mangeranno

Comincerei, mangerei, etc., au conditionnel.

3. L'IMPARFAIT DE L'INDICATIF ET DU SUBJONCTIF

L'imparfait de l'indicatif et du subjonctif ne comprend quasiment pas de verbes irréguliers.

I. LA CONJUGAISON ITALIENNE

Un seul à l'imparfait de l'indicatif: *ESSERE*; et trois à l'imparfait du subjonctif: *ESSERE*, *DARE* et *STARE*.

imparfait indicatif	imparfait subjonctif		
essere	*essere*	*dare*	*stare*
ero	*fossi*	*dessi*	*stessi*
eri	*fossi*	*dessi*	*stessi*
era	*fosse*	*desse*	*stesse*
eravamo	*fossimo*	*dessimo*	*stessimo*
eravate	*foste*	*deste*	*steste*
erano	*fossero*	*dessero*	*stessero*

Certains verbes et leurs composés possèdent un infinitif contracté. Ces verbes reprennent leur infinitif d'origine à l'imparfait de l'indicatif et du subjonctif.

Infinitif actuel	Infinitif d'origine		Imparfait indicatif	Imparfait subjonctif
dire	dicere	→	dicevo	dicessi
fare	facere	→	facevo	facessi
porre	ponere	→	ponevo	ponessi
trarre	traere	→	traevo	traessi
bere	bevere	→	bevevo	bevessi
condurre	conducere	→	conducevo	conducessi

4. LES PASSÉS SIMPLES ET LES PARTICIPES PASSÉS IRRÉGULIERS

Beaucoup de verbes très courants et presque tous les verbes en **-ere** sont irréguliers. L'infinitif est accentué sur la 3ᵉ syllabe avant la fin (*sdrucciola*), sauf *AVERE*, *PERSUADERE*, *TACERE*, *PIACERE* et *GIACERE*, qui sont accentués sur l'avant-dernière (*piana*).

Au passé simple irrégulier, il n'y a que trois personnes irrégulières: la 1ʳᵉ et la 3ᵉ personne du singulier et la 3ᵉ du pluriel.
La 1ʳᵉ personne du singulier est en **-i**, la 3ᵉ personne du singulier en **-e** (en **-i** si le verbe est en **-ire**) et la 3ᵉ du pluriel en **-ero**.
Le radical de l'infinitif donne les personnes régulières, la 1ʳᵉ personne du singulier donne les 3ᵉ personnes du singulier et du pluriel.

4. Les conjugaisons irrégulières

Il est très intéressant de remarquer le balancement de l'accent: en plus du changement de radical, c'est la différence essentielle avec les passés simples réguliers, qui sont toujours accentués sur la même syllabe, celle de la voyelle thématique. Les passés simples irréguliers sont accentués normalement sur la voyelle thématique pour les formes régulières, mais sur le radical pour les formes irrégulières. Exemple: le verbe *PRENDERE* au passé simple.

	Personnes irrégulières	**Personnes régulières**
io	presi	
tu	....	prendesti
egli	prese	
noi	....	prendemmo
voi	....	prendeste
loro	presero	

Les irrégularités du passé simple vont en général de pair avec celles du participe passé.

Comment lire les tableaux qui suivent.

La ou les dernières consonnes du radical de l'infinitif changent au passé simple et au participe passé; elles se transforment en **-si**, **-ssi**, **-so**, etc. Sauf à de très rares exceptions, les verbes de la même famille se conjuguent de la même façon, ils n'ont donc pas été indiqués.

Certaines formes n'ont pas été écrites pour des raisons de clarté. Elles se déduiront aisément de la forme située au-dessus.

INFINITIF		PASSÉ SIMPLE en -si	PARTICIPE PASSÉ en -so
-adere	invadere persuadere radere	invasi	invaso
-edere	ledere	lesi	leso

I. LA CONJUGAISON ITALIENNE

-idere	decidere dividere elidere incidere intridere ridere uccidere	decisi	deciso
-odere	esplodere rodere	esplosi	esploso
-udere	alludere chiudere	allusi	alluso
-endere	accendere difendere prendere rendere scendere tendere	accesi	acceso
-ondere	fondere	fusi	fuso
-rdere	ardere perdere* mordere	arsi	arso
-rgere	spargere immergere tergere	sparsi	sparso
-lgere	rifulgere	rifulsi	rifulso
autres formes	correre espellere valere	corsi espulsi valsi	corso espulso valso/valuto

INFINITIF		PASSÉ SIMPLE en -ssi	PARTICIPE PASSÉ en -sso
-edere	concedere	concessi	concesso
-utere	discutere	discussi	discusso
-uotere	percuotere scuotere	percossi	percosso
autres formes	comprimere muovere	compressi mossi	compresso mosso

4. Les conjugaisons irrégulières

INFINITIF		PASSÉ SIMPLE en -si	PARTICIPE PASSÉ en -to
-angere	infrangere piangere	infransi	infranto
-egnere	spegnere	spensi	spento
-ingere	cingere dipingere fingere spingere tingere	cinsi	cinto
-inguere	distinguere	distinsi	distinto
-ungere	giungere mungere pungere ungere	giunsi	giunto
-rgere	ergere porgere scorgere sorgere	ersi	erto
-gliere	scegliere	scelsi	scelto
-lgere	volgere	volsi	volto
-cere	torcere vincere	torsi	torto
-lvere	risolvere*	risolsi	risolto

INFINITIF		PASSÉ SIMPLE en -ssi	PARTICIPE PASSÉ en -tto
-cere	cuocere	cossi	cotto
-vere	scrivere	scrissi	scritto
-eggere	leggere proteggere reggere	lessi	letto
-iggere	affliggere figgere friggere	afflissi	afflitto

I. LA CONJUGAISON ITALIENNE

-uggere	struggere distruggere	strussi	strutto
-igere	dirigere erigere negligere	diressi	diretto
-uire	costruire*	costrussi	costrutto/ costruito

VERBES AU PASSÉ SIMPLE en -cqui			
	piacere tacere giacere nuocere nascere	piacqui nocqui nacqui	piaciuto nociuto nato

REDOUBLEMENT de consonne au PASSÉ SIMPLE			
	avere cadere bere piovere sapere tenere venire volere	ebbi caddi bevvi piovve seppi tenni venni volli	avuto caduto bevuto piovuto saputo tenuto venuto voluto

PASSÉ SIMPLE ET PARTICIPE PASSÉ À RADICAL DIFFÉRENT			
	assumere chiedere conoscere crescere fare mettere nascondere parere rispondere rompere stringere vedere	assunsi chiesi conobbi crebbi feci misi nascosi parvi risposi ruppi strinsi vidi	assunto chiesto conosciuto cresciuto fatto messo nascosto parso risposto rotto stretto visto

4. Les conjugaisons irrégulières

VERBES PARTICULIERS		
aprire**	apersi	aperto
coprire**		
offrire**		
soffrire**		
vivere	vissi	vissuto
assistere	(régulier)	assistito
esigere	(régulier)	esatto
redigere	redassi	redatto

* Les verbes *COSTRUIRE*, *PERDERE* et *RISOLVERE* possèdent aussi des formes régulières.

** Les verbes *APRIRE, COPRIRE, OFFRIRE, SOFFRIRE* possèdent aussi un passé simple régulier.

Deux verbes ont un radical complètement irrégulier. Leur participe passé est respectivement *dato* et *stato* :

	DARE Personnes irrégulières	DARE Personnes régulières	STARE Personnes irrégulières	STARE Personnes régulières
io	diedi		stetti	
tu	....	desti	....	stesti
egli	diede		stette	
noi	....	demmo	....	stemmo
voi	....	deste	....	steste
loro	diedero		stettero	

Enfin, l'auxiliaire AVOIR est à redoublement de consonne, et son participe passé est régulier : *avuto*.

L'auxiliaire ÊTRE est complètement irrégulier. Il est toujours accentué sur le radical et ne prend pas l'accent à la 3ᵉ personne du singulier. Son participe passé est *stato* :

	AVERE Personnes irrégulières	AVERE Personnes régulières	ESSERE
io	ebbi		fui
tu	....	avesti	fosti
egli	ebbe		fu
noi	....	avemmo	fummo
voi	....	aveste	foste
loro	ebbero		furono

5. L'IMPÉRATIF

L'impératif présente les irrégularités du présent de l'indicatif et du subjonctif sur lesquels il s'est formé. En plus des auxiliaires ÊTRE et AVOIR, seuls les sept verbes suivants ont un impératif proprement irrégulier.

sapere	volere	dare	stare	fare	andare	dire
sappi	*vogli*	*da'*	*sta'*	*fa'*	*va'*	*di'*
sappiate	*vogliate*	*date*	*state*	*fate*	*andate*	*dite*

essere	avere
sii	*abbia*
siate	*abbiate*

À noter que les verbes en **-iare** au « i » accentué gardent deux « i » aux 3ᵉ personnes du singulier et du pluriel (le « i » accentué du radical et celui de la terminaison). Aux autres personnes, le « i » accentué disparaît. On prononce à part le « i » qui porte l'accent tonique : *in-vi-i*.

▶ À l'impératif, l'apostrophe signale que la terminaison a été tronquée.

inviare
invia
invii
inviamo
inviate
inviino

Chapitre 5
Tableaux de conjugaison des verbes

Pour des questions de simplicité et de place, on n'a pas présenté ici les temps composés, mais seulement les auxiliaires et les participes passés qui servent à les former. On a adopté également à l'intérieur des tableaux l'ordre habituel de présentation des temps, et non l'ordre raisonné des explications.

Les verbes modèles (nos 1 à 13) :
   ÊTRE et AVOIR (nos 1 à 2) ;
   les verbes réguliers (nos 3 à 6) ;
   les verbes à irrégularités simples (nos 7 à 13)
   (verbes en **-care**, **-gare**, **-iare**, **-ciare**, **-giare**, **-cire**).
Les verbes fortement irréguliers (nos 14 à 44).
Les verbes à passé simple et participe passé irréguliers (n° 45).

1 Essere (être) / auxiliaire, verbe irrégulier

Auxiliaire : essere

INDICATIF				CONDITIONNEL
Présent	Imparfait	Passé simple	Futur	Présent
sono	ero	fui	sarò	sarei
sei	eri	fosti	sarai	saresti
è	era	fu	sarà	sarebbe
siamo	eravamo	fummo	saremo	saremmo
siete	eravate	foste	sarete	sareste
sono	erano	furono	saranno	sarebbero

SUBJONCTIF		IMPÉRATIF	PARTICIPE	
Présent	Imparfait		Présent	Passé
sia	fossi		essente	stato
sia	fossi	sii		
sia	fosse	sia		
siamo	fossimo	siamo	GÉRONDIF	
siate	foste	siate	essendo	
siano	fossero	siano		

… 5. Tableaux de conjugaison des verbes

2 Avere (avoir)

auxiliaire, verbe irrégulier

Auxiliaire : avere

INDICATIF				CONDITIONNEL
Présent	Imparfait	Passé simple	Futur	Présent
ho	avevo	ebbi	avrò	avrei
hai	avevi	avesti	avrai	avresti
ha	aveva	ebbe	avrà	avrebbe
abbiamo	avevamo	avemmo	avremo	avremmo
avete	avevate	aveste	avrete	avreste
hanno	avevano	ebbero	avranno	avrebbero

SUBJONCTIF		IMPÉRATIF	PARTICIPE	
Présent	Imparfait		Présent	Passé
abbia	avessi		avente	avuto
abbia	avessi	abbi		
abbia	avesse	abbia		
abbiamo	avessimo	abbiamo	GÉRONDIF	
abbiate	aveste	abbiate	avendo	
abbiano	avessero	abbiano		

3 Parlare (parler) / verbe régulier en -are

Auxiliaire : avere

INDICATIF

Présent	Imparfait	Passé simple	Futur
parlo	parlavo	parlai	parlerò
parli	parlavi	parlasti	parlerai
parla	parlava	parlò	parlerà
parliamo	parlavamo	parlammo	parleremo
parlate	parlavate	parlaste	parlerete
parlano	parlavano	parlarono	parleranno

CONDITIONNEL

Présent
parlerei
parleresti
parlerebbe
parleremmo
parlereste
parlerebbero

SUBJONCTIF

Présent	Imparfait
parli	parlassi
parli	parlassi
parli	parlasse
parliamo	parlassimo
parliate	parlaste
parlino	parlassero

IMPÉRATIF

parla
parli
parliamo
parlate
parlino

PARTICIPE

Présent	Passé
parlante	parlato

GÉRONDIF

parlando

4 Credere (croire) / verbe régulier en -ere

Auxiliaire : avere

INDICATIF

Présent	Imparfait	Passé simple	Futur
credo	credevo	credei/credetti	crederò
credi	credevi	credesti	crederai
crede	credeva	credé/credette	crederà
crediamo	credevamo	credemmo	crederemo
credete	credevate	credeste	crederete
credono	credevano	crederono/ettero	crederanno

CONDITIONNEL

Présent
crederei
crederesti
crederebbe
crederemmo
credereste
crederebbero

SUBJONCTIF

Présent	Imparfait
creda	credessi
creda	credessi
creda	credesse
crediamo	credessimo
crediate	credeste
credano	credessero

IMPÉRATIF

credi
creda
crediamo
credete
credano

PARTICIPE

Présent	Passé
credente	creduto

GÉRONDIF

credendo

5 Capire (comprendre)

verbe régulier en -ire avec particule -isc

Auxiliaire : avere

INDICATIF

Présent	Imparfait	Passé simple	Futur
capisco	capivo	capii	capirò
capisci	capivi	capisti	capirai
capisce	capiva	capì	capirà
capiamo	capivamo	capimmo	capiremo
capite	capivate	capiste	capirete
capiscono	capivano	capirono	capiranno

CONDITIONNEL

Présent
capirei
capiresti
capirebbe
capiremmo
capireste
capirebbero

SUBJONCTIF

Présent	Imparfait
capisca	capissi
capisca	capissi
capisca	capisse
capiamo	capissimo
capiate	capiste
capiscano	capissero

IMPÉRATIF

capisci
capisca
capiamo
capite
capiscano

PARTICIPE

Présent	Passé
capente	capito

GÉRONDIF

capendo

6 Dormire (dormir) / verbe régulier en -ire

Auxiliaire : avere

	INDICATIF			CONDITIONNEL
Présent	Imparfait	Passé simple	Futur	Présent
dormo	dormivo	dormii	dormirò	dormirei
dormi	dormivi	dormisti	dormirai	dormiresti
dorme	dormiva	dormì	dormirà	dormirebbe
dormiamo	dormivamo	dormimmo	dormiremo	dormiremmo
dormite	dormivate	dormiste	dormirete	dormireste
dormono	dormivano	dormirono	dormiranno	dormirebbero

SUBJONCTIF		IMPÉRATIF	PARTICIPE	
Présent	Imparfait		Présent	Passé
dorma	dormissi		dormiente/	dormito
dorma	dormissi	dormi	dormente	
dorma	dormisse	dorma		
dormiamo	dormissimo	dormiamo	GÉRONDIF	
dormiate	dormiste	dormite	dormendo	
dormano	dormissero	dormano		

7 Caricare (charger) / verbe irrégulier en -care

Auxiliaire : avere

INDICATIF				CONDITIONNEL
Présent	Imparfait	Passé simple	Futur	Présent
carico	caricavo	caricai	caricherò	caricherei
carichi	caricavi	caricasti	caricherai	caricheresti
carica	caricava	caricò	caricherà	caricherebbe
carichiamo	caricavamo	caricammo	caricheremo	caricheremmo
caricate	caricavate	caricaste	caricherete	carichereste
caricano	caricavano	caricarono	caricheranno	caricherebbero

SUBJONCTIF		IMPÉRATIF	PARTICIPE	
Présent	Imparfait		Présent	Passé
carichi	caricassi		caricante	caricato
carichi	caricassi	carica		
carichi	caricasse	carichi		
carichiamo	caricassimo	carichiamo	GÉRONDIF	
carichiate	caricaste	caricate	caricando	
carichino	caricassero	carichino		

8 Legare (lier)

/ verbe irrégulier en -gare

Auxiliaire : avere

INDICATIF

Présent	Imparfait	Passé simple	Futur
lego	legavo	legai	legherò
leghi	legavi	legasti	legherai
lega	legava	legò	legherà
leghiamo	legavamo	legammo	legheremo
legate	legavate	legaste	legherete
legano	legavano	legarono	legheranno

CONDITIONNEL

Présent
legherei
legheresti
legherebbe
legheremmo
leghereste
legherebbero

SUBJONCTIF

Présent	Imparfait
leghi	legassi
leghi	legassi
leghi	legasse
leghiamo	legassimo
leghiate	legaste
leghino	legassero

IMPÉRATIF

lega
leghi
leghiamo
legate
leghino

PARTICIPE

Présent	Passé
legante	legato

GÉRONDIF

legando

9 Saziare (rassasier)

verbe irrégulier en -iare (avec « i » non accentué)

Auxiliaire : avere

INDICATIF

Présent	Imparfait	Passé simple	Futur
sazio	saziavo	saziai	sazierò
sazi	saziavi	saziasti	sazierai
sazia	saziava	saziò	sazierà
saziamo	saziavamo	saziammo	sazieremo
saziate	saziavate	saziaste	sazierete
saziano	saziavano	saziarono	sazieranno

CONDITIONNEL

Présent
sazierei
sazieresti
sazierebbe
sazieremmo
saziereste
sazierebbero

SUBJONCTIF

Présent	Imparfait
sazi	saziassi
sazi	saziassi
sazi	saziasse
saziamo	saziassimo
saziate	saziaste
sazino	saziassero

IMPÉRATIF

sazia
sazi
saziamo
saziate
sazino

PARTICIPE

Présent	Passé
saziante	saziato

GÉRONDIF

saziando

10 Inviare (envoyer) / verbe irrégulier en -iare (avec «i» accentué)

Auxiliaire : avere

INDICATIF | CONDITIONNEL

Présent	Imparfait	Passé simple	Futur	Présent
invio	inviavo	inviai	invierò	invierei
invii	inviavi	inviasti	invierai	invieresti
invia	inviava	inviò	invierà	invierebbe
inviamo	inviavamo	inviammo	invieremo	invieremmo
inviate	inviavate	inviaste	invierete	inviereste
inviano	inviavano	inviarono	invieranno	invierebbero

SUBJONCTIF | IMPÉRATIF | PARTICIPE

Présent	Imparfait		Présent	Passé
invii	inviassi		inviante	inviato
invii	inviassi	invia		
invii	inviasse	invii		
inviamo	inviassimo	inviamo	GÉRONDIF	
inviate	inviaste	inviate	inviando	
inviimo	inviassero	inviino		

I. LA CONJUGAISON ITALIENNE

11 Cominciare (commencer) / verbe irrégulier en -ciare

Auxiliaire : avere

INDICATIF

Présent	Imparfait	Passé simple	Futur
comincio	cominciavo	cominciai	comincerò
cominci	cominciavi	cominciasti	comincerai
comincia	cominciava	cominciò	comincerà
cominciamo	cominciavamo	cominciammo	cominceremo
cominciate	cominciavate	cominciaste	comincerete
cominciano	cominciavano	cominciarono	cominceranno

CONDITIONNEL

Présent

comincerei
cominceresti
comincerebbe
cominceremmo
comincereste
comincerebbero

SUBJONCTIF

Présent	Imparfait
cominci	cominciassi
cominci	cominciassi
cominci	cominciasse
cominciamo	cominciassimo
cominciate	cominciaste
comincino	cominciassero

IMPÉRATIF

comincia
cominci
cominciamo
cominciate
comincino

PARTICIPE

Présent	Passé
cominciante	cominciato

GÉRONDIF

cominciando

12 Mangiare (manger) / verbe irrégulier en -giare

Auxiliaire : avere

INDICATIF				CONDITIONNEL
Présent	Imparfait	Passé simple	Futur	Présent
mangio	mangiavo	mangiai	mangerò	mangerei
mangi	mangiavi	mangiasti	mangerai	mangeresti
mangia	mangiava	mangiò	mangerà	mangerebbe
mangiamo	mangiavamo	mangiammo	mangeremo	mangeremmo
mangiate	mangiavate	mangiaste	mangerete	mangereste
mangiano	mangiavano	mangiarono	mangeranno	mangerebbero

SUBJONCTIF		IMPÉRATIF	PARTICIPE	
Présent	Imparfait		Présent	Passé
mangi	mangiassi		mangiante	mangiato
mangi	mangiassi	mangia		
mangi	mangiasse	mangi		
mangiamo	mangiassimo	mangiamo	GÉRONDIF	
mangiate	mangiaste	mangiate	mangiando	
mangino	mangiassero	mangino		

13 Cucire (coudre) / verbe irrégulier en -cire

Auxiliaire : avere

INDICATIF				CONDITIONNEL
Présent	Imparfait	Passé simple	Futur	Présent
cucio	cucivo	cucii	cucirò	cucirei
cuci	cucivi	cucisti	cucirai	cuciresti
cuce	cuciva	cucì	cucirà	cucirebbe
cuciamo	cucivamo	cucimmo	cuciremo	cuciremmo
cucite	cucivate	cuciste	cucirete	cucireste
cuciono	cucivano	cucirono	cuciranno	cucirebbero

SUBJONCTIF		IMPÉRATIF	PARTICIPE	
Présent	Imparfait		Présent	Passé
cucia	cucissi		cucente	cucito
cucia	cucissi	cuci		
cucia	cucisse	cucia		
cuciamo	cucissimo	cuciamo	GÉRONDIF	
cuciate	cuciste	cucite	cucendo	
cuciano	cucissero	cuciano		

14 Andare (aller) / verbe fortement irrégulier

Auxiliaire : essere

INDICATIF

Présent	Imparfait	Passé simple	Futur
vado	andavo	andai	andrò
vai	andavi	andasti	andrai
va	andava	andò	andrà
andiamo	andavamo	andammo	andremo
andate	andavate	andaste	andrete
vanno	andavano	andarono	andranno

CONDITIONNEL

Présent
andrei
andresti
andrebbe
andremmo
andreste
andrebbero

SUBJONCTIF

Présent	Imparfait
vada	andassi
vada	andassi
vada	andasse
andiamo	andassimo
andiate	andaste
vadano	andassero

IMPÉRATIF

vai/va'
vada
andiamo
andate
vadano

PARTICIPE

Présent	Passé
andante	andato

GÉRONDIF

andando

15 Apparire (apparaître) / verbe fortement irrégulier

Se conjuguent comme apparire :
comparire, ricomparire, scomparire, sparire, trasparire.

Auxiliaire : essere

INDICATIF				CONDITIONNEL
Présent	Imparfait	Passé simple	Futur	Présent
appaio	apparivo	apparvi	apparirò	apparirei
appari	apparivi	apparisti	apparirai	appariresti
appare	appariva	apparve	apparirà	apparirebbe
appariamo	apparivamo	apparimmo	appariremo	appariremmo
apparite	apparivate	appariste	apparirete	apparireste
appaiono	apparivano	apparvero	appariranno	apparirebbero

SUBJONCTIF		IMPÉRATIF	PARTICIPE	
Présent	Imparfait		Présent	Passé
appaia	apparissi		apparente	apparso
appaia	apparissi	appari		
appaia	apparisse	appaia		
appariamo	apparissimo	appariamo	GÉRONDIF	
appariate	appariste	apparite	apparendo	
appaiano	apparissero	appaiano		

16 Bere (boire)

verbe fortement irrégulier

Auxiliaire : avere

INDICATIF

Présent	Imparfait	Passé simple	Futur
bevo	bevevo	bevvi/bevetti	berrò
bevi	bevevi	bevesti	berrai
beve	beveva	bevve/bevette	berrà
beviamo	bevevamo	bevemmo	berremo
bevete	bevevate	beveste	berrete
bevono	bevevano	bevvero/bevettero	berranno

CONDITIONNEL

Présent
berrei
berresti
berrebbe
berremmo
berreste
berrebbero

SUBJONCTIF

Présent	Imparfait
beva	bevessi
beva	bevessi
beva	bevesse
beviamo	bevessimo
beviate	beveste
bevano	bevessero

IMPÉRATIF

bevi
beva
beviamo
bevete
bevano

PARTICIPE

Présent	Passé
bevente	bevuto

GÉRONDIF

bevendo

17 Cogliere (cueillir) / verbe fortement irrégulier

Se conjuguent comme cogliere :
accogliere, raccogliere, scegliere, sciogliere, togliere.

Auxiliaire : avere

INDICATIF				CONDITIONNEL
Présent	Imparfait	Passé simple	Futur	Présent
colgo	coglievo	colsi	coglierò	coglierei
cogli	coglievi	cogliesti	coglierai	coglieresti
coglie	coglieva	colse	coglierà	coglierebbe
cogliamo	coglievamo	cogliemmo	coglieremo	coglieremmo
cogliete	coglievate	coglieste	coglierete	co gliereste
colgono	coglievano	colsero	coglieranno	coglierebbero

SUBJONCTIF		IMPÉRATIF	PARTICIPE	
Présent	Imparfait		Présent	Passé
colga	cogliessi		cogliente	colto
colga	cogliessi	cogli		
colga	cogliesse	colga		
cogliamo	cogliessimo	cogliamo	**GÉRONDIF**	
cogliate	coglieste	cogliete	cogliendo	
colgano	cogliessero	colgano		

verbe
18   Condurre (conduire) /   fortement
                                irrégulier

Se conjuguent comme condurre :
addurre, dedurre, indurre, introdurre, produrre, ridurre, riprodurre, sedurre, tradurre.

Auxiliaire : avere

INDICATIF				CONDITIONNEL
Présent	Imparfait	Passé simple	Futur	Présent
conduco	conducevo	condussi	condurrò	condurrei
conduci	conducevi	conducesti	condurrai	condurresti
conduce	conduceva	condusse	condurrà	condurrebbe
conduciamo	conducevamo	conducemmo	condurremo	condurremmo
conducete	conducevate	conduceste	condurrete	condurreste
conducono	conducevano	condussero	condurranno	condurrebbero

SUBJONCTIF		IMPÉRATIF	PARTICIPE	
Présent	Imparfait		Présent	Passé
conduca	conducessi		conducente	condotto
conduca	conducessi	conduci		
conduca	conducesse	conduca	GÉRONDIF	
conduciamo	conducessimo	conduciamo		
conduciate	conduceste	conducete	conducendo	
conducano	conducessero	conducano		

19 Dare (donner)

verbe fortement irrégulier

Se conjugue comme dare :
ridare.

Auxiliaire : avere

INDICATIF

Présent	Imparfait	Passé simple	Futur
do	davo	diedi/detti	darò
dai	davi	desti	darai
dà	dava	diede/dette	darà
diamo	davamo	demmo	daremo
date	davate	deste	darete
danno	davano	diedero/dettero	daranno

CONDITIONNEL

Présent
darei
daresti
darebbe
daremmo
dareste
darebbero

SUBJONCTIF

Présent	Imparfait
dia	dessi
dia	dessi
dia	desse
diamo	dessimo
diate	deste
diano	dessero

IMPÉRATIF

dai/da'
dia
diamo
date
diano

PARTICIPE

Présent	Passé
dante	dato

GÉRONDIF

dando

20 Dire (dire) / verbe fortement irrégulier

Se conjuguent comme dire :
benedire, contraddire, disdire, indire, interdire, maledire, predire, ridire.

Auxiliaire : avere

INDICATIF				CONDITIONNEL
Présent	Imparfait	Passé simple	Futur	Présent
dico	dicevo	dissi	dirò	direi
dici	dicevi	dicesti	dirai	diresti
dice	diceva	disse	dirà	direbbe
diciamo	dicevamo	dicemmo	diremo	diremmo
dite	dicevate	diceste	direte	direste
dicono	dicevano	dissero	diranno	direbbero

SUBJONCTIF		IMPÉRATIF	PARTICIPE	
Présent	Imparfait		Présent	Passé
dica	dicessi		dicente	detto
dica	dicessi	di'		
dica	dicesse	dica		
diciamo	dicessimo	diciamo	GÉRONDIF	
diciate	diceste	dite	dicendo	
dicano	dicessero	dicano		

21 Dolere (faire mal) / verbe fortement irrégulier

Auxiliaire : essere

INDICATIF				CONDITIONNEL
Présent	Imparfait	Passé simple	Futur	Présent
dolgo	dolevo	dolsi	dorrò	dorrei
duoli	dolevi	dolesti	dorrai	dorresti
duole	doleva	dolse	dorrà	dorrebbe
doliamo	dolevamo	dolemmo	dorremo	dorremmo
dolete	dolevate	doleste	dorrete	dorreste
dolgono	dolevano	dolsero	dorranno	dorrebbero

SUBJONCTIF		IMPÉRATIF	PARTICIPE	
Présent	Imparfait		Présent	Passé
dolga	dolessi		dolente	doluto
dolga	dolessi	duoli		
dolga	dolesse	dolga		
doliamo	dolessimo	doliamo	GÉRONDIF	
doliate	doleste	dolete	dolendo	
dolgano	dolessero	dolgano		

22 Dovere (devoir) / verbe fortement irrégulier

Auxiliaire : avere

INDICATIF				CONDITIONNEL
Présent	Imparfait	Passé simple	Futur	Présent
devo/debbo	dovevo	dovei/dovetti	dovrò	dovrei
devi	dovevi	dovesti	dovrai	dovresti
deve	doveva	dové/dovette	dovrà	dovrebbe
dobbiamo	dovevamo	dovemmo	dovremo	dovremmo
dovete	dovevate	doveste	dovrete	dovreste
devono/debbono	dovevano	doverono/dovettero	dovranno	dovrebbero

SUBJONCTIF		IMPÉRATIF	PARTICIPE	
Présent	Imparfait		Présent	Passé
deva/debba	dovessi		dovente	dovuto
deva/debba	dovessi			
deva/debba	dovesse			
dobbiamo	dovessimo		GÉRONDIF	
dobbiate	doveste		dovendo	
devano/debbano	dovessero			

23 Fare (faire)

verbe fortement irrégulier

Se conjuguent comme fare :
contraffare, disfare, rifare, soddisfare, strafare, stupefare.

Auxiliaire : avere

INDICATIF

Présent	Imparfait	Passé simple	Futur
faccio/fo	facevo	feci	farò
fai	facevi	facesti	farai
fa	faceva	fece	farà
facciamo	facevamo	facemmo	faremo
fate	facevate	faceste	farete
fanno	facevano	fecero	faranno

CONDITIONNEL

Présent
farei
faresti
farebbe
faremmo
fareste
farebbero

SUBJONCTIF

Présent	Imparfait
faccia	facessi
faccia	facessi
faccia	facesse
facciamo	facessimo
facciate	faceste
facciano	facessero

IMPÉRATIF

fai/fa'
faccia
facciamo
fate
facciano

PARTICIPE

Présent	Passé
facente	fatto

GÉRONDIF

facendo

24 Morire (mourir) / verbe fortement irrégulier

Auxiliaire : essere

INDICATIF | CONDITIONNEL

Présent	Imparfait	Passé simple	Futur	Présent
muoio	morivo	morii	morirò/morrò	morirei/morrei
muori	morivi	moristi	morirai/morrai	moriresti/morresti
muore	moriva	morì	morirà/morrà	morirebbe/morrebbe
moriamo	morivamo	morimmo	moriremo/morremo	moriremmo/morremmo
morite	morivate	moriste	morirete/morrete	morireste/morreste
muoiono	morivano	morirono	moriranno/morranno	morirebbero/morrebbero

SUBJONCTIF | IMPÉRATIF | PARTICIPE

Présent	Imparfait	Impératif	Présent	Passé
muoia	morissi		morente	morto
muoia	morissi	muori		
muoia	morisse	muoia		
moriamo	morissimo	moriamo		
moriate	moriste	morite		
muoiano	morissero	muoiano		

GÉRONDIF

morendo

25 Nuocere (nuir) / verbe fortement irrégulier

Auxiliaire : avere

INDICATIF

Présent	Imparfait	Passé simple	Futur
noccio/ nuoccio	nocevo/ nuocevo	nocqui	nocerò/ nuocerò
nuoci	nocevi/ nuocevi	nocesti/ nuocesti	nocerai/ nuocerai
nuoce	noceva/ nuoceva	nocque	nocerà/ nuocerà
nociamo/ nuociamo	nocevamo/ nuocevamo	nocemmo/ nuocemmo	noceremo/ nuoceremo
nocete/ nuocete	nocevate/ nuocevate	noceste/ nuoceste	nocerete/ nuocerete
nocciono/ nuocciono	nocevano/ nuocevano	nocquero	noceranno/ nuoceranno

CONDITIONNEL

Présent
nocerei/nuocerei
noceresti/ nuoceresti
nocerebbe/ nuocerebbe
noceremmo/ nuoceremmo
nocereste/ nuocereste
nocerebbero/ nuocerebbero

SUBJONCTIF

Présent	Imparfait
noccia/nuoccia	nocessi/nuocessi
noccia/nuoccia	nocessi/nuocessi
noccia/nuoccia	nocesse/ nuocesse
nociamo/ nuociamo	nocessimo/ nuocessimo
nociate/nuociate	noceste/nuoceste
nocciano/ nuocciano	nocessero/ nuocessero

IMPÉRATIF

nuoci
nuoccia
nuociamo
nocete/nuocete
nuocciano

PARTICIPE

Présent	Passé
nocente/ nuocente	nociuto/ nuociuto

GÉRONDIF

nocendo/nuocendo

5. Tableaux de conjugaison des verbes

26 Parere (paraître) / verbe fortement irrégulier

Auxiliaire : essere

INDICATIF | CONDITIONNEL

Présent	Imparfait	Passé simple	Futur	Présent
paio	parevo	parvi	parrò	parrei
pari	parevi	paresti	parrai	parresti
pare	pareva	parve	parrà	parrebbe
paiamo	parevamo	paremmo	parremo	parremmo
parete	parevate	pareste	parrete	parreste
paiono	parevano	parvero	parranno	parrebbero

SUBJONCTIF | IMPÉRATIF | PARTICIPE

Présent	Imparfait		Présent	Passé
paia	paressi		parvente	parso
paia	paressi	pari		
paia	paresse	paia		
paiamo	paressimo	pariamo		GÉRONDIF
paiate	pareste	parete	parendo	
paiano	paressero	paiano		

27 Piacere (plaire)

verbe fortement irrégulier

Se conjuguent comme piacere :
compiacere, dispiacere, spiacere.

Auxiliaire : essere

INDICATIF

Présent	Imparfait	Passé simple	Futur
piaccio	piacevo	piacqui	piacerò
piaci	piacevi	piacesti	piacerai
piace	piaceva	piacque	piacerà
piaciamo	piacevamo	piacemmo	piaceremo
piacete	piacevate	piaceste	piacerete
piacciono	piacevano	piacquero	piaceranno

CONDITIONNEL

Présent
piacerei
piaceresti
piacerebbe
piaceremmo
piacereste
piacerebbero

SUBJONCTIF

Présent	Imparfait
piaccia	piacessi
piaccia	piacessi
piaccia	piacesse
piacciamo	piacessimo
piaciate	piaceste
piacciano	piacessero

IMPÉRATIF

piaci
piaccia
piacciamo
piacete
piacciano

PARTICIPE

Présent	Passé
piacente	piaciuto

GÉRONDIF

piacendo

28 Porre (poser)

verbe fortement irrégulier

Se conjuguent comme porre :
anteporre, comporre, contrapporre, deporre, disporre, esporre, frapporre, imporre, indisporre, opporre, posporre, presupporre, proporre, ricomporre, riporre, sottoporre, supporre.

Auxiliaire : avere

INDICATIF				CONDITIONNEL
Présent	Imparfait	Passé simple	Futur	Présent
pongo	ponevo	posi	porrò	porrei
poni	ponevi	ponesti	porrai	porresti
pone	poneva	pose	porrà	porrebbe
poniamo	ponevamo	ponemmo	porremo	porremmo
ponete	ponevate	poneste	porrete	porreste
pongono	ponevano	posero	porranno	porrebbero

SUBJONCTIF		IMPÉRATIF	PARTICIPE	
Présent	Imparfait		Présent	Passé
ponga	ponessi		ponente	posto
ponga	ponessi	poni		
ponga	ponesse	ponga		
poniamo	ponessimo	poniamo	GÉRONDIF	
poniate	poneste	ponete	ponendo	
pongano	ponessero	pongano		

29 Potere (pouvoir) / verbe fortement irrégulier

Auxiliaire : avere

	INDICATIF			CONDITIONNEL
Présent	Imparfait	Passé simple	Futur	Présent
posso	potevo	potei/potetti	potrò	potrei
puoi	potevi	potesti	potrai	potresti
può	poteva	poté/potette	potrà	potrebbe
possiamo	potevamo	potemmo	potremo	potremmo
potete	potevate	poteste	potrete	potreste
possono	potevano	poterono/potettero	potranno	potrebbero

SUBJONCTIF		IMPÉRATIF	PARTICIPE	
Présent	Imparfait		Présent	Passé
possa	potessi		potente	potuto
possa	potessi			
possa	potesse			
possiamo	potessimo		GÉRONDIF	
possiate	poteste		potendo	
possano	potessero			

30 Rimanere (demeurer) / verbe fortement irrégulier

Se conjugue comme rimanere :
permanere.

Auxiliaire : essere

INDICATIF				CONDITIONNEL
Présent	Imparfait	Passé simple	Futur	Présent
rimango	rimanevo	rimasi	rimarrò	rimarrei
rimani	rimanevi	rimanesti	rimarrai	rimarresti
rimane	rimaneva	rimase	rimarrà	rimarrebbe
rimaniamo	rimanevamo	rimanemmo	rimarremo	rimarremmo
rimanete	rimanevate	rimaneste	rimarrete	rimarreste
rimangono	rimanevano	rimasero	rimarranno	rimarrebbero

SUBJONCTIF		IMPÉRATIF	PARTICIPE	
Présent	Imparfait		Présent	Passé
rimanga	rimanessi		rimanente	rimasto
rimanga	rimanessi	rimani		
rimanga	rimanesse	rimanga		
rimaniamo	rimanessimo	rimaniamo	GÉRONDIF	
rimaniate	rimaneste	rimanete	rimanendo	
rimangano	rimanessero	rimangano		

31 Salire (monter) / verbe fortement irrégulier

Se conjuguent comme salire :
assalire, risalire.

Auxiliaire : essere

INDICATIF

Présent	Imparfait	Passé simple	Futur
salgo	salivo	salii	salirò
sali	salivi	salisti	salirai
sale	saliva	salì	salirà
saliamo	salivamo	salimmo	saliremo
salite	salivate	saliste	salirete
salgono	salivano	salirono	saliranno

CONDITIONNEL

Présent
salirei
saliresti
salirebbe
saliremmo
salireste
salirebbero

SUBJONCTIF

Présent	Imparfait
salga	salissi
salga	salissi
salga	salisse
saliamo	salissimo
saliate	saliste
salgano	salissero

IMPÉRATIF

sali
salga
saliamo
salite
salgano

PARTICIPE

Présent	Passé
salente/ saliente	salito

GÉRONDIF

salendo

32 Sapere (savoir)

verbe fortement irrégulier

Se conjugue comme sapere :
risapere.

Auxiliaire : avere

INDICATIF

Présent	Imparfait	Passé simple	Futur
so	sapevo	seppi	saprò
sai	sapevi	sapesti	saprai
sa	sapeva	seppe	saprà
sappiamo	sapevamo	sapemmo	sapremo
sapete	sapevate	sapeste	saprete
sanno	sapevano	seppero	sapranno

CONDITIONNEL

Présent
saprei
sapresti
saprebbe
sapremmo
sapreste
saprebbero

SUBJONCTIF

Présent	Imparfait
sappia	sapessi
sappia	sapessi
sappia	sapesse
sappiamo	sapessimo
sappiate	sapeste
sappiano	sapessero

IMPÉRATIF

sappi
sappia
sappiamo
sapete
sappiano

PARTICIPE

Présent	Passé
sapiente	saputo

GÉRONDIF

sapendo

33 Sedere (s'asseoir) / verbe fortement irrégulier

Se conjuguent comme sedere :
possedere, soprassedere.

Auxiliaire : essere

	INDICATIF			CONDITIONNEL
Présent	Imparfait	Passé simple	Futur	Présent
siedo/seggo	sedevo	sedei/sedetti	sederò/siederò	sederei/siederei
siedi	sedevi	sedesti	sederai	sederesti
siede	sedeva	sedé/sedette	sederà	sederebbe
sediamo	sedevamo	sedemmo	sederemo	sederemmo
sedete	sedevate	sedeste	sederete	sedereste
siedono/seggono	sedevano	sederono/sedettero	sederanno	sederebbero

SUBJONCTIF		IMPÉRATIF	PARTICIPE	
Présent	Imparfait		Présent	Passé
sieda/segga	sedessi		sedente	seduto
sieda/segga	sedessi	siedi		
sieda/segga	sedesse	sieda/segga		
sediamo	sedessimo	sediamo	GÉRONDIF	
sediate	sedeste	sedete	sedendo	
siedano/seggano	sedessero	siedano/seggano		

34 Stare (rester)

verbe fortement irrégulier

Se conjuguent comme stare :
soprastare, sottostare.

Auxiliaire : essere

INDICATIF				CONDITIONNEL
Présent	Imparfait	Passé simple	Futur	Présent
sto	stavo	stetti	starò	starei
stai	stavi	stesti	starai	staresti
sta	stava	stette	starà	starebbe
stiamo	stavamo	stemmo	staremo	staremmo
state	stavate	steste	starete	stareste
stanno	stavano	stettero	staranno	starebbero

SUBJONCTIF		IMPÉRATIF	PARTICIPE	
Présent	Imparfait		Présent	Passé
stia	stessi		stante	stato
stia	stessi	stai/sta'		
stia	stesse	stia		
stiamo	stessimo	stiamo	**GÉRONDIF**	
stiate	steste	state	stando	
stiano	stessero	stiano		

35 Tacere (se taire)

verbe fortement irrégulier

Auxiliaire : avere

INDICATIF

Présent	Imparfait	Passé simple	Futur
taccio	tacevo	tacqui	tacerò
taci	tacevi	tacesti	tacerai
tace	taceva	tacque	tacerà
tacciamo	tacevamo	tacemmo	taceremo
tacete	tacevate	taceste	tacerete
tacciono	tacevano	tacquero	taceranno

CONDITIONNEL

Présent
tacerei
taceresti
tacerebbe
taceremmo
tacereste
tacerebbero

SUBJONCTIF

Présent	Imparfait
taccia	tacessi
taccia	tacessi
taccia	tacesse
tacciamo	tacessimo
tacciate	taceste
tacciano	tacessero

IMPÉRATIF

taci
taccia
tacciamo
tacete
tacciano

PARTICIPE

Présent	Passé
tacente	taciuto

GÉRONDIF

tacendo

36 Tenere (tenir) / verbe fortement irrégulier

Se conjuguent comme tenere:
appartenere, astenere, contenere, intrattenere, mantenere, ottenere, ritenere, sostenere, trattenere.

Auxiliaire: ave_re_

INDICATIF				CONDITIONNEL
Présent	Imparfait	Passé simple	Futur	Présent
tengo	tenevo	tenni	terrò	terrei
tieni	tenevi	tenesti	terrai	terresti
tiene	teneva	tenne	terrà	terrebbe
teniamo	tenevamo	tenemmo	terremo	terremmo
tenete	tenevate	teneste	terrete	terreste
tengono	tenevano	tennero	terranno	terrebbero

SUBJONCTIF		IMPÉRATIF	PARTICIPE	
Présent	Imparfait		Présent	Passé
tenga	tenessi		tenente	tenuto
tenga	tenessi	tieni		
tenga	tenesse	tenga		
teniamo	tenessimo	teniamo	GÉRONDIF	
teniate	teneste	tenete	tenendo	
tengano	tenessero	tengano		

37 Trarre (tirer) / verbe fortement irrégulier

Se conjuguent comme trarre :
astrarre, attrarre, contrarre, detrarre, distrarre, estrarre, protrarre, ritrarre, sottrarre.

Auxiliaire : avere

INDICATIF				CONDITIONNEL
Présent	Imparfait	Passé simple	Futur	Présent
traggo	traevo	trassi	trarrò	trarrei
trai	traevi	traesti	trarrai	trarresti
trae	traeva	trasse	trarrà	trarrebbe
traiamo	traevamo	traemmo	trarremo	trarremmo
traete	traevate	traeste	trarrete	trarreste
traggono	traevano	trassero	trarranno	trarrebbero

SUBJONCTIF		IMPÉRATIF	PARTICIPE	
Présent	Imparfait		Présent	Passé
tragga	traessi		traente	tratto
tragga	traessi	trai		
tragga	traesse	tragga		
traiamo	traessimo	traiamo	GÉRONDIF	
traiate	traeste	traete	traendo	
traggano	traessero	traggano		

38 Udire (entendre) / verbe fortement irrégulier

Auxiliaire : avere

INDICATIF				CONDITIONNEL
Présent	Imparfait	Passé simple	Futur	Présent
odo	udivo	udii	udirò/udrò	udirei/udrei
odi	udivi	udisti	udirai/udrai	udiresti/udresti
ode	udiva	udì	udirà/udrà	udirebbe/udrebbe
udiamo	udivamo	udimmo	udiremo/udremo	udiremmo/udremmo
udite	udivate	udiste	udirete/udrete	udireste/udreste
odono	udivano	udirono	udiranno/udranno	udirebbero/udrebbero

SUBJONCTIF		IMPÉRATIF	PARTICIPE	
Présent	Imparfait		Présent	Passé
oda	udissi		udente	udito
oda	udissi	odi		
oda	udisse	oda		
udiamo	udissimo	udiamo	GÉRONDIF	
udiate	udiste	udite	udendo	
odano	udissero	odano		

39 Uscire (sortir)

verbe fortement irrégulier

Se conjugue comme uscire : **riuscire.**

Auxiliaire : essere.

INDICATIF				CONDITIONNEL
Présent	Imparfait	Passé simple	Futur	Présent
esco	uscivo	uscii	uscirò	uscirei
esci	uscivi	uscisti	uscirai	usciresti
esce	usciva	uscì	uscirà	uscirebbe
usciamo	uscivamo	uscimmo	usciremo	usciremmo
uscite	uscivate	usciste	uscirete	uscireste
escono	uscivano	uscirono	usciranno	uscirebbero

SUBJONCTIF		IMPÉRATIF	PARTICIPE	
Présent	Imparfait		Présent	Passé
esca	uscissi		uscente	uscito
esca	uscissi	esci		
esca	uscisse	esca		
usciamo	uscissimo	usciamo	GÉRONDIF	
usciate	usciste	uscite	uscendo	
escano	uscissero	escano		

40 Valere (valoir) / verbe fortement irrégulier

Se conjuguent comme valere :
avvalersi, equivalere, prevalere, rivalersi.

Auxiliaire : essere

INDICATIF				CONDITIONNEL
Présent	Imparfait	Passé simple	Futur	Présent
valgo	valevo	valsi	varrò	varrei
vali	valevi	valesti	varrai	varresti
vale	valeva	valse	varrà	varrebbe
valiamo	valevamo	valemmo	varremo	varremmo
valete	valevate	valeste	varrete	varreste
valgono	valevano	valsero	varranno	varrebbero

SUBJONCTIF		IMPÉRATIF	PARTICIPE	
Présent	Imparfait		Présent	Passé
valga	valessi		valente	valso
valga	valessi	vali		
valga	valesse	valga		
valiamo	valessimo	valiamo	GÉRONDIF	
valiate	valeste	valete	valendo	
valgano	valessero	valgano		

41 Vedere (voir)

verbe fortement irrégulier

Se conjuguent comme vedere :
intravedere, prevedere, provvedere, rivedere.

Auxiliaire : avere

INDICATIF				CONDITIONNEL
Présent	Imparfait	Passé simple	Futur	Présent
vedo	vedevo	vidi	vedrò	vedrei
vedi	vedevi	vedesti	vedrai	vedresti
vede	vedeva	vide	vedrà	vedrebbe
vediamo	vedevamo	vedemmo	vedremo	vedremmo
vedete	vedevate	vedeste	vedrete	vedreste
vedono	vedevano	videro	vedranno	vedrebbero

SUBJONCTIF		IMPÉRATIF	PARTICIPE	
Présent	Imparfait		Présent	Passé
veda	vedessi		vedente/	visto/veduto
veda	vedessi	vedi	veggente	
veda	vedesse	veda		
vediamo	vedessimo	vediamo	**GÉRONDIF**	
vediate	vedeste	vedete	vedendo	
vedano	vedessero	vedano		

42 Venire (venir) / verbe fortement irrégulier

Se conjuguent comme venire :
avvenire, convenire, divenire, intervenire, pervenire, prevenire, provenire, rinvenire, svenire.

Auxiliaire : essere

INDICATIF				CONDITIONNEL
Présent	Imparfait	Passé simple	Futur	Présent
vengo	venivo	venni	verrò	verrei
vieni	venivi	venisti	verrai	verresti
viene	veniva	venne	verrà	verrebbe
veniamo	venivamo	venimmo	verremo	verremmo
venite	venivate	veniste	verrete	verreste
vengono	venivano	vennero	verranno	verrebbero

SUBJONCTIF		IMPÉRATIF	PARTICIPE	
Présent	Imparfait		Présent	Passé
venga	venissi		veniente	venuto
venga	venissi	vieni		
venga	venisse	venga		
veniamo	venissimo	veniamo	GÉRONDIF	
veniate	veniste	venite	venendo	
vengano	venissero	vengano		

43 Vivere (vivre)

verbe fortement irrégulier

Se conjuguent comme vivere :
convivere, rivivere, sopravvivere.

Auxiliaire : avere

INDICATIF

Présent	Imparfait	Passé simple	Futur
vivo	vivevo	vissi	vivrò
vivi	vivevi	vivesti	vivrai
vive	viveva	visse	vivrà
viviamo	vivevamo	vivemmo	vivremo
vivete	vivevate	viveste	vivrete
vivono	vivevano	vissero	vivranno

CONDITIONNEL

Présent
vivrei
vivresti
vivrebbe
vivremmo
vivreste
vivrebbero

SUBJONCTIF

Présent	Imparfait
viva	vivessi
viva	vivessi
viva	vivesse
viviamo	vivessimo
viviate	viveste
vivano	vivessero

IMPÉRATIF

vivi
viva
viviamo
vivete
vivano

PARTICIPE

Présent	Passé
vivente	vissuto

GÉRONDIF

vivendo

44 Volere (vouloir) / verbe fortement irrégulier

Auxiliaire : avere

INDICATIF

Présent	Imparfait	Passé simple	Futur
voglio	volevo	volli	vorrò
vuoi	volevi	volesti	vorrai
vuole	voleva	volle	vorrà
vogliamo	volevamo	volemmo	vorremo
volete	volevate	voleste	vorrete
vogliono	volevano	vollero	vorranno

CONDITIONNEL

Présent
vorrei
vorresti
vorrebbe
vorremmo
vorreste
vorrebbero

SUBJONCTIF

Présent	Imparfait
voglia	volessi
voglia	volessi
voglia	volesse
vogliamo	volessimo
vogliate	voleste
vogliano	volessero

IMPÉRATIF

vogli
voglia
vogliamo
vogliate
vogliano

PARTICIPE

Présent	Passé
volente	voluto

GÉRONDIF

volendo

45 Les verbes à passé simple et participe passé irréguliers

Les formes irrégulières de ces verbes concernent presque toujours le participe passé et le passé simple. C'est pourquoi les verbes ont été disposés en trois colonnes: l'infinitif, le passé simple et le participe passé.

On trouvera la liste des composés ou des verbes qui se conjuguent de la même façon dans la liste des principaux verbes irréguliers. Les verbes écrits en majuscules servent de modèle de conjugaison aux verbes écrits en minuscules; ils sont précédés d'un numéro d'ordre facilitant la recherche. Quelques notes de bas de page complètent les indications.

Lorsqu'il existe aussi une forme régulière, elle vient après la forme irrégulière. Ces deux formes sont séparées par «/rég.» (rég. = forme régulière).

Infinitif	Passé simple	Participe passé
1 ACCENDERE	accesi	acceso
2 AFFLIGGERE	afflissi	afflitto
3 ALLUDERE	allusi	alluso
4 ANNETTERE	rég. annettei	annesso
5 APPENDERE[1]	appesi	appeso
6 APRIRE	apersi/rég. aprii	aperto
ardere	arsi	arso
7 ASSISTERE	rég. assistei, etti	assistito
8 ASSOLVERE[2]	assolsi	assolto
9 ASSUMERE	assunsi	assunto
10 CADERE[3]	caddi	caduto
11 CHIEDERE	chiesi	chiesto
12 CHIUDERE	chiusi	chiuso

1. Les composés de *APPENDERE* sont tous irréguliers, sauf *PENDERE*, qui est régulier.
2. Les composés de *ASSOLVERE* sont tous irréguliers, mais *ASSOLVERE* possède aussi des formes régulières.
3. *CADERE* fait *cadrò* au futur et *cadrei* au conditionnel.

5. Tableaux de conjugaison des verbes

13	CINGERE	cinsi	cinto
14	COMPRIMERE[1]	compressi	compresso
15	CONCLUDERE	conclusi	concluso
16	CONCEDERE[2]	concessi	concesso
17	CONOSCERE	conobbi	conosciuto
	contundere	contusi	contuso
18	COPRIRE[3]	copersi	coperto
19	CORRERE	corsi	corso
20	COSTRUIRE	costrussi/rég. costruii	costruito
21	CRESCERE	crebbi	cresciuto
22	CUOCERE	cossi	cotto
23	DECIDERE	decisi	deciso
24	DIFENDERE	difesi	difeso
	dipingere	dipinsi	dipinto
25	DIRIGERE	diressi	diretto
26	DISCUTERE	discussi	discusso
27	DISTINGUERE	distinsi	distinto
28	DIVIDERE	divisi	diviso
	elidere	elisi	eliso
29	EMERGERE	emersi	emerso
	ergere	ersi	erto
30	ESIGERE	rég. esigei, etti	esatto
	espellere	espulsi	espulso
	esplodere	esplosi	esploso
31	EVADERE	evasi	evaso
	fendere	-	fesso/fenduto
32	FIGGERE[4]	fissi	fisso
	fingere	finsi	finto
33	FONDERE	fusi	fuso
	frangere	fransi	franto

1. Les composés de *COMPRIMERE* sont tous irréguliers, sauf *PREMERE*, qui est régulier.
2. Les composés de *CONCEDERE* sont tous irréguliers, sauf *CEDERE*, qui est régulier.
3. Les composés de *COPRIRE* sont tous irréguliers, mais *COPRIRE* possède aussi des formes régulières.
4. Au participe passé, *FIGGERE* et *AFFIGGERE* se font sur *fisso*; tous les autres composés, sur *fitto*.

34 FRIGGERE	frissi	fritto
35 GIUNGERE	giunsi	giunto
intridere	intrisi	intriso
intrudere	intrusi	intruso
ledere	lesi	leso
36 LEGGERE	lessi	letto
37 METTERE	misi	messo
38 MORDERE	morsi	morso
mungere	munsi	munto
39 MUOVERE	mossi	mosso
40 NASCERE	nacqui	nato
nascondere	nascosi	nascosto
negligere	neglessi	negletto
offrire	offersi/rég. offrii	offerto
41 PERCUOTERE	percossi	percosso
42 PERDERE	persi/rég. perdei, -etti	perso/perduto
43 PERSUADERE	persuasi	persuaso
44 PIANGERE	piansi	pianto
piovere	piovve	piovuto
45 PORGERE	porsi	porto
46 PRENDERE	presi	preso
proteggere	protessi	protetto
47 PUNGERE	punsi	punto
radere	rasi	raso
redigere	redassi/rég. redigei, -etti	redatto
redimere	redensi	redento
48 REGGERE	ressi	retto
49 RENDERE	resi	reso
50 RIDERE	risi	riso
riflettere	riflessi/rég. riflettei	riflesso
rifulgere	rifulsi	rifulso
51 RISPONDERE	risposi	risposto
risolvere	risolsi/rég. risolvei	risolto/risoluto
rodere	rosi	roso
52 ROMPERE	ruppi	rotto
53 SCENDERE	scesi	sceso

5. Tableaux de conjugaison des verbes

	scindere	scissi	scisso
54	SCRIVERE	scrissi	scritto
55	SCUOTERE	scossi	scosso
	soffrire	soffersi/rég. soffrii	sofferto
	solere[1]	rég. solei	solito
56	SORGERE	sorsi	sorto
	spandere	rég. spandei	spanto
57	SPARGERE	sparsi	sparso
	spegnere	spensi	spento
58	SPINGERE	spinsi	spinto
59	STRINGERE	strinsi	stretto
60	STRUGGERE	strussi	strutto
	svellere	svelsi	svelto
61	TENDERE	tesi	teso
62	TINGERE	tinsi	tinto
63	TORCERE	torsi	torto
	uccidere	uccisi	ucciso
	ungere	unsi	unto
64	VINCERE	vinsi	vinto
65	VOLGERE	volsi	volto

1. Le verbe *SOLERE* est défectif : il ne possède pas de temps composés, de futur, de conditionnel ni d'impératif. Le présent de l'indicatif est : *soglio, suoli, suole, sogliamo, solete, sogliono* ; le présent du subjonctif : *soglia*, etc.

Chapitre 6

Liste des principaux verbes irréguliers

En majuscules, les verbes qui servent de modèles de conjugaison aux verbes écrits en minuscules.

Le numéro 45 renvoie à la liste des verbes à passé simple et participe passé irréguliers (cf. pp. 90-93). Il est suivi d'un numéro d'ordre renvoyant précisément au verbe modèle correspondant.

Les numéros de 1 à 44 renvoient aux tableaux des autres verbes, réguliers et irréguliers (cf. pp. 46-89).

A

Accadere 45-10
ACCENDERE ... 45
Accingere 45-13
Accludere 45-15
Accogliere 17
Accondiscendere 45-53
Accorgere ... 45-56
Accorrere 45-19
Accrescere ...45-21
Addurre 18
Affiggere 45-32
AFFLIGERE 45
Aggiungere 45-35
ALLUDERE ...:... 45
Ammettere .. 45-37
ANDARE 14
ANNETTERE ... 45
Anteporre 28
APPARIRE 15
Appartenere 36
APPENDERE 45
Apprendere 45-46
APRIRE 45
Ardere 45
Arrendere ...45-49
Arridere 45-50
Ascendere .. 45-53
Aspergere ... 45-29

Assalire 31
ASSISTERE 45
ASSOLVERE 45
ASSUMERE 45
Astenere 36
Astrarre 37
Attrarre 37
Astringere ... 45-59
Attaccare 7
Attendere 45-61
Attingere 45-62
Attorcere ... 45-63
Attrarre 37
AVERE 2
Avvalersi 40
Avvenire 42
Avvincere 45-64
Avvolgere ...45-65

B

Benedire 20
BERE 16

C

CADERE 45
Capovolgere 45-65
CARICARE 7
CHIEDERE 45
CHIUDERE 45
CINGERE 45

Circoncidere 45-23
Circoscrivere 45-54
COGLIERE 17
Coincidere .. 45-23
Coinvolgere 45-65
COMINCIARE .. 11
Commettere 45-37
Commuovere 45-39
Comparire 15
Compiacere 27
Compiangere 45-44
Comporre 28
Comprendere 45-46
COMPRIMERE 45
Compromettere 45-37
CONCLUDERE 45
CONCEDERE .. 45
Concorrere ...45-19
Condividere 45-28
CONDURRE 18
Configgere .. 45-32
Confondere.. 45-33
Congiungere 45-35
Connettere 45-4
CONOSCERE .. 45
Consistere 45-7
Contendere . 45-61
Contenere 36
Contorcere .. 45-63
Contraddire 20
Contraddistinguere 45-27

Contraffare 23
Contrapporre ... 28
Contrarre 37
Contundere 45
Convenire 42
Convincere .. 45-64
Convivere 43
COPRIRE 45
CORRERE 45
Correggere .. 45-48
Corrispondere 45-51
Corrompere 45-52
Cospargere .. 45-57
Costringere .. 45-59
COSTRUIRE 45
CRESCERE 45
CUCIRE 13
CUOCERE 45

D

DARE 19
Decadere 45-10
DECIDERE 45
Decorrere ...45-19
Decrescere ...45-21
Dedurre 18
Deludere 45-3
Deporre 28
Deprimere ...45-14
Deridere 45-50
Descrivere ... 45-54

I. LA CONJUGAISON ITALIENNE

Desistere 45-7
Detergere 45-29
Detrarre 37
Diconoscere ..45-17
DIFENDERE 45
Diffondere ... 45-33
Dimettere 45-37
Dipendere 45-5
Dipingere 45
DIRE 20
DIRIGERE 45
Discendere .. 45-53
Dischiudere ..45-12
Disciogliere 17
Disconoscere 45-17
Discorrere 45-19
DISCUTERE 45
Disdire 20
Disfare 23
Disperdere ..45-42
Dispiacere 27
Disporre 28
Dissolvere 45-8
Dissuadere ... 45-43
Distendere ... 45-61
DISTINGUERE .. 45
Distorcere 45-63
Distrarre 37
Distruggere ..45-60
Divenire 42
DIVIDERE 45
DOLERE 21
DOVERE 22

E

Eleggere 45-36
Elidere 45
EMERGERE 45
Equivalere 40
Ergere 45
Erigere 45-25
Escludere 45-15
ESIGERE 45
Esistere 45-7
Espellere 45
Esplodere 45
Esporre 28
Esprimere 45-14
Espungere ...45-47
ESSERE 1
Estendere 45-61
Estinguere ... 45-27
Estrarre 37
EVADERE 45

F

FARE 23
Fendere 45
FIGGERE 45
Fingere 45
FONDERE 45
Fraintendere 45-61
Frangere 45
Frapporre 28
FRIGGERE 45

G

Giacere 27
GIUNGERE 45

I

Illudere 45-3
Immergere ... 45-29
Imporre 28
Imprendere ..45-46
Imprimere 45-14
Incidere 45-23
Includere 45-15
Incorrere 45-19
Incutere 45-26
Indire 20
Indisporre 28
Indurre 18
Infliggere 45-2
Infondere .. 45-33
Ingiungere .. 45-35
Insistere 45-7
Insorgere 45-56
Intendere ... 45-61
Interdire 20
Interrompere 45-52
Intervenire 42
Intingere .. 45-62
Intraprendere 45-46
Intrattenere 36
Intravedere 41
Intridere 45
Introdurre 18
Intrudere 45
Invadere 45-31
INVIARE 10
Irridere 45-50
Irrompere ... 45-52
Iscrivere 45-54
Istruire 45-20

L

Ledere 45
LEGARE 8
LEGGERE 45

M

Maledire 20
MANGIARE 12
Mantenere 36
METTERE 45
MORDERE 45
MORIRE 24
Mungere 45
MUOVERE 45

N

NASCERE 45
Nascondere 45
Negligere 45
NUOCERE 25

O

Occorrere 45-19
Offendere .. 45-24
Offrire 45
Opporre 28
Opprimere ...45-14
Ottenere 36

P

Pagare 8
PARERE 26
Percorrere 45-19
PERCUOTERE ... 45
PERDERE 45
Permanere 30
Permettere .. 45-37
Persistere 45-7
PERSUADERE ... 45
Pervadere .. 45-31
Pervenire 42
PIACERE 27
PIANGERE 45
Picchiare 9
Piovere 45
PORGERE 45
PORRE 28
Posporre 28
Possedere 33

POTERE 29
Precludere 45-15
Precuocere .. 45-22
Predire 20
PRENDERE 45
Prescegliere 17
Prescrivere .. 45-54
Presumere ...45-9
Presupporre 28
Pretendere .. 45-61
Prevalere 40
Prevedere 41
Prevenire 42
Produrre 18
Promettere .. 45-37
Promuovere .. 45-39
Proporre 28
Prorompere .. 45-52
Prosciogliere 17
Proscrivere ... 45-54
Proteggere 45
Protrarre 37
Provenire 42
Provvedere 41
PUNGERE 45

R

Racchiudere ..45-12
Raccogliere ... 17
Radere 45
Raggiungere 45-35
Rapprendere 45-46
Recidere 45-23
Recingere 45-13
Redigere 45
Redimere 45
REGGERE 45
RENDERE 45
Reprimere 45-14
Resistere 45-7
Respingere .. 45-58
Restringere .. 45-59
Retrocedere ..45-16
Riaccendere .. 45-1
Riappendere ..45-5
Riaprire 45-6
Riassumere ..45-9
Ricadere 45-10
Richiedere ..45-11
Richiudere ..45-12
Ricomparire ... 15
Ricomporre ... 28
Riconoscere ..45-17
Ricoprire 45-18

6. Liste des principaux verbes irréguliers

Ricorrere 45-19
Ricostruire ... 45-20
Ridare 19
RIDERE 45
Ridire 20
Ridurre 18
Rieleggere .. 45-36
RIMANERE 30
Riemergere .. 45-29
Rifare 23
Riflettere 45
Rifondere 45-33
Rifulgere 45
Rileggere 45-36
Rimettere 45-37
Rimordere ... 45-38
Rimpiangere 45-44
Rimuovere ... 45-39
Rinascere 45-40
Rinchiudere ..45-12
Rincorrere ...45-19
Rincrescere ...45-21
Rinvenire 42
Ripercuotere 45-41
Riporre 28
Riprendere ..45-46
Riprodurre 18
Riproporre 28
Risalire 31
Risapere 32
Riscoprire 45-18
Riscuotere ... 45-55
Risolvere 45-8
Risorgere 45-56
RISPONDERE .. 45
Ritenere 36
Ritorcere ... 45-63
Ritrarre 37
Riuscire 39
Rivalersi 40
Rivedere 41

Rivincere 45-64
Rivivere 43
Rivolgere 45-65
Rodere 45
ROMPERE 45

S

SALIRE 31
SAPERE 32
SAZIARE 9
Sbagliare 9
Scadere 45-10
Scegliere 17
SCENDERE 45
Schiudere 45-12
Scindere 45
Sciogliere 17
Scommettere 45-37
Scomparire 15
Sconfiggere 45-32
Sconnettere ..45-4
Sconvolgere 45-65
Scoprire 45-18
Scorgere 45-56
Scorrere 45-19
SCRIVERE 45
SCUOTERE 45
SEDERE 33
Sedurre 18
Smettere 45-37
Smuovere ... 45-39
Socchiudere .45-12
Soccorrere ...45-19
Soddisfare 23
Soffriggere .. 45-34
Soffrire 45
Soggiacere 27
Solere 45
Sommergere 45-29
Sopprimere ..45-14

Soprassedere .. 33
Soprastare 34
Sopravvivere ... 43
SORGERE 45
Sorprendere 45-46
Sorreggere ..45-48
Sorridere 45-50
Sospendere 45
Sostenere 36
Sottindere ... 45-61
Sottomettere 45-37
Sottoporre 28
Sottoscrivere 45-54
Sottostare 34
Sottrarre 37
Sovrintendere 45-61
Spandere 45
SPARGERE 45
Sparire 15
Spegnere 45
Spiacere 27
SPINGERE 45
Sporgere 45-45
STARE 34
Stracuocere 45-22
Strafare 23
Stravincere ..45-64
Stravolgere .. 45-65
Stendere 45-61
STRINGERE 45
STRUGGERE ... 45
Stupefare 23
Succedere ...45-16
Suddividere 45-28
Supporre 28
Svellere 45
Svenire 42
Svolgere 45-65

T

TACERE 35
TENDERE 45
TENERE 36
Tergere 45-29
TINGERE 45
Togliere 17
TORCERE 45
Tradurre 18
Trafiggere ... 45-32
Transigere ... 45-30
Trapungere .. 45-47
TRARRE 37
Trascendere 45-53
Trascorrere ...45-19
Trascrivere .. 45-54
Trasmettere . 45-37
Trasparire 15
Trattenere 36
Travolgere ...45-65

U

Uccidere 45
UDIRE 38
Ungere 45
USCIRE 39

V

VALERE 40
VEDERE 41
VENIRE 42
Vilipendere ...45-5
VINCERE 45
VIVERE 43
VOLERE 44
VOLGERE 45

Deuxième partie
Grammaire italienne
Par Mireille Guézenec & Anne Mazire

Chapitre 1. L'alphabet

L'alphabet traditionnel italien comprend 21 lettres :

A (a)	**H** (acca)	**Q** (cou)
B (bi)	**I** (i)	**R** (erré)
C (tchi)	**L** (ellé)	**S** (essé)
D (di)	**M** (emmé)	**T** (ti)
E (é)	**N** (enné)	**U** (ou)
F (effé)	**O** (o)	**V** (vou)
G (dji)	**P** (pi)	**Z** (dzeta)

À ces lettres, on ajoute, dans l'ordre adopté pour tous les alphabets, le **J** (i lounga) que l'on rencontre dans certains dialectes et qui se prononce comme le **I**.

Exemple, la célèbre équipe de foot : la *Juventus* (la iouvéntous), ainsi que les mots d'origine étrangère contenant les lettres :

K (kappa, ex : *kaki*) ; **W** (doppiavou, ex : *webcam*) ; **X** (iksé, ex : *taxi*) ; **Y** (ipsilon, ex : *yogurt*).

1) LA PRONONCIATION

En italien, **toutes les lettres se prononcent**.

A. Les voyelles

➢ **a**, **i** et **o** se prononcent comme en français ;
➢ **e** se prononce **é** ou **è** et n'est jamais muet : **Perdere** (*perdre*) se prononce [pèrdéré] ;
➢ **u** se prononce **ou**.

On dit : cuore (*cœur*) [kou o ré], guida (*guide*) [gou i da], quaderno (*cahier*) [qou a dèr no].

Même lorsque plusieurs voyelles se suivent, chacune d'elles se prononce séparément.

On dit : astronauta (*astronaute*) [as tro na ou ta] ; abbaiare (*aboyer*) [abba i a ré] ; aiutare (*aider*) [a i ou ta ré].

B. Les consonnes

En général, elles se prononcent comme en français. Quelques particularités sont cependant à retenir :

II. GRAMMAIRE ITALIENNE

> C et G

Lorsqu'ils sont suivis de **a**, **o** et **u**, ont le même son « dur » qu'en français.
On prononce :
c + a = [ka] caffè (*café*) [ka ffè]
g + a = [ga] gatto (*chat*) [ga tto]
c + o = [ko] come (*comment*) [ko mé]
g + o = [go] lago (*lac*) [la go]
c + u = [kou] cuoio (*cuir*) [kou o io]
g + u = [gou] anguria (*pastèque*) [an gou ria]

Lorsqu'ils sont suivis d'un **e** ou d'un **i**, ils ont un son « doux ». On prononce :
c + e = [tché] certo (*certain*) [tchèr to]
g + e = [dgé] generale (*général*) [dgé né ra lé]
c + i = [tchi] cinema (*cinema*) [tchi né ma]
g + i = [dgi] girare (*tourner*) [dgi ra ré]

Lorsqu'on veut rétablir un son « dur », on intercale un **h** entre le **c** ou le **g** et le **e** ou le **i**. On prononce alors :
c + h + e = [ké] anche (*aussi*) [an ké]
g + h + e = [gué] spaghetti (*spaghettis*) [spa gué tti]
c + h + i = [ki] chimico (*chimiste*) [ki mi ko]
g + h + i = [gui] ghianda (*gland*) [gui an da]

Inversement, si l'on veut obtenir un son « doux » avec un **c** ou un **g** suivis d'un **a**, **o** ou **u**, on doit intercaler un **i** :
c + i + a = [tcha] ciao ! (*salut !*) [tcha o]
g + i + a = [dja] giallo (*jaune*) [dja llo]
c + i + o = [tcho] calcio (*football*) [kal tcho]
g + i + o = [djo] giorno (*jour*) [djor no]
c + i + u = [tchou] ciuffo (*mèche*) [tchou ffo]
g + i + u = [djou] giurare (*jurer*) [djou ra re]

> Le groupe **SC**

Il réagit de la même manière que le **c**. Ainsi :
sc + a = [ska] tasca (*poche*) [ta ska]
sc + o = [sko] fresco (*frais*) [frè sko]
sc + u = [skou] scuola (*école*) [skou o la]

sc + **e** ou **i** donnent le son « ch » :
sc + e = [ché] scena (*scène*) [ché na]
sc + i = [chi] scimmia (*singe*) [chi mmia]
sc + i + a = [cha] scialle (*châle*) [cha llé]

sc + i + o = [cho] sciocco (*sot*) [cho kko]
sc + i + u = [chou] asciugare (*essuyer*) [a chou ga ré]

Le **h** intercalé permet également de retrouver un « son dur » :
sc + h + e = [ské] scheda (*fiche*) [ské da]
sc + h + i = [ski] schiaffo (*gifle*) [ski a ffo]

⚠ Rappelez-vous que l'unique fonction du **h** est de « durcir » le son d'un mot. On ne le trouve jamais en début de mot (exception faite du présent du verbe avoir : *ho, hai, ha, hanno*) et il n'agit sur aucune autre lettre que le **c** et le **g**. Ainsi, on écrit :
La pharmacie = la farmacia [far ma tchi a], *la physique* = la fisica [fi si ka], *la géographie* = la geografia [djé o gra fi a]

➢ Le groupe **GLI**
Il permet d'obtenir un son « mouillé » dont la prononciation est similaire à celle que l'on rencontre en français dans le mot « bou**illie** » :
giglio (*lys*) [dji llio] ; figlio (*fils*) [fi llio], artigli (*griffes*) [ar ti lli]

➢ Le groupe **GN**
Il se prononce comme en français :
campagna (*campagne*) [kam pa gna]

➢ Le **S**
Entre deux voyelles, il se prononce « z » :
cosa (*chose*) [ko za]
Lorsqu'il est doublé, il se prononce « ss » :
cassa (*caisse*) [ka ssa]
Entre une consonne et une voyelle, le **s** sera prononcé « ss », comme en français :
pensare (*penser*) [pén ssa ré]

➢ Le **Z**
Il se prononce, en principe :
z = [dz] : zio (*oncle*) [dzi o]
zz = [tss] : pizza (*pizza*) [pit ssa]

➢ Le groupe **LL**
Il n'a pas de son particulier. Par exemple, le prénom Camilla se prononce comme si les deux **l** étaient séparés : [Ka mil la]

➢ **Les doubles lettres**
Elles se prononcent toutes, un peu comme si l'on butait sur la consonne redoublée :

mamma (*maman*) [mam ma]; ottobre (*octobre*) [ot to bré], palla (*balle*) [pal la]

2) L'ACCENT TONIQUE

Tous les mots italiens sont accentués. Cet accent a une telle importance qu'il peut changer le sens d'un mot s'il n'est pas placé sur la voyelle qui doit le porter (exemple : *la metà* signifie la moitié alors que *la meta* est le but que l'on cherche à atteindre). Il convient donc de ne pas le négliger.

On situe la place de l'accent tonique en partant de la fin du mot. Plusieurs accentuations sont possibles :

➢ Sur l'avant-dernière syllabe.
On appelle ces mots les **parole piane.** Ils forment le groupe le plus important.
fratello (*frère*); sorella (*sœur*); armadio (*armoire*); televisore (*téléviseur*); straordinario (*extraordinaire*); generalmente (*généralement*); camminare (*marcher*); chiacchierare (*bavarder*)

➢ Sur l'antépénultième (deux syllabes avant la fin).
On dit que ces mots sont des **parole sdrucciole.**
macchina (*voiture*); simpatico (*sympathique*); ripetono (*ils répètent*)
C'est également le cas de tous les mots terminés par :
« abile » : probabile (*probable*)
« evole » : piacevole (*plaisant*)
« ibile » : udibile (*audible*)
« udine » : solitudine (*solitude*)
« obile » : nobile (*noble*)
« ubile » : solubile (*soluble*)
« issimo » : contentissimo (*très content*)

➢ Sur la troisième syllabe avant la fin.
On dit que ces mots sont des **parole bisdrucciole.** C'est souvent le cas :
 – des verbes : visitano (*ils visitent*); telefonano (*ils téléphonent*)
 – ou d'un impératif suivi de deux pronoms : dategliela (*donnez-la-lui*)

➢ Sur la quatrième syllabe avant la fin.
C'est très rare, mais c'est le cas de certains verbes suivis de pronoms personnels :
telefonamelo (*téléphone-le-moi*)

➢ Sur la voyelle finale.
On appelle ces mots les **parole tronche**. Dans ce cas, il est écrit :
pubblicit**à** (*publicité*)   tiramis**ù** (*gâteau typique*)
bord**ò** (*couleur bordeaux*)

Certaines formes du futur et du passé simple se prononcent de la même façon :
seguir**ò** (*je suivrai*)   seguir**à** (*il suivra*)   parl**ò** (*il parla*)

3) L'ÉLISION, L'APOCOPE ET L'EUPHONIE

➢ L'élision et l'apocope.
L'italien est avant tout une langue musicale. Tout son disgracieux en est donc écarté. Ainsi, on élide chaque fois qu'on le peut afin de conserver la musicalité de la phrase :
Quest'albergo è il migliore della città. (*Cet hôtel est le meilleur de la ville.*)
L'ho detto ma non lo penso veramente. (*Je l'ai dit mais je ne le pense pas vraiment.*)
Non c'è nessun bisogno di affrettarci. (*Il n'y a aucun besoin de nous dépêcher.*)
Qual è l'autore di questa commedia ? (*Quel est l'auteur de cette pièce de théâtre ?*)
Un buon caffè non deve essere troppo lungo. (*Un bon café ne doit pas être trop allongé.*)

➢ L'euphonie.
Pour la même raison, afin de faciliter l'expression, on place un **d** derrière les prépositions et les conjonctions formées d'une seule voyelle. Il n'est pas obligatoire de l'écrire mais fortement conseillé de le dire à l'oral :
Vado ad Ancona ad abitare da amici. (*Je vais à Ancone habiter chez des amis.*)
Ieri od oggi è sempre uguale. (*Hier ou aujourd'hui, c'est toujours pareil.*)
Francesco ed Ernesto sono i migliori amici del mondo. (*François et Ernest sont les meilleurs amis du monde.*)
Bisogna ripetere ancora ed ancora i soliti consigli. (*Il faut répéter encore et toujours les mêmes conseils.*)

Autre cas : per iscritto (*par écrit*)

Chapitre 2. La phrase

1) Généralités

A. La phrase affirmative
Elle se construit comme en français :
Franco è italiano. (*François est italien.*)
Questi ragazzi sono due amici romani. (*Ces garçons sont deux amis romains.*)

B. La phrase négative
La négation **non** se place devant le groupe verbal :
Maria non è francese. (*Marie n'est pas française.*)
Non sono andati al mare. (*Ils ne sont pas allés à la mer.*)
Questo ragazzo non si chiama Paolo. (*Ce garçon ne s'appelle pas Paul.*)

⚠ Vous noterez que **non** se dit **no** et que la négation **ne... pas** se dit **non**.
Sei italiano ? No ! non sono italiano, sono francese. (*Es-tu italien ? Non ! Je ne suis pas italien, je suis français.*)

C. La phrase interrogative
Comme en français elle peut se construire avec ou sans l'inversion du sujet.
Avec inversion du sujet :
È arrivato tuo padre ? (*Il est arrivé ton père ?*)
Sans inversion du sujet :
I tuoi amici sono arrivati ? (*Tes amis sont arrivés ?*)

2) L'exclamation

La proposition exclamative peut être introduite par **che** (*que, quel*), **come** (*comme, combien*) ou encore par **quanto** (*que de, combien de*).

➢ **Che** (*invariable*)
Che lavoro fastidioso ! (*Quel travail fastidieux !*)
Che sorpresa ! (*Quelle surprise !*)
Che bei dipinti ! (*Quels beaux tableaux !*)
Che belle vetrine ! (*Quelles belles vitrines !*)

2. La phrase

➢ **Come** (*invariable*)
Come ci divertiamo! (*Comme on s'amuse!*)
Come sono belle queste maschere! (*Comme ils sont beaux, ces masques!*)

Suivi du verbe **essere**, il s'élide devant **e** :
Com'è bella questa giornata! (*Comme cette journée est belle!*)
Com'eravamo felici! (*Comme nous étions heureux!*)

➢ **Quanto**
S'il est placé devant un nom, il s'accorde en genre et en nombre avec celui-ci :
Quanta gente in questo treno! (*Que de gens dans ce train!*)
Quant'aria in questa stanza! (*Que d'air dans cette pièce!*)
Quante sculture in questo museo! (*Que de sculptures dans ce musée!*)
Quanto sole oggi! (*Que de soleil aujourd'hui!*)
Quanti spettatori! (*Que de spectateurs!*)

Le nom peut être sous-entendu :
Quante me ne racconti! (*Qu'est-ce que tu me racontes?* ([sous-entendu « quante storie », *combien d'histoires*])

⚠ Si le mot qui suit **quanto** commence, au singulier, par une voyelle, il faut l'élider :
Quant'acqua a Venezia! (*Que d'eau à Venise!*)

S'il est placé devant un verbe, en tant qu'adverbe, il est invariable :
Quanto sei cresciuta! (*Comme tu as grandi!*)

Quanto devant le verbe **essere** s'élide devant **e** :
Quant'è bello il panorama! (*Qu'il est beau, ce panorama!*)

3) L'INTERROGATION

Pour poser une question, il est nécessaire d'utiliser des pronoms ou adverbes interrogatifs, précédés ou non d'une préposition.

⚠ Rappelez-vous que ***est-ce que* ne se traduit pas** :
Sei già partito? (*Es-tu [Est-ce que tu es] déjà parti?*)

Che cosa? Che? Cosa? (*Qu'est-ce que? Que?*)
Che cosa fanno? (*Que font-ils/elles?*)
Che fanno? Cosa fanno? (*Que font-ils?/elles*) se dit couramment dans la langue parlée.

A. Les pronoms interrogatifs
➢ **Chi?** *Qui est-ce qui? Qui?*
Chi è questo attore? (*Qui est cet acteur?*)
Chi vuole giocare con me? (*Qui est-ce qui veut jouer avec moi?*)

Chi di accompagné d'un pronom personnel :
Chi di voi vuole uscire stasera? (*Qui parmi vous veut sortir ce soir?*)

➢ **Quale?** *Quel/Quelle?* ou encore *Lequel/laquelle?*; *Quali? Quels/Quelles?* ou encore *Lesquels/lesquelles?*
Quale vestito hai scelto? (*Quelle robe as-tu choisie?*)
Quale hai scelto? (*Lequel/laquelle as-tu choisi(e)?*)
Quali scarpe metti? (*Quelles chaussures mets-tu?*)
Qual è la tua città preferita? (*Quelle est ta ville préférée?*)

B. Les adverbes interrogatifs
➢ **Come?** *Comment?*
Come si chiama tua sorella? (*Comment s'appelle ta sœur?*)
Come fai a sapere tutte queste cose? (*Comment fais-tu pour savoir toutes ces choses?*)
Com'è questa torta? (*Comment est ce gâteau?*)

➢ **Come mai?** indique une insistance : *Comment se fait-il?*
Come mai non hai il costume? (*Comment se fait-il que tu n'aies pas ton maillot de bain?*)
Non vieni? Come mai? (*Tu ne viens pas? Comment cela se fait-il?*)

➢ **Dove?** *Où?*
Dove abitano i tuoi genitori? (*Où habitent tes parents?*)
Dov'è il cane? (*Où est le chien?*)

➢ **Di dove? da dove?** *D'où?*
Di dove sono. (*D'où sont-ils?*)
Da dove vieni? (*D'où viens-tu?*)

➢ **Perché?** *Pourquoi?*
Perché cammini veloce? (*Pourquoi marches-tu vite?*)
Perché non me l'hai detto? (*Pourquoi ne me l'as-tu pas dit?*)

2. La phrase

➤ **Quando?** *Quand?*
Quando sono arrivati? (*Quand sont-ils arrivés?*)
Quando festeggiate il suo compleanno? (*Quand fêtez-vous son anniversaire?*)
Quand'è che venite? (*Quand est-ce que vous venez?*)

➤ **Da quando?** *Depuis quand?*
Da quando abitano a Roma? (*Depuis quand habitent-ils/elles à Rome?*)
Da quando frequenti questa scuola? (*Depuis quand fréquentes-tu cette école?*)

➤ **Quanto?** *Combien?*

⚠ Placé devant un verbe, il est invariable :
Quanto costa questo mazzo? (*Combien coûte ce bouquet?*)
Quanto costano questi fiori? (*Combien coûtent ces fleurs?*)
Quant'è? (*C'est combien?*)

Placé devant un nom, il s'accorde en genre et en nombre avec celui-ci :
Quanto tempo è passato dall'ultimo incontro? (*Combien de temps est passé depuis notre dernière rencontre?*)
Quanti giorni resti a casa nostra? (*Combien de jours restes-tu chez nous?*)
Quanta frutta hai comprato? (*Combien de fruits as-tu achetés?*)
Quante persone ci sono a cena? (*Combien de personnes restent dîner?*)

4) LA NÉGATION

Lorsqu'on pose une question, on répond :
Vuoi un gelato? No, grazie. (*Veux-tu une glace? Non, merci.*)
Ha chiamato? Penso di no. (*Il a appelé? Je pense que non.*)
Abiti a Roma? No, non abito a Roma. (*Habites-tu à Rome? Non, je n'habite pas à Rome.*)

A. Place du *non* avant le verbe

Non parlo. (*Je ne parle pas.*)
Non avevo capito. (*Je n'avais pas compris.*)
Non ce li hanno offerti. (*Ils/elles ne nous les ont pas offerts.*)

B. Autres formes de négation

➢ mai (*jamais*)
Non andate **mai** in pizzeria./**Mai** andate in pizzeria. (*Vous n'allez jamais à la pizzeria.*)
Non siete **mai** andati all'estero. (*Vous n'êtes jamais allés à l'étranger.*)

➢ neanche/nemmeno/neppure (*même pas, non plus*)
Non hai fatto **neanche** uno sforzo. (*Tu n'as même pas fait un effort.*)
Non hanno studiato **nemmeno** una poesia. (*Ils/Elles n'ont même pas étudié une poésie.*)
Non ha invitato **neppure** i genitori. (*Il/Elle n'a même pas invité ses parents.*)
Andiamo a ballare? **Neanche** per sogno! **Neanche** per idea! (*On va danser? Tu rêves! Sûrement pas/Jamais de la vie!*)
Non ci vanno loro, **non** ci vado **neanch'io**. (*Ils/Elles n'y vont pas, je n'y vais pas moi non plus.*)

➢ nessuno (*personne/aucun*)
Nessuno si muove./**Non** si muove **nessuno**. (*Personne ne bouge.*)
Nessuno ve lo ha detto./**Non** ve lo ha detto **nessuno**. (*Personne ne vous l'a dit.*)
Nessuna domanda? (*Pas de question?*)

➢ niente/nulla (*rien*)
Non prendi **niente**?/**Niente** prendi? (*Tu ne prends rien?*)
Non è **niente**. (*Ce n'est rien.*)
Non hai capito **nulla**./**Nulla** hai capito. (*Tu n'as rien compris.*)
Niente zucchero nel caffè! (*Pas de sucre dans le café!*)
Non mi fido per **niente** di lui. (*Je n'ai pas du tout confiance en lui.*)
Non sono interessata per **nulla**. (*Je ne suis absolument pas intéressée.*)
Non hai **nulla** da dirmi? (*Tu n'as rien à me dire?*)

➢ niente affatto/non... affatto (*sûrement pas, pas du tout*)
Disturbo se mi siedo qui? **Niente affatto**. (*Je dérange si je m'assieds ici? Pas du tout!*)
Non mi piace **affatto** lo sci. (*Je n'aime pas du tout le ski.*)

➢ più (*plus*)
Non ne voglio **più**. (*Je n'en veux plus.*)
Non l'ho **più** sentito. (*Je ne l'ai plus entendu.*)

On peut également utiliser deux négations comme :

➤ **nessuno… mai**
Nessuno me lo ha **mai** detto. (*Personne ne me l'a jamais dit.*)

➤ **nessuno… più**
Nessuno mi costringerà **più** a salire sull'otto volante. (*Personne ne m'obligera plus à monter dans le grand huit.*)

➤ **mai più** (*plus jamais*)
Non ci andrò **mai** più. (*Je n'irai plus jamais.*)

➤ **né… né** (*ni… ni*)
Non ci vado **né** oggi né domani/**Né** oggi **né** domani ci vado. (*Je n'y vais ni aujourd'hui ni demain.*)

Pour traduire l'expression « ne… que », on emploie **solo/soltanto**.
Compro **solo** frutta di stagione. (*Je n'achète que des fruits de saison.*)
L'ho saputo **soltanto** ieri. (*Je ne l'ai su qu'hier.*)

⚠ Exception faite de l'expression « ne… que » qui indique la **répétition**. Dans ce cas, on dit « **non… altro che** » :
Non faccio **altro che** ripetere. (*Je ne fais que répéter.*)

➤ **mica** est très utilisé dans la langue parlée et sert surtout à renforcer la négation. Ainsi, on dit :
Non mi ha **mica** salutato. (*Il/Elle ne m'a même pas salué.*)
Non è **mica** malato. (*Il/Elle n'est pas/même pas malade.*)

Chapitre 3. L'article

1) L'ARTICLE INDÉFINI

Il varie en fonction du mot devant lequel il est placé selon les exemples suivants :

Devant	Masculin			Féminin	
	Une consonne	Une voyelle	Un z et un « s impur » ①	Une consonne	Une voyelle
Singulier	UN giornale *un journal*	UN amico *un ami*	UNO zucchero *un sucre* UNO scrittore *un écrivain*	UNA partita *un match* UNA zia *une tante* UNA straniera *une étrangère*	UN' idea *une idée*

① On appelle « **s impur** » un « **s** » suivi d'une autre consonne. Par exemple : studente (*étudiant*), sportivo (*sportif*), sciocco (*sot*).

⚠ L'article indéfini n'existe pas au pluriel. Ainsi on dit :
Ho visto un film interessante. (*J'ai vu un film intéressant.*)
Ho visto film interessanti. (*J'ai vu **des** films intéressants.*)

2) L'ARTICLE DÉFINI

Il varie, lui aussi, en fonction du mot devant lequel il est placé.

Devant	Singulier			Pluriel		
	Une consonne	Une voyelle	Un z et un « s impur »	Une consonne	Une voyelle	Un z et un « s impur »
Masculin	il mare *la mer*	l'oggetto *l'objet*	lo zodiaco *le zodiac* lo sbaglio *l'erreur*	i vicini *les voisins*	gli ordini *les ordres*	gli zucchini *les courgettes* gli spaghetti *les spaghettis*
Féminin	la piazza *la place*	l'insalata *la salade*	la studentessa *l'étudiante* la zampa *la patte*	le case *les maisons*	le edicole *les kiosques*	le zanne *les crocs* le spagnole *les Espagnoles*

3. L'article

3) LES ARTICLES CONTRACTÉS

En italien, on les appelle **le preposizioni articolate**. Ces formes sont plus fréquentes qu'en français car la plupart des principales prépositions se plient à cette règle.

	Masculin					Féminin		
Avec	il	l'	lo	i	gli	la	l'	le
a	al	all'	allo	ai	agli	alla	all'	alle
da	dal	dall'	dallo	dai	dagli	dalla	dall'	dalle
di	del	dell'	dello	dei	degli	della	dell'	delle
in	nel	nell'	nello	nei	negli	nella	nell'	nelle
su	sul	sull'	sullo	sui	sugli	sulla	sull'	sulle
con	col	coll'	collo	coi	cogli	colla	coll'	colle

⚠ La contraction avec **con** est facultative.

Vado **allo** stadio. (*Je vais au stade.*)
Ho saputo la notizia **dai** giornali. (*J'ai appris la nouvelle par les journaux.*)
Sei diversa **dalle** amiche. (*Tu es différente de tes amis.*)
Di primavera, ci sono molti fiori **nei** giardini. (*Au printemps, il y a beaucoup de fleurs dans les jardins.*)
È sdraiato **sui** cuscini **del** divano. (*Il est allongé sur les coussins du divan.*)
Ho lezione **dall'** una **alle** tre. (*J'ai cours de une heure à trois heures.*)
C'è molta gente **sull'**autobus **delle** cinque. (*Il y a beaucoup de monde dans le bus de cinq heures.*)
Ti aspetto **all'**ingresso **degli** spogliatoi. (*Je t'attends à l'entrée des vestiaires.*)
Mando una cartolina **agli** amici. (*J'envoie une carte postale à mes amis.*)
Vado **dallo** zio. (*Je vais chez mon oncle.*)
Entro **nella** hall **dell'**albergo. (*J'entre dans le hall de l'hôtel.*)
Esco **colla/con la** fidanzata. (*Je sors avec ma fiancée.*)
Cambierai idea **col** tempo. (*Tu changeras d'idée avec le temps.*)
C'è un mobile **nell'**entrata. (*Il y a un meuble dans l'entrée.*)

4) L'article partitif

Il est le résultat de la contraction de la préposition **di** et de l'article.

> ➢ **Dans une phrase affirmative,** on dit :

Metto zucchero nel caffè./Metto **dello** zucchero nel caffè. (*Je mets du sucre dans le café.*)
Dammi pane e nutella./Dammi **del** pane e **della** nutella. (*Donne-moi du pain et du Nutella.*)

> ➢ **Dans une phrase négative**, il n'est jamais employé :

Non metto burro sul pane. (*Je ne mets pas **de** beurre sur mon pain.*)
Non compro giornali e non leggo riviste. (*Je n'achète pas **de** journaux et je ne lis pas **de** revues.*)

5) Emploi particulier de l'article

Il est indispensable pour indiquer :
➢ Une année ou un siècle.
Dante è nato **nel** 1265. (*Dante est né en 1265.*)
È successo **nell'**ottocento. (*C'est arrivé au dix-neuvième siècle.*)

➢ L'heure.
Sono **le** dieci. (*Il est dix heures.*)
È **l'**una. (*Il est une heure.*)

➢ Un pourcentage.
La popolazione è aumentata **del** 3 %. (*La population a augmenté de 3 %.*)
L'80 % delle ragazze segue la moda. (*80 % des jeunes filles suivent la mode.*)
Il PIL è sceso **dello** 0,7 %. (*Le PIB a diminué de 0,7 %.*)

On doit le placer :
➢ Devant **signore, signora, signorina** quand on parle d'eux :
Il signor Mosca ha telefonato. (*M. Mosca a téléphoné.*)
La signora Santi non abita più qui. (*Mme Santi n'habite plus ici.*)

➢ Devant un titre :
Il signor Presidente è arrivato. (*M. le Président est arrivé.*)

⚠️ *On ne doit pas l'utiliser :*
Lorsqu'on s'adresse à une personne munie d'un titre :
Arrivederci signor Presidente. (*Au revoir monsieur **le** Président.*)
Ou encore dans des expressions telles que :
Vado a casa, a teatro, a scuola, a letto... (*Je vais **à la** maison, **au** théâtre, **à l'**école, **au** lit...*)
a caso (*au hasard*) ; fatto a mano (*fait à la main*)
Vado in farmacia, in banca, in montagna, in campagna, in centro, in piscina... (*Je vais **à la** pharmacie, **à la** banque, **à la** montagne, **à la** campagne, **dans le** centre, **à la** piscine...*)
lavori in corso (*travaux en cours*), scendere in piazza (*descendre dans la rue*)
Gioco a dama, a scacchi, a calcio, a carte... (*Je joue **aux** dames, **aux** échecs, **au** foot, **aux** cartes...*)
Resto in ufficio. (*Je reste **au** bureau.*)
Mi viene in mente. (*Il me vient **à l'**esprit.*)
Ho comprato un olio su tela. (*J'ai acheté une peinture **à l'**huile.*)

Chapitre 4. Le nom

En italien, la terminaison des mots suit les règles suivantes :

Au masculin, les mots peuvent se terminer par					
o	e	a	i	ù	une consonne
Exemples					
libr**o**	can**e**	turist**a**	alib**i**	tab**ù**	g**as**
livre	*chien*	*touriste*	*alibi*	*tabou*	*gaz*
ciel**o**	mar**e**	violinist**a**	brinds**i**	men**ù**	sp**ort**
ciel	*mer*	*violoniste*	*toast*	*menu*	*sport*
tren**o**	student**e**	colleg**a**			alc**ol**
train	*étudiant*	*collègue*			*alcool*

Au féminin, les mots peuvent se terminer par						
a	e	o'	i	tà	tù	une consonne
Exemples						
guid**a**	madr**e**	man**o**	analis**i**	bont**à**	schiavit**ù**	j**eep**
guide	*mère*	*main*	*analyse*	*bonté*	*esclavage*	*jeep*
statu**a**	salut**e**	radi**o**	tes**i**	citt**à**	virt**ù**	st**ar**
statue	*santé*	*radio*	*thèse*	*ville*	*vertu*	*star*
piazz**a**	estat**e**	fot**o**	cris**i**	onest**à**		h**all**
place	*été*	*photo*	*crise*	*honnêteté*		*hall*

1) Formation du féminin

La plupart des mots masculins qui se terminent par **o** ou par **e** ont leur féminin en **a** :
il ragazz**o** (*le jeune homme*), la ragazz**a** (*la jeune fille*)
il grec**o** (*le grec*), la grec**a** (*la Grecque*)
il signor**e** (*le monsieur*), la signor**a** (*la dame*)
l'infermier**e** (*l'infirmier*), l'infermier**a** (*l'infirmière*)

Toutefois une grande partie des mots masculins qui se terminent en **e** ne changent pas de terminaison au féminin :
il cantant**e** (*le chanteur*), la cantant**e** (*la chanteuse*)
il frances**e** (*le Français*), la frances**e** (*la Française*)
il client**e** (*le client*), la client**e** (*la cliente*)
il nipot**e** (*le neveu*), la nipot**e** (*la nièce*)

Les mots masculins qui se terminent en **a** ne changent pas de terminaison au féminin :
il turis**ta** (*le touriste*), la turis**ta** (*la touriste*)
il giornalis**ta** (*le journaliste*), la giornalis**ta** (*la journaliste*)
il pianis**ta** (*le pianiste*), la pianis**ta** (*la pianiste*)
il musicis**ta** (*le musicien*), la musicis**ta** (*la musicienne*)

Certains mots masculins qui se terminent en **e** font leur féminin en **essa** :
il dottor**e** (*le docteur*), la dottor**essa** (*la doctoresse*)
il leon**e** (*le lion*), la leon**essa** (*la lionne*)
il princip**e** (*le prince*), la princip**essa** (*la princesse*)
il professor**e** (*le professeur*), la professor**essa** (*la professeure*)
lo student**e** (*l'étudiant*), la student**essa** (*l'étudiante*)

Les mots masculins qui se terminent en **tore** font généralement leur féminin en **trice** :
l'at**tore** (*l'acteur*), l'at**trice** (*l'actrice*)
il diret**tore** (*le directeur*), la diret**trice** (*la directrice*)
il narra**tore** (*le narrateur*), la narra**trice** (*la narratrice*)
il tradut**tore** (*le traducteur*), la tradut**trice** (*la traductrice*)
il collabora**tore** (*le collaborateur*), la collabora**trice** (*la collaboratrice*)

Comme en français, beaucoup de noms changent de forme au féminin :
l'ero**e** (*le héros*), l'ero**ina** (*l'héroïne*)
il gall**o** (*le coq*), la gall**ina** (*la poule*)
il **re** (*le roi*), la re**gina** (*la reine*)
il can**e** (*le chien*), la ca**gna** (*la chienne*)
il **fratello** (*le frère*), la **sorella** (*la sœur*)
il **marito** (*le mari*), la **moglie** (*la femme*)
l'**uomo** (*l'homme*), la **donna** (*la femme*)
il **celibe** (*le célibataire*), la **nubile** (*la célibataire*)
il **maschio** (*le mâle*), la **femmina** (*la femelle*)

2) FORMATION DU PLURIEL

Qu'ils soient masculins ou féminins, les mots italiens font en général leur pluriel en **i**.

Ne suivent pas cette règle les mots féminins en **a**, dont le pluriel est en **e**, et ceux dont le pluriel est irrégulier. Exemples :

Au masculin		Au féminin	
Singulier	Pluriel	Singulier	Pluriel
cavallo (*cheval*)	cavalli (*chevaux*)	porta (*porte*)	porte (*portes*)
colore (*couleur*)	colori (*couleurs*)	ragione (*raison*)	ragioni (*raisons*)
poeta (*poète*)	poeti (*poètes*)	ipotesi (*hypothèse*)	ipotesi (*hypothèses*)
brindisi (*toast*)	brindisi (*toasts*)		

Chaque mot construit son propre pluriel :
il cane e il gatto (*le chien et le chat*) → i cani e i gatti
la primavera e l'estate (*le printemps et l'été*) → le primavere e le estati
il porto e la nave (*le port et le bateau*) → i porti e le navi
il verbo e la parola (*le verbe et le mot*) → i verbi e le parole
il poeta e la ragione (*le poète et la raison*) → i poeti e le ragioni

A. Pluriel des noms masculins en *co* et *go*

Le pluriel des mots en **co** et **go** dépend de la place de l'accent tonique dans le mot.

➢ Les **parole piane** ont un pluriel en **chi** et **ghi** :
l'arco (*l'arc*) → gli archi
il videogioco (*le jeu vidéo*) → i videogiochi
l'ingorgo (*l'embouteillage*) → gli ingorghi
il lago (*le lac*) → i laghi

⚠ Il y a cependant cinq exceptions :
l'amico (*l'ami*) → gli amici
il nemico (*l'ennemi*) → i nemici
il porco (*le porc*) → i porci
il greco (*le Grec*) → i greci
il mago (*le mage ou le magicien*) a deux pluriels qui ont chacun une signification :
i (re) magi (*les Rois mages*)
i maghi (*les magiciens*)

➢ Pour les **parole sdrucciole**, le pluriel est, en général, **ci** et **gi** :
il medico (*le médecin*) → i medici
il mosaico (*la mosaïque*) → i mosaici
l'asparago (*l'asperge*) → gli asparagi

lo psicologo (*le psychologue*) → gli psicologi

Compte tenu du grand nombre d'exceptions à cette règle – il dialogo (*le dialogue*) → i dialoghi, il catalogo (*le catalogue*) → i cataloghi –, il est vivement conseillé de vérifier dans un dictionnaire.

B. Pluriel des noms masculins en *ca* et *ga*
Ils font leur pluriel en **chi** et **ghi** :
il collega (*le collègue*) → i colleghi
il monarca (*le monarque*) → i monarchi
il duca (*le duc*) → i duchi

⚠ Une exception : il belga (*le Belge*) → i belgi

C. Pluriel des noms féminins en *ca* et *ga*
Tous, sans aucune exception, font leur pluriel en **che** et **ghe** :
l'amica (*l'amie*) → le amiche
la musica (*la musique*) → le musiche
la collega (*la collègue*) → le colleghe
la psicologa (*la psychologue*) → le psicologhe

D. Pluriel des noms en *io*
Ce pluriel dépend également de la place de l'accent tonique dans le mot.

➢ Si l'accent tonique est placé sur le **i** final, afin de conserver le même nombre de syllabes, on redouble ce **i** au pluriel, **ii** :
il brontolio (*le ronchonnement*) → i brontolii
lo zio (*l'oncle*) → gli zii
l'addio (*l'adieu*) → gli addii

➢ Si l'accent tonique n'est pas placé sur le **i** final, on ne le redouble pas :
il municipio (*la mairie*) → i municipi
il foglio (*la feuille de papier*) → i fogli
il personaggio (*le personnage*) → i personaggi

E. Pluriel des noms en *cia*, *gia* et *scia*
Le pluriel dépend de la place de l'accent tonique mais aussi des lettres qui précédent ces terminaisons.

➢ Si l'accent tonique est placé sur le **i** final, le pluriel est **ie** :

la farma**cia** (*la pharmacie*) → le farmac**ie**
la sc**ia** (*le sillage*) → le sc**ie**
la bug**ia** (*le mensonge*) → le bug**ie**

➢ Si l'accent tonique n'est pas placé ailleurs que sur le **i** final, le pluriel est fonction de la lettre qui précède :
- Si le groupe **cia** ou **gia** est précédé d'une consonne, on supprime le **i** :
la fa**ccia** (*le visage*) → le fac**ce**
la spia**ggia** (*la plage*) → le spia**gge**
la stri**scia** pedonale (*le passage piétons*) → le stri**sce** pedonali
- Si le groupe **cia** ou **gia** est précédé d'une voyelle, en général, on conserve le **i** :
la cam**icia** (*la chemise*) → le cam**icie**
la cili**egia** (*la cerise*) → le cili**egie**

F. Pluriels invariables
➢ Les **parole tronche**
la pubblicit**à** (*la publicité*) → le pubblicit**à**
il men**ù** (*le menu*) → i men**ù**
il caff**è** (*le café*) → i caff**è**

➢ Les noms d'origine étrangère
il **camion** (*le camion*) → i **camion**
la **gang** (*le gang*) → le **gang**
lo **sport** (*le sport*) → gli **sport**
la **troupe** (*la troupe*) → le **troupe**
la **brioche** (*la brioche*) → le **brioche**
il **computer** (*l'ordinateur*) → i **computer**
il **mouse** (*la souris de l'ordinateur*) → i **mouse**

➢ Les noms terminés par **i**
la metropol**i** (*la métropole*) → le metropol**i**
la tes**i** (*la thèse*) → le tes**i**
l'ipotes**i** (*l'hypothèse*) → le ipotes**i**
la cris**i** (*la crise*) → le cris**i**

➢ Les monosyllabes
il **re** (*le roi*) → i **re**
la **gru** (*la grue*) → le **gru**
il **tè** (*le thé*) → i **tè**

4. Le nom

➢ Les noms terminés par **ie**
   la car**ie** (*la carie*) → le car**ie**
   la spec**ie** (*l'espèce*) → le spec**ie**
   la ser**ie** (*la série*) → le ser**ie**

⚠ Une exception : la mog**lie** (*l'épouse*) → le mog**li**

➢ Les abréviations
   l'aut**o** (*la voiture*) → le aut**o**
   la fot**o** (*la photo*) → le fot**o**
   la mot**o** (*la moto*) → le mot**o**
   il cinem**a** (*le cinéma*) → i cinem**a**

➢ Certains noms masculins terminés en **a**
   il sos**ia** (*le sosie*) → i sos**ia**
   il delt**a** (*le delta*) → i delt**a**
   il vagl**ia** (*le mandat postal*) → i vagl**ia**
   il med**ia** (*le média*) → i med**ia**
   il bermud**a** (*le bermuda*) → i bermud**a**

➢ Pluriel des mots composés
Le pluriel va être différent selon la façon dont le mot est composé :

Noms composés d'un verbe et d'un nom		
Verbe suivi d'un nom au pluriel	Verbe suivi d'un nom masculin singulier	Verbe suivi d'un nom féminin singulier
Nom composé invariable	Le nom se met au pluriel	Nom composé invariable
il portamonete (*le porte-monnaie*) → i portamonete l'asciugacapelli (*le sèche-cheveux*) → gli asciugacapelli il portachiavi (*le porte-clés*) → i portachiavi l'attaccapanni (*le porte-manteau*) → gli attaccapanni	il grattacielo (*le gratte-ciel*) → i grattacieli il parafuoco (*le pare-feu*) → i parafuochi il portafoglio (*le porte-feuille*) → i portafogli lo spaventapassero (*l'épouvantail*) → gli spaventapasseri	il paraluce (*le pare-soleil*) → i paraluce il portacarta (*le porte-papier*) → i portacarta il portafortuna (*le porte-bonheur*) → i portafortuna lo spaccalegna (*le bûcheron*) → gli spaccalegna

Noms composés de		
Deux noms	Un nom et un adjectif	Un adjectif et un nom
Le deuxième nom se met au pluriel	Les deux se mettent au pluriel	Le nom se met au pluriel
la videocassetta (*la cassette vidéo*) → le videocassette il pescecane (*le requin*) → i pescecani	l'acquaforte (*l'eau-forte*) → le acqueforti la cassaforte (*le coffre-fort*) → le casseforti la piazzaforte (*la place forte*) → le piazzeforti	l'altoparlante (*le haut-parleur*) → gli altoparlanti il bassorilievo (*le bas-relief*) → i bassorilievi
⚠ Invariable : il bagnoschiuma (*le bain moussant*) → i bagnoschiuma	⚠ Exception : il palcoscenico (*la scène du théâtre*) → i palcoscenici	

➢ Les noms composés avec **capo** ont un pluriel plus aléatoire. Quand **capo** indique une personne, il se met au pluriel :
  il capostazione (*le chef de gare*) → i capistazione
  il capogruppo (*le chef de groupe*) → i capigruppo

Mais :
  il capolavoro (*le chef-d'œuvre*) → i capolavori
  il capoluogo (*le chef-lieu*) → i capoluoghi

3) LES PLURIELS IRRÉGULIERS

Certains mots ont un pluriel irrégulier :
l'arma (*l'arme*) → le armi
l'ala (*l'aile*) → le ali
la mano (*la main*) → le mani
il tempio (*le temple*) → i templi

Parfois les formes sont très différentes entre le singulier et le pluriel. L'utilisation d'un article inattendu peut également se trouver :
l'uomo (*l'homme*) → gli uomini
il dio (*le dieu*) → gli dei
il bue (*le bœuf*) → i buoi

4. Le nom

Certains noms changent de genre lorsqu'ils passent au pluriel et de masculins au singulier deviennent féminins au pluriel. Parmi les plus courants :
il dito (*le doigt*) → le dita
l'uovo (*l'œuf*) → le uova
il paio (*la paire*) → le paia
il centinaio (*la centaine*) → le centinaia
il migliaio (*le millier*) → le migliaia
il miglio (*le mille [mesure]*) → le miglia
il riso (*le rire*) → le risa

D'autres mots peuvent avoir un double pluriel. C'est le sens donné au mot au singulier qui détermine la formation du pluriel et permet d'ajouter une nuance très différente au mot :

Singulier	Pluriel	
	Sens propre	Sens figuré
il braccio (*le bras*)	le braccia robuste del boscaiolo (*les bras robustes du bûcheron*)	i bracci della poltrona (*les bras du fauteuil*)
il membro (*le membre*)	le membra del nostro corpo (*les membres de notre corps*)	i membri della società segreta (*les membres de la société secrète*)
il labbro (*la lèvre*)	si mette il rossetto sulle labbra (*elle met du rouge sur ses lèvres*)	i labbri della ferita (*les lèvres de la blessure*)
il corno (*la corne*)	le corna della capra (*les cornes de la chèvre*)	i corni suonano (*les cors résonnent*)
l'urlo (*le hurlement*)	le urla di terrore (*les hurlements de terreur*)	gli urli del vento (*les hurlements du vent*)
il ciglio (*le cil*)	le lunghe ciglia della ragazza (*les longs cils de la jeune fille*)	i cigli della strada (*les bas-côtés de la route*)
il fondamento (*le fondement, la base*)	le fondamenta del palazzo (*les fondations de l'immeuble*)	i fondamenti del dicorso (*les fondements [bases] du discours*)

II. GRAMMAIRE ITALIENNE

Singulier	Pluriel pour l'homme	Pluriel pour l'animal
il grid**o** (*le cri*)	le grid**a** di gioia della folla (*les cris de joie de la foule*)	i grid**i** degli animali (*les cris des animaux*)

Singulier	Pluriel « collectif »	Pluriel « individuel »
il mur**o** (*le mur*)	le mur**a** delle città antiche (*les remparts des villes antiques*)	i mur**i** della casa (*les murs de la maison*)
l'oss**o** (*l'os*)	le oss**a** dello scheletro (*les os du squelette*)	Non mangiare gli oss**i**! (*Ne mange pas les os!*)

Chapitre 5. Les suffixes

En italien, on utilise les suffixes plus souvent qu'en français, qu'il s'agisse d'un nom, d'un adjectif, d'un adverbe ou d'un verbe. Ainsi, on peut modifier le sens d'un mot à l'aide d'un diminutif, d'un augmentatif ou d'un péjoratif.

1) LES DIMINUTIFS

Avec les noms, adjectifs et adverbes, on utilise :
➢ **ino/ina**
i gatt**i** (*les chats*) → i gatt**ini** (*les chatons*)
un baci**o** (*un baiser*) → un bac**ino** (*un bisou*)
una tazz**a** (*une tasse*) → una tazz**ina** (*une petite tasse*)
piccol**a** (*petite*) → piccol**ina** (*toute petite*)
pian**o** (*doucement*) → pian**ino** (*tout doucement*)

➢ **etto/etta**
un libr**o** (*un livre*) → un libr**etto** (*un petit livre, un livret*)
una nuvol**a** (*un nuage*) → una nuvol**etta** (*un petit nuage*)
le cas**e** (*les maisons*) → le cas**ette** (*les petites maisons*)

On trouve également :
➢ **ello/ella**
un asin**o** (*un âne*) → un asin**ello** (*un joli petit âne/un ânon*)
una cas**a** (*une maison*) → una cas**ella** (*une case [dans un jeu]*)

➢ **cino** pour les mots terminés par **one**
il padr**one** (*le patron*) → il padr**oncino** (*le petit patron*)
il bast**one** (*le bâton*) → il bast**oncino** (*le bâtonnet*)

➢ **icino/olino**
un post**o** (*une place*) → un post**icino** (*une petite place*)
un corp**o** (*un corps*) → un corp**icino** (*un petit corps*)
la test**a** (*la tête*) → la test**olina** (*la tête d'un enfant*)
un top**o** (*une souris*) → un top**olino** (*une petite souris*)

Il est possible de cumuler les diminutifs.
➢ Dans ce cas, on trouvera **ettino/ettina**
fresc**o** (*frais*) → fresch**ettino** (*frisquet*)
una cas**a** (*une maison*) → una cas**ettina** (*une toute petite maison*)

D'autres diminutifs sont moins employés :
➢ **acchiotto/ellino/erello/icello/uccio/uzzo**
un ors**o** (*un ours*) → un ors**acchiotto** (*un ourson*)
un porc**o** (*un cochon*) → un porc**ellino** (*un porcelet*)
la piogg**ia** (*la pluie*) → la piogg**erella** (*la petite pluie*)
un fium**e** (*une rivière*) → un fium**icello** (*un ruisseau*)
una nav**e** (*un bateau*) → una nav**icella** (*un petit bateau*)
una femmin**a** (*une femme*) → una femmin**uccia** (*une petite fille*)
un regal**o** (*un cadeau*) → un regal**uccio** (*un petit cadeau*)
una vi**a** (*une rue*) → una vi**uzza** (*une ruelle*)

On peut également modifier les verbes avec les diminutifs :
➢ **acchiare**
viv**ere** (*vivre*) → viv**acchiare** (*vivoter*)

➢ **erellare**
cant**are** (*chanter*) → cant**erellare** (*chantonner*)

➢ **ettare**
scoppi**are** (*éclater*) → scoppi**ettare** (*crépiter*)

➢ **icchiare**
dorm**ire** (*dormir*) → dorm**icchiare** (*somnoler*)

➢ **igginare**
piov**ere** (*pleuvoir*) → piov**igginare** (*pluvioter*)

➢ **ischiare**
nev**e** (*neige*) → nev**icare** (*neiger*) → nev**ischiare** (*neigeoter*)

2) LES AUGMENTATIFS

➢ Le suffixe **one** est le plus répandu :
l'ombrell**o** (*le parapluie*) → l'ombrell**one** (*le parasol*)
ben**e** (*bien*) → ben**one** (*très bien*)
un baci**o** (*un baiser*) → un baci**one** (*un gros bisou*)

⚠ Employé avec des noms féminins, le suffixe **one** donne la plupart du temps un mot masculin :
una scarp**a** (*une chaussure*) → uno scarp**one** (*une grosse chaussure*)
una pall**a** (*une balle*) → un pall**one** (*un ballon*)
una finestr**a** (*une fenêtre*) → un finestr**one** (*une grande fenêtre*)

➤ On trouve aussi le suffixe **otto**
un giovan**e** (*un jeune*) → un giovan**otto** (*un garçon costaud*)
vecchi**o** (*vieux*) → vecchi**otto** (*vieillot*)

➤ Et également **acchione**
furb**o** (*rusé*) → furb**acchione** (*gros malin*)

3) Les péjoratifs

➤ accio/accia
l'erb**a** (*l'herbe*) → l'erb**accia** (*la mauvaise herbe*)
il vin**o** (*le vin*) → il vin**accio** (*la vinasse*)
la giornat**a** (*la journée*) → la giornat**accia** (*la mauvaise journée*)
Dans certains cas, ce suffixe peut avoir une nuance d'affection :
pover**o** (*pauvre*) → pover**accio** ! (*pauvre homme !*)

➤ aglia
la pleb**e** (*la plèbe*) → la pleb**aglia** (*la populace*)
il can**e** (*le chien*) → la can**aglia** (*la canaille*)

➤ astro
ner**o** (*noir*) → ner**astro** (*noirâtre*)
bianc**o** (*blanc*) → bianc**astro** (*blanchâtre*)

➤ iccio
ross**o** (*rouge*) → ross**iccio** (*rougeâtre*)

4) Les autres suffixes

➤ Très employé, le suffixe **ata** indique :
  • Le coup donné
    il coltell**o** (*le couteau*) → la coltell**ata** (*le coup de couteau*)
    l'occhi**o** (*l'œil*) → l'occhi**ata** (*le coup d'œil*)
    il baston**e** (*le bâton*) → la baston**ata** (*le coup de bâton*)
    il telefon**o** (*le téléphone*) → la telefon**ata** (*le coup de fil*)

  • La durée
    il giorn**o** (*le jour*) → la giorn**ata** (*la journée*)
    il mattin**o** (*le matin*) → la mattin**ata** (*la matinée*)
    la nott**e** (*la nuit*) → la nott**ata** (*la nuit, la nuitée*)

- Le contenu
  il carret**to** (*la charrette*) → la carrett**ata** (*la charretée*)
  il bracc**io** (*le bras*) → la bracc**iata** (*la brassée*)
  la bocc**a** (*la bouche*) → la bocc**ata** (*la bouffée [d'air]*)
  la man**o** (*la main*) → la man**ata** (*la poignée*)

➢ Le suffixe **eto** indique un lieu planté :
la vign**a** (*la vigne*) → il vign**eto** (*le vignoble*)
il castagn**o** (*le châtaignier*) → il castagn**eto** (*la châtaigneraie*)
il limon**e** (*le citronnier*) → il limon**eto** (*le lieu planté de citronniers*)

⚠ Une exception : il pin**o** (*le pin*) → la pin**eta** (*la pinède [féminin]*)

➢ Les suffixes **ame** et **ume** ont un sens collectif :
la besti**a** (*la bête*) → il besti**ame** (*le bétail*)
la fogli**a** (*la feuille*) → il fogli**ame** (*le feuillage*)
il dolc**e** (*le gâteau*) → i dolc**iumi** (*les confiseries*)
il sal**e** (*le sel*) → i sal**umi** (*la charcuterie*)
il pel**o** (*le poil*) → il pel**ame** (*le pelage*)

➢ Le suffixe **eggiare** s'utilise pour fabriquer un verbe à partir d'un nom ou d'un adjectif :
il lamp**o** (*l'éclair*) → lamp**eggiare** (*étinceler, faire des éclairs*)
la cost**a** (*la côte*) → cost**eggiare** (*longer la côte*)
l'ec**o** (*l'écho*) → ech**eggiare** (*résonner*)
verd**e** (*vert*) → verd**eggiare** (*verdir*)

➢ Le suffixe **io** indique généralement un bruit :
mormor**are** (*murmurer*) → il mormor**io** (*le murmure*)
frusc**iare** (*bruire*) → il frusc**io** (*le bruissement*)
ronz**are** (*bourdonner/ronfler*) → il ronz**io** (*le bourdonnement/le ronflement*)

⚠ On ne peut pas utiliser tous les diminutifs avec tous les mots car certains peuvent en changer le sens :
la carta (*le papier*), il cart**one** (*le carton*), la cart**ina** (*la carte géographique*), il cart**ello** (*l'écriteau, l'affiche*), la cart**ella** (*le cartable*), la cart**accia** (*la paperasse*), il cart**ellino** (*l'étiquette*), la cart**ellina** (*la chemise, le carton à dessin*), il cart**ellone** (*l'affiche*), il cart**oncino** (*la carte de visite*), il cart**occio** (*le cornet de papier, la papillote*), la cart**olina** (*la carte postale*), il cart**olaio** (*le papetier*), la cart**oleria* (*la papeterie*)

Chapitre 6. L'adjectif

1) Généralités

L'adjectif obéit aux mêmes règles que le nom et possède également plusieurs terminaisons selon le genre et le nombre.

	Masculin			Féminin	
Singulier	o	e	a	a	e
	pulito (*propre*) sporco (*sale*)	veloce (*rapide*) grande (*grand*)	ottimista (*optimiste*) pessimista (*pessimiste*)	pulita (*propre*) sporca (*sale*)	veloce (*rapide*) grande (*grande*)
Pluriel	i	i	i	e	i
	puliti (*propres*) sporchi (*sales*)	veloci (*rapides*) grandi (*grands*)	ottimisti (*optimistes*) pessimisti (*pessimistes*)	pulite (*propres*) sporche (*sales*)	veloci (*rapides*) grandi (*grandes*)

Comme en français, l'adjectif s'accorde en genre et en nombre avec le nom auquel il se rapporte.

Masculin			Féminin		
Singulier		Pluriel	Singulier		Pluriel
il ragazzo sportivo	le jeune homme sportif	i ragazzi sportivi	la ragazza sportiva	la jeune fille sportive	le ragazze sportive
l'uomo egoista	l'homme égoïste	gli uomini egoisti	la donna altruista	la femme altruiste	le donne altruiste
il professore severo	le professeur sévère	i professori severi	la matita verde	le crayon vert	le matite verdi
lo zaino pesante	le sac à dos lourd	gli zaini pesanti	la torre infernale	la tour infernale	le torri infernali
lo spettatore entusiasta	le spectateur enthousiaste	gli spettatori entusiasti	la canzone allegra	la chanson joyeuse	le canzoni allegre

⚠ Comme pour le nom, chaque adjectif réagit d'abord en raison de sa terminaison. Seuls ceux qui se terminent en **a** font leur pluriel en **e**. Exemples :

la finestra aperta (*la fenêtre ouverte*) → le finestre aperte
Mais aussi :
la maglia verde (*le pull vert*) → le maglie verdi
la regione preferita (*la région préférée*) → le regioni preferite

2) ADJECTIFS INVARIABLES

➢ Adjectifs invariables
Ce sont surtout des adjectifs qui indiquent une couleur
arancione (*orange*) → gli ombrelloni arancione (*les parasols orange*)
blu (*bleu*) → le giacche blu (*les vestes bleues*)
marrone (*marron*) → i pantaloni marrone (*les pantalons marron*)
rosa (*rose*) → i fiori rosa (*les fleurs roses*)
viola (*violet*) → le borse viola (*les sacs à main violets*)

➢ L'adjectif, seul, s'accorde mais devient invariable lorsqu'il précise une nuance
le scarpe rosse (*les chaussures rouges*) mais le scarpe rosso scuro (*les chaussures rouge foncé*)
le sciarpe verdi (*les écharpes vertes*) mais le sciarpe verde smeraldo (*les écharpes vert émeraude*)

⚠ **À noter** : l'inversion des couleurs dans l'expression « un film in bianco e nero » (*un film en noir et blanc*)

3) CAS PARTICULIERS

➢ L'adjectif **bello**
Il se modifie comme une **preposizione articolata**, selon le mot devant lequel il est placé.

Masculin					Féminin		
il	l'	lo	i	gli	la	l'	le
bel	bell'	bello	bei	begli	bella	bell'	belle
Exemples							
il bel paese (*le beau pays*) il bell'animale (*le bel animal*) il bello scenario (*le beau décor*) i bei castelli (*les beaux châteaux*) i begli scavi (*les belles fouilles*) i begli occhi (*les beaux yeux*)					la bella casa (*la belle maison*) la bell'isola (*la belle île*) le belle immagini (*les belles images*) le belle statue (*les belles statues*)		

6. L'adjectif

> L'adjectif **buono** se modifie, au singulier, comme l'article indéfini.

Masculin singulier devant			Féminin singulier devant	
Une consonne	Une voyelle	Un **z** et un «**s impur**»	Une consonne	Une voyelle
buon	buon	buono	buona	buon'
Exemples				
un buon pesce (*un bon poisson*) un buon arrosto (*un bon rôti*) un buono zucchino (*une bonne courgette*)			una buona pasta (*de bonnes pâtes*) una buon'acqua minerale (*une bonne eau minérale*)	
Le pluriel de buono est régulier				
buoni spaghetti (*de bons spaghettis*) buoni salami (*de bons saucissons*) buoni asparagi (*de bonnes asperges*)			buone olive (*de bonnes olives*) buone feste (*de bonnes fêtes*) buone zuppe (*de bonnes soupes*)	

> L'adjectif **grande**

Masculin singulier devant			Féminin singulier devant		
Une consonne	Une voyelle	Un **z** et un «**s impur**»	Une consonne	Une voyelle	Un **z** et un «**s impur**»
gran	grande	grande	gran	grand'	grande
Exemples					
un gran negozio (*un grand magasin*) un grande albergo (*un grand hôtel*) un grande scultore (*un grand sculpteur*)			una gran casa (*une grande maison*) una grand'idea (*une grande idée*) una grande scatola (*une grande boîte*)		
Au pluriel *grandi*					
grandi palazzi (*de grands immeubles*) grandi attori (*de grands acteurs*) grandi spettacoli (*de grands spectacles*)			grandi case (*de grandes maisons*) grandi orchestre (*de grands orchestres*) grandi scatole (*de grandes boîtes*)		

> L'adjectif **santo**

Masculin singulier devant			Féminin singulier devant	
Une consonne	Une voyelle	Un **z** et un «**s impur**»	Une consonne	Une voyelle
san	sant'	santo	santa	sant'
Exemples				
san Francesco (*saint François*) sant'Agostino (*saint Augustin*) santo Stefano (*saint Étienne*)			santa Rita (*sainte Rita*) sant'Elena (*sainte Hélène*)	
Au pluriel *santi* ou *sante*				
Il 1° novembre è la festa di tutti **i santi** e anche **delle sante** (*Le 1er novembre est la fête de tous les saints et aussi des saintes*)				

Chapitre 7. Comparatif et superlatif

Le comparatif peut exprimer trois types de rapport : l'égalité, la supériorité ou l'infériorité.

1) LE COMPARATIF D'ÉGALITÉ

Pour comparer deux noms, on utilise **così… come** ou **tanto… quanto** (*aussi… que*). Le premier terme (**così** ou **tanto**) peut être omis.

La montagna è (**così**) bella **come** la campagna./La montagna è (**tanto**) bella **quanto** la campagna. (*La montagne est aussi belle que la campagne.*)

Firenze è (**così**) turistica **come** Venezia./Firenze è (**tanto**) turistica **quanto** Venezia. (*Florence est aussi touristique que Venise.*)

Gli spaghetti sono (**così**) buoni **come** le tagliatelle./Gli spaghetti sono (**tanto**) buoni **quanto** le tagliatelle. (*Les spaghettis sont aussi bons que les tagliatelles.*)

Pour comparer deux adjectifs, on utilise **tanto… quanto**.

La campagna è **tanto** tranquilla **quanto** piacevole. (*La campagne est aussi tranquille qu'agréable.*)

Il metrò è **tanto** rapido **quanto** economico. (*Le métro est aussi rapide qu'économique.*)

Pour comparer deux quantités, on utilise également **tanto… quanto** mais, dans ce cas, ces deux termes s'accordent avec le mot qu'ils précèdent.

Nel giardino ci sono **tante** ros**e quanti** garofani. (*Dans le jardin il y a autant de roses que d'œillets.*)

Nella mia classe, ci sono **tanti** masch**i quante** femmin**e**. (*Dans ma classe, il y a autant de garçons que de filles.*)

2) LES COMPARATIFS DE SUPÉRIORITÉ ET D'INFÉRIORITÉ

Devant un nom commun, un nom propre ou un pronom, on utilise, pour indiquer la supériorité, **più… di** et, pour indiquer l'infériorité, **meno… di**.

La préposition **di** réagit comme nous l'avons vu dans le chapitre sur les « preposizioni articolate » en se contractant avec l'article adapté.

7. Comparatif et superlatif

➤ Devant un nom commun.
L'oro è **più** prezioso **dell'argento**. (*L'or est plus précieux que l'argent.*)
Il gatto è **meno** fedele **del cane**. (*Le chat est moins fidèle que le chien.*)

➤ Devant un nom propre.
Roma è **più** antica **di Milano**. (*Rome est plus ancienne que Milan.*)
Marco è **meno** giovane **di Francesco**. (*Marc est moins jeune que François.*)

➤ Devant un pronom.
Silvia è **più** intelligente **di te**. (*Sylvie est plus intelligente que toi.*)
Questa borsa costa **più di quella**. (*Ce sac-ci coûte plus que celui-là.*)

➤ On peut également utiliser **più… di** ou **meno… di** devant quelques adverbes de temps, par exemple :
Sembri **più** giovane **di prima**. (*Tu as l'air plus jeune qu'avant.*)
Fa **meno** freddo **di ieri**. (*Il fait moins froid qu'hier.*)

Devant un adjectif, un adverbe, une préposition, un verbe et lorsqu'on compare des quantités, on utilise **più… che** pour indiquer la supériorité et **meno… che** pour l'infériorité.

➤ Devant un adjectif.
Sei **più** stupido **che cattivo**. (*Tu es plus bête que méchant.*)
Luisa è **meno** bella **che intelligente**. (*Louise est moins belle qu'intelligente.*)

➤ Devant un adverbe.
Lavora **più** rapidamente **che intelligentemente**. (*Il travaille plus rapidement qu'intelligemment.*)
Risponde **meno** presto **che bene**. (*Il répond moins vite que bien.*)

➤ Devant une préposition.
È **più** piacevole stare al mare **che in** città. (*C'est plus agréable d'être à la mer qu'en ville.*)
Scrivo **meno** a Cristina **che a** te. (*J'écris moins à Christine qu'à toi.*)

➢ Devant un verbe.
È **più** facile leggere **che tradurre**. (*C'est plus facile de lire que de traduire.*)
Mi piace **meno** sciare **che nuotare**. (*J'aime moins skier que nager.*)
Preferisco leggere **che guardare** la tivù. (*Je préfère – j'aime plus – lire que regarder la télé.*)

➢ Quand on compare des quantités.
Bevi **più** acqua **che** vino. (*Tu bois plus d'eau que de vin.*)
Ci sono meno giorni festivi **che** giorni feriali. (*Il y a moins de jours fériés que de jours ouvrables.*)
Mangiano **più** pasta **che** patate. (*Ils mangent plus de pâtes que de pommes de terre.*)

3) Le superlatif

Comme en français, il existe deux sortes de superlatifs : le superlatif relatif et le superlatif absolu.

A. Le superlatif relatif

Il se construit comme en français (**il più, i più, la più, le più/il meno, i meno, la meno, le meno**) et s'accorde en genre et en nombre avec l'adjectif qu'il modifie.
La più graziosa di tutte è questa ballerina. (*La plus gracieuse de toutes est cette danseuse.*)
Il più forte della classe è Matteo. (*Le plus fort de la classe, c'est Matthieu.*)
Clara è **la meno** paziente. (*Clara est la moins patiente.*)
Queste poesie sono **le più** conosciute. (*Ces poésies sont les plus connues.*)
I più bei diamanti vengono dalle miniere del Sud Africa. (*Les plus beaux diamants viennent des mines d'Afrique du Sud.*)
Questi piatti sono **i meno** saporiti. (*Ces plats sont les moins relevés.*)

Lorsque le nom est placé avant le superlatif, **on ne répète pas l'article** devant **più** ou **meno**.
L'estate è **la** stagione **più** bella. (*L'été est la saison la plus belle.*)
Mais :
La più bella stagione è l'estate. (*La plus belle saison est l'été.*)
Le ragazze **meno** sportive della classe. (*Les jeunes filles les moins sportives de la classe.*)

7. Comparatif et superlatif

Il romanzo **più** venduto di quest'autore. (*C'est le roman le plus vendu de cet auteur.*)
I film **più** visti sono quelli di Fellini. (*Les films les plus vus sont ceux de Fellini.*)

B. Le superlatif absolu
Il peut se former de plusieurs façons :
➤ En faisant précéder l'adjectif ou l'adverbe de **molto** (*très, beaucoup*), qui reste invariable.
L'italiano è una lingua **molto** bella. (*L'italien est une très belle langue.*)
I tifosi sono **molto** rumorosi. (*Les supporters sont très bruyants.*)
Le modelle sono **molto** alte. (*Les mannequins sont très grands.*)
Parlano **molto** forte. (*Ils/Elles parlent très fort.*)

➤ En ajoutant le suffixe **issimo** à la fin de l'adjectif ou de l'adverbe après avoir supprimé la voyelle finale.
L'italiano è una lingua bel**lissima**. (*L'italien est une très belle langue.*)
I tifosi sono rumoros**issimi**. (*Les supporters sont très bruyants.*)
Le modelle sono alt**issime**. (*Les mannequins sont très grands.*)
Parlano fort**issimo**. (*Ils/Elles parlent très fort.*)

⚠ Lorsqu'on ajoute **issimo** à un adjectif, il faut tenir compte de son pluriel.
Quest'autobus è prat**icissimo**. (*Ce bus est très pratique.*) Ici, le pluriel de pratico est pratici.
I viaggiatori sono stan**chissimi**. (*Les voyageurs sont très fatigués.*) Ici, le pluriel de stanco est stanchi.

➤ En redoublant l'adjectif, sous réserve que le nombre de syllabes ne soit pas trop grand.
Suona **piano piano**. (*Il joue tout doucement.*)
Parla **forte forte**. (*Il parle très fort.*)
Corre **veloce veloce**. (*Il court très vite.*)
Fa **freddo freddo**. (*Il fait très froid.*)

➤ En associant, dans certains cas, deux adjectifs.
I ragazzi sono tornati **stanchi morti** dalla gita. (*Les jeunes sont revenus très fatigués/morts de fatigue de l'excursion.*)
L'autobus è **pieno zeppo** nelle ore di punta. (*L'autobus est bondé/plein à craquer aux heures de pointe.*)

> En ajoutant un préfixe.
> - Arci
>   Questo calciatore è diventato **arci**milionario. (*Ce footballeur est devenu multimillionnaire.*)
> - Iper
>   Questo piatto di spaghetti è **iper**calorico. (*Ce plat de spaghettis est hyper calorique.*)
> - Sovra
>   In estate, i pomodori sono **sovra**bbondanti. (*En été, les tomates sont surabondantes.*)
> - Stra
>   Questo principe è **stra**potente. (*Ce prince est tout puissant.*)
> - Super
>   I nuovi detersivi sono **super**concentrati. (*Les nouveaux détergents sont super concentrés.*)
> - Ultra
>   Le nuove macchine sono **ultra**rapide. (*Les nouvelles voitures sont ultrarapides.*)

C. Comparatifs et superlatifs irréguliers

Certains adjectifs parmi les plus courants ont un comparatif et un superlatif irréguliers.

Adjectifs	Comparatifs	Superlatifs
alto (*haut*)	superiore (*supérieur*)	supremo (*très grand, suprême*)
basso (*bas*)	inferiore (*inférieur*)	infimo (*infime*)
bene (*bien*)	meglio (*mieux*)	benissimo (*très bien*)
buono (*bon*)	migliore (*meilleur*)	ottimo (*excellent*)
cattivo (*mauvais*)	peggiore (*pire*)	pessimo (*exécrable*)
grande (*grand*)	maggiore (*plus grand, majeur*)	massimo (*très grand, maximal*)
male (*mal*)	peggio (*plus mal*)	malissimo (*très mal*)
piccolo (*petit*)	minore (*plus petit, mineur*)	minimo (*très petit, minime*)

Exemples :
Questo vino è **ottimo**. (*Ce vin est excellent.*)
È il **migliore** del ristorante. (*C'est le meilleur du restaurant.*)
Ti presento il mio fratello **maggiore** e la mia sorella **minore**. (*Je te présente mon frère aîné et ma sœur cadette.*)

Chapitre 8. Les adverbes

1) LES ADVERBES DE MANIÈRE

Pour former un adverbe, on part de l'adjectif.
➢ Lorsque, au masculin, l'adjectif se termine en **o**, on le passe au féminin et on ajoute **mente** à celui-ci.
ver**o** (*vrai*) → ver**a** (*vraie*) + **mente** ➜ **veramente** (*vraiment*)
chiar**o** (*clair*) → chiar**a** (*claire*) + **mente** ➜ **chiaramente** (*clairement*)
lung**o** (*long*) → lung**a** (*longue*) + **mente** ➜ **lungamente** (*longuement*)

➢ Lorsque l'adjectif se termine en **e** :
- Dans la plupart des cas, on ajoute tout simplement **mente** à l'adjectif.
  cortes**e** (*poli*) + **mente** ➜ **cortesemente** (*poliment*)
  grand**e** (*grand*) + **mente** ➜ **grandemente** (*grandement*)
  recent**e** (*récent*) + **mente** ➜ **recentemente** (*récemment*)

- Lorsque la consonne qui précède est un **l** ou un **r**, on supprime le **e**.
  origina**le** (*original*) → original + **mente** ➜ **originalmente** (*originalement*)
  volga**re** (*vulgaire*) → volgar + **mente** ➜ **volgarmente** (*vulgairement*)
  uti**le** (*utile*) → util + **mente** ➜ **utilmente** (*utilement*)
  regola**re** (*régulier*) → regolar + **mente** ➜ **regolarmente** (*régulièrement*)

⚠ Il existe quelques exceptions parmi lesquelles :
altro (*autre*) → **altrimenti** (*autrement*)
benevolo (*bienveillant*) → **benevolmente** (*avec bienveillance*)
leggero (*léger*) → **leggermente** (*légèrement*)
mediocre (*médiocre*) → **mediocremente** (*médiocrement*)
molle (*mou*) → **mollemente** (*mollement*)
violento (*violent*) → **violentemente** (*violemment*)

Autres adverbes de manière construits différemment :
a vicenda (*réciproquement*)   del tutto (*complètement*)
sul serio (*sérieusement*)   con calma (*calmement*)
a memoria (*par cœur*)   in fretta (*rapidement*)

2) LES ADVERBES DE TEMPS ET DE LIEU

Les adverbes de temps		
a lungo (*longuement*)	intanto (*pendant ce temps*)	prima ([tout] *d'abord*)
ancora (*encore*)	mai (*jamais*)	quindi (*donc, puis*)
di solito (*d'habitude*)	oggi (*aujourd'hui*)	sempre (*toujours*)
domani (*demain*)	ora (*maintenant*)	spesso (*souvent*)
fra poco (*d'ici peu*)	ormai (*désormais*)	subito (*tout de suite*)
ieri (*hier*)	poi (*puis*)	talvolta (*parfois*)
infine (*enfin*)	presto (*tôt*)	tardi (*tard*)

Les adverbes de lieu		
altrove (*ailleurs*)	giù (*en bas*)	sopra (*dessus*)
davanti (*devant*)	in fondo (*au fond*)	sotto (*dessous*)
dentro (*dedans*)	in mezzo (*au milieu*)	su (*sur*)
dietro (*derrière*)	intorno (*autour*)	vicino (*à côté*)
fuori (*dehors*)	lontano (*loin*)	

Chapitre 9. Les nombres

1) LES NOMBRES CARDINAUX

A. De un à vingt

0 → zero	7 → sette	14 → quattordici
1 → uno	8 → otto	15 → quindici
2 → due	9 → nove	16 → sedici
3 → tre	10 → dieci	17 → diciassette
4 → quattro	11 → undici	18 → diciotto
5 → cinque	12 → dodici	19 → diciannove
6 → sei	13 → tredici	20 → venti

B. Les dizaines

10 → dieci	40 → quaranta	70 → settanta
20 → venti	50 → cinquanta	80 → ottanta
30 → trenta	60 → sessanta	90 → novanta

C. Les centaines et autres nombres

100 → cento	1 000 → mille	1 million → un milione
200 → duecento	2 000 → duemila	2 millions → duemilioni
300 → trecento	3 000 → tremila	1 milliard → un miliardo

D. Comment former un nombre à partir de vingt ?

En italien, on se contente d'attacher le chiffre de l'unité à celui de la dizaine :

22 → ventidue	97 → novantasette	239 → duecentotrentanove
36 → trentasei	110 → centodieci	1 940 → millenovecentoquaranta
55 → cinquantacinque	114 → centoquattordici	2 003 → duemilatre

> Quelques règles à retenir :
- Lorsqu'on écrit un nombre en lettres, **on attache tous** les chiffres.
  Cristoforo Colombo ha scoperto l'America nel millequattrocentonovantadue. (*Christophe Colomb a découvert l'Amérique en 1492.*)
- Tous les chiffres et les nombres sont invariables sauf zéro et mille.

10 si scrive con uno zero. (*10 s'écrit avec un zéro.*)
100 si scrive con due zeri. (*100 s'écrit avec deux zéros.*)
- Le nombre mille a un pluriel irrégulier.
L'Euro è diventato la moneta unica dell'Unione Europea nel duemiladue. (*L'euro est devenu la monnaie unique de l'Union européenne en 2002.*)
- À partir de 20, on supprime la voyelle finale de la dizaine avant d'attacher l'unité lorsque celle-ci commence par une voyelle (**uno** et **otto**). On écrit :
24 → ventiquattro,
mais :
21 → ventuno ; 28 → ventotto ; 31 → trentuno ; 48 → quarantotto.

2) LES NOMBRES ORDINAUX

A. De un à dix

primo (*premier*)   sesto (*sixième*)
secondo (*second/deuxième*)   settimo (*septième*)
terzo (*troisième*)   ottavo (*huitième*)
quarto (*quatrième*)   nono (*neuvième*)
quinto (*cinquième*)   decimo (*dixième*)

B. À partir de dix

On supprime la voyelle finale et on ajoute le suffixe **esimo/a**.
undic**i** (*onze*) → undic**esimo** (*onzième*)
ventun**o** (*vingt et un*) → ventun**esimo** (*vingt et unième*)
cent**o** (*cent*) → cent**esimo** (*centième*)
mill**e** (*mille*) → mill**esimo** (*millième*)

⚠ Les chiffres **tre** et **sei** conservent toutes leurs voyelles :
venti**sei** (*vingt-six*) → ventisei**esimo** (*vingt-sixième*)
trenta**tre** (*trente-trois*) → trentatre**esimo** (*trente-troisième*)

L'accord entre le nom et l'adjectif cardinal s'effectue comme en français.
Sei in ritardo per **la** prim**a** volt**a**. (*Tu es en retard pour la première fois.*)
I prim**i** due mes**i** non capiva niente. (*Les deux premiers mois il ne comprenait rien.*)

➢ Quelques expressions particulières :
Ho già letto i **primi tre** capitoli. (*J'ai déjà lu les **trois premiers** chapitres.*)
Domani finirò le **ultime venti** pagine. (*Demain je finirai les **vingt dernières** pages.*)
Il primo re d'Italia è Vittorio Emanuele **terzo**. (*Le premier roi d'Italie est Victor-Emmanuel **III**.*)
Recitano la **scena terza** dell'**atto secondo**. (*Ils jouent la **scène trois** de l'acte deux.*)
Siamo **in quattro** a cena. (*Nous sommes **quatre** à dîner.*)

3) L'ÂGE

Pour indiquer l'âge, on dit :
- **comme en français** :
  Quanti anni hai ? (*Quel âge as-tu ?*)
  Ho quindici anni. (*J'ai quinze ans.*)
  Ho trent'anni circa. (*J'ai trente ans environ.*)
- **à la différence du français**, on ne dit pas le mot **anni** lorsqu'il semble une évidence :
  Vado sui venti. (*Je vais sur mes vingt ans.*)
  Sono sui cinquanta. (*J'approche de la cinquantaine.*)

➢ Le suffixe **enne**
Placé à la fin d'un nombre, il forme un substantif qui indique une personne âgée de...
sessanta → sessant**enne** : È una sessantenne molto in gamba. (*C'est une sexagénaire très en forme.*)
sedici → sedic**enne** : I sedicenni possono imparare a guidare. (*Les jeunes de seize ans peuvent apprendre à conduire.*)

4) LA DATE

Notez ces différentes tournures :
Che giorno è oggi ? (*Quel jour est-on aujourd'hui ?*) Oggi è lunedì. (*Aujourd'hui c'est lundi.*)
Quanti ne abbiamo oggi ? (*Nous sommes le combien aujourd'hui ?*) Ne abbiamo 16. (*Nous sommes le 16.*)

5) L'heure

➤ Pour demander l'heure, on peut poser l'une ou l'autre de ces questions :
Che ora è ? Che ore sono ? (*Quelle heure est-il ?*)

➤ Pour indiquer l'heure, on omet le mot « heures » **ore** et on fait précéder le chiffre des heures de l'article **le** :
Sono le due. (*Il est deux heures.*)
Sono le tre e dieci. (*Il est trois heures dix.*)
Sono le cinque e un quarto. (*Il est cinq heures et quart.*)
Sono le sei e mezzo/Sono le sei e mezza. (*Il est six heures et demie.*)
Sono le sette meno venti. (*Il est sept heures moins vingt.*)
Sono le otto meno un quarto. (*Il est huit heures moins le quart.*)
On peut dire également :
Sono le quattordici e quindici. (*Il est quatorze heures quinze.*)

⚠ **Pour une heure**, l'article est au singulier :
È l'una. (*Il est une heure.*)
È l'una e venticinque. (*Il est une heure vingt-cinq.*)
Pour midi et minuit, la tournure italienne est identique à la tournure française :
È mezzogiorno. (*Il est midi.*)
È mezzanotte. (*Il est minuit.*)

6) Les siècles

En italien, on peut utiliser deux tournures pour indiquer les siècles.
➤ Comme en français :
il sedicesimo secolo (*le seizième siècle*)
il ventesimo secolo (*le vingtième siècle*)
➤ Du treizième au vingtième siècle, l'italien préfère utiliser la centaine et dire :
Il quattrocento va dal 1400 al 1499. (*Le quinzième siècle va de 1400 à 1499.*)
L'unità italiana si è fatta durante l'ottocento. (*L'unité italienne s'est faite pendant le dix-neuvième siècle.*)

Chapitre X. Les démonstratifs

À l'aide du démonstratif, on peut désigner, dans le temps ou dans l'espace, les objets ou personnes dont on parle.

Il existe deux démonstratifs : **questo** (*celui-ci*) et **quello** (*celui-là*). Ils font fonction d'adjectif ou de pronom selon le cas.

1) Questo

Il indique un objet ou une personne qui est proche de nous dans le temps ou dans l'espace.

➤ Lorsqu'il est employé comme *adjectif*, **questo** s'accorde en genre et en nombre avec le nom qu'il qualifie.
Mi sono divertito a quest**a** festa. (*Je me suis amusé à cette fête.*)
Quest**o** stadio accoglie cinquantamila spettatori. (*Ce stade accueille cinquante mille spectateurs.*)
Quest**i** fiori sono profumati. (*Ces fleurs sont parfumées.*)
Quest**e** turiste hanno fretta. (*Ces touristes sont pressées.*)

⚠ Au masculin ou au féminin singulier, si **questo** se trouve placé devant une voyelle, on l'élide. On dit :
Questo ragazzo è ricco. (*Ce garçon est riche.*) Mais :
Quest'uomo è ricco. (*Cet homme est riche.*)
Questa teoria è interessante. (*Cette théorie est intéressante.*) Mais :
Quest'idea è interessante. (*Cette idée est intéressante.*)

➤ Lorsqu'il est employé comme *pronom*, **questo** s'emploie seul et on ne l'élide jamais.
Quale vestito scegli ? Scelgo **questo**. (*Quel vêtement choisis-tu ? Je choisis celui-ci.*)
Quale immagine vuoi ? **Questa**. (*Quelle image veux-tu ? Celle-ci.*)
Quali dischi vuoi comprare ? **Questi**. (*Quels disques veux-tu acheter ? Ceux-ci.*)
Quali rose ti piacciono di più ? **Queste**. (*Quelles roses préfères-tu ? Celles-ci.*)

⚠ Notez les expressions suivantes
Stamattina au lieu de **questa mattina** :
Stamattina mi sono alzato presto. (*Ce matin je me suis levé tôt.*)
Stasera au lieu de **questa sera** :
Stasera usciamo insieme. (*Ce soir nous sortons ensemble.*)

Stanotte au lieu de **questa notte** :
Stanotte si vedono le stelle. (*Cette nuit on voit les étoiles.*)

2) Quello

Il indique un objet ou une personne qui est loin de nous dans le temps ou dans l'espace. Il change de forme, comme une **preposizione articolata** et se calque sur les formes de l'article défini.

Masculin					Féminin		
Singulier			Pluriel		Singulier		Pluriel
il	l'	lo	i	gli	la	l'	le
quel	quell'	quello	quei	quegli	quella	quell'	quelle
Mi era piaciuto **quel** film. (*J'avais aimé ce film-là.*) **Quell'**albergo era situato bene. (*Cet hôtel-là était bien situé.*) Hanno demolito **quello** stadio. (*Ils ont démoli ce stade-là.*)			**Quei** fiori non crescono bene. (*Ces fleurs-là ne poussent pas bien.*) in **quegli** anni (*dans ces temps-là*)		Ti ricordi **quella** festa ? (*Tu te souviens de cette fête-là ?*) Mi piace respirare **quell'**aria marina. (*J'aime respirer cet air marin.*)		**Quelle** artiste sono famose. (*Ces artistes-là sont célèbres.*)

➢ Lorsqu'il est employé comme *pronom*, **quello** s'emploie seul et ne s'élide jamais.

Avevi già visitato una città come **quella** ? (*Tu avais déjà visité une ville comme celle-là ?*)

Quale disco vuoi ascoltare ? **Quello** ? (*Quel disque veux-tu écouter ? Celui-là ?*)

Quelli di ieri erano meno cari. (*Ceux d'hier étaient moins chers.*)

Quelle che mi piacciono sono le città medievali. (*Celles qui me plaisent, ce sont les villes médiévales.*)

Quest'idea è migliore di **quella**. (*Cette idée-ci est meilleure que cette idée-là*).

Chapitre 11. Le possessif

1) L'ADJECTIF POSSESSIF

A. Généralités

Il précède le mot qu'il accompagne et s'accorde en genre et en nombre avec celui-ci. Il est généralement accompagné de l'article défini.

Masculin		Féminin	
Singulier	Pluriel	Singulier	Pluriel
il **mio** orologio *ma montre*	**i miei** occhiali *mes lunettes*	la **mia** casa *ma maison*	le **mie** valigie *mes valises*
il **tuo** posto *ta place*	**i tuoi** bambini *tes enfants*	la **tua** camera *ta chambre*	le **tue** idee *tes idées*
il **suo** ufficio *son bureau*	**i suoi** gatti *ses chats*	la **sua** amica *son amie*	le **sue** alunne *ses élèves*
il **nostro** giardino *notre jardin*	i **nostri** cani *nos chiens*	la **nostra** città *notre ville*	le **nostre** riviste *nos revues*
il **vostro** amico *votre ami*	i **vostri** genitori *vos parents*	la **vostra** macchina *votre voiture*	le **vostre** montagne *vos montagnes*
il **loro** lavoro *leur travail*	i **loro** vestiti *leurs vêtements*	la **loro** scuola *leur école*	le **loro** lettere *leurs lettres*

⚠ **Deux points à retenir :**

➤ Les adjectifs possessifs **i miei**, **i tuoi** et **i suoi** ont une forme particulière qu'il convient de ne pas oublier.

➤ **Loro** est *invariable*. La seule façon de connaître son genre et son nombre est de regarder l'article et la terminaison du nom qui l'accompagnent systématiquement.

il loro can**e** (*leur chien*) ; **i** loro can**i** (*leurs chiens*)

Ainsi que nous l'avons annoncé précédemment, *on met toujours l'article devant l'adjectif possessif*. Par exemple : **il mio** letto (*mon lit*).

Il existe toutefois une exception à cette règle : elle concerne les adjectifs possessifs placés devant les noms de parenté qui, au singulier, n'acceptent pas l'article. Ainsi on dit, pour ne citer que les plus courants :

Sans article			
Nom au singulier seul			
Masculin		Féminin	
mio padre	mon père	mia madre	ma mère
mio figlio	mon fils	mia figlia	ma fille
mio fratello	mon frère	mia sorella	ma sœur
mio marito	mon mari	mia moglie	ma femme
mio nonno	mon grand-père	mia nonna	ma grand-mère
mio zio	mon oncle	mia zia	ma tante
mio cugino	mon cousin	mia cugina	ma cousine

Ces mêmes noms accompagnés d'un qualificatif, modifiés par un suffixe, ou encore au pluriel retrouvent obligatoirement l'article.

Avec article					
Nom au pluriel		Accompagné d'un adjectif		Modifié par un suffixe	
		il mio severo padre	mon père sévère	**il mio** papà/babbo	mon papa
		la mia cara madre	ma chère mère	**la mia** mamma	ma maman
i miei cugini **le mie** cugine	mes cousins mes cousines	**il mio** giovane-cugino	mon jeune cousin	**il mio** cuginetto	mon petit cousin
i miei figli	mes fils/mes enfants	**il mio** figlio unico	mon fils unique	**il mio** figliolino	mon petit garçon
le mie figlie	mes filles	**la mia** figlia minore	ma fille cadette	**la mia** figlioccia	ma filleule
i miei fratelli	mes frères	**il mio** fratello maggiore	mon frère aîné	**il mio** fratellastro	mon demi-frère
le mie sorelle	mes sœurs	**la mia** gentile sorella	ma gentille sœur	**la mia** sorellina	ma petite sœur
		il mio secondo marito	mon second mari	**il mio** maritino	mon petit mari
		la mia cara moglie	ma chère femme	**la mia** mogliettina	ma petite femme

11. Le possessif

i miei nonni	mes grands-parents/ mes grands-pères.	il mio nonno paterno	mon grand-père paternel	il mio bisnonno	mon arrière-grand-père
le mie nonne	mes grands-mères	la mia vecchia nonna	ma vieille grand-mère	la mia nonnina	ma mémé/ mamie
i miei zii le mie zie	mes oncles mes tantes	la mia zia americana	ma tante d'Amérique/ américaine	la mia zietta	ma tatie

⚠ **Loro**, invariable, est toujours accompagné de l'article.
la loro madre (*leur mère*), **il loro** zio (*leur oncle*), **la loro** sorella (*leur sœur*), etc.

Le possessif peut également être précédé :
➢ D'un adjectif démonstratif.
Ci presenta **questo suo** nuovo romanzo. (*Il nous présente son nouveau roman.*)
➢ D'un adjectif indéfini.
Mi presta **alcuni suoi** appunti. (*Il me prête quelques-unes de ses notes.*)
Ogni tuo sforzo è inutile. (*Chacun de tes efforts est inutile.*)
➢ D'un article indéfini ; dans ce cas, bien sûr, on ne met pas l'article défini.
un nostro commesso (*un de nos vendeurs*), **una mia** amica (*une de mes amies*), **un tuo** parente (*un de tes parents*)
➢ D'un nombre.
Ha invitato **due sue** colleghe. (*Il a invité deux de ses collègues.*)

Il est possible de supprimer l'article :
➢ Lorsqu'on s'adresse à quelqu'un.
mia cara (*ma chère*), cari amici **miei** (*mes chers amis*)
➢ Dans quelques exclamations.
Dio **mio** ! (*Mon Dieu !*) Mamma **mia** ! (*Oh ! la la !*), Madonna **mia** ! (*Mon Dieu ! – Sainte Vierge !*) Amore **mio** ! (*Mon amour !*) Figlio **mio** ! (*Mon fils !*)
➢ Dans quelques expressions, si le possessif suit le nom.
è colpa **tua** (*c'est de ta faute*), a casa **mia** (*chez moi*), a parer **mio**, (*selon moi*), a modo **tuo** (*à ta façon*), a spese **mie** (*à mes dépens*), per merito **vostro** (*grâce à vous*)

➤ Avec les titres **Sua** Eccellenza (S*on Excellence*), **Sua** Maestà (S*a Majesté*), **Sua** Santità (S*a Sainteté*).
➤ En apposition à un nom.
Livio, **mio** collega, è arrivato prima di me. (*Livio, mon collègue, est arrivé avant moi.*)

⚠ **Emploi particulier :**
Abito ancora con **i miei**. (*J'habite encore chez mes parents.*)

➤ Pour indiquer la possession, on dit :
Di chi è questa moto? È **mia**. (*À qui est cette moto? À moi.*)
➤ Lorsque l'adjectif possessif se rapporte à la personne qui parle, on ne l'indique pas devant les parties du corps, membres de la famille, objets personnels :
Ho perso l'ombrello. (*J'ai perdu mon parapluie.*)
Vado dalla sorella. (*Je vais chez ma sœur.*)
Mais :
Vado con Mario da **sua** sorella. (*Je vais avec Mario chez sa sœur.*)
Metto il cappotto. (*Je mets mon manteau.*)
Mais :
Metto il suo cappotto perché non trovo il mio. (*Je mets son manteau parce que je ne trouve pas le mien.*)

B. Proprio
Lorsque le sujet de la phrase est indéfini, on peut utiliser l'adjectif possessif **proprio**.
Ognuno presenta **i propri** documenti. (*Chacun présente ses papiers.*)
Tutti pensano **al proprio** interesse. (*Tous pensent à leur propre intérêt.*)
Ognuno pulisce **la propria** camera. (*Chacun nettoie sa chambre.*)
Nessuno lascia **le proprie** cose in giro. (*Personne ne laisse ses affaires traîner.*)

➤ Pour marquer l'insistance, à la 3e personne, on utilise **proprio**.
Si prende **la propria** macchina. (*On prend sa propre voiture.*)

2) Le pronom possessif

Les pronoms possessifs ont la même forme que les adjectifs possessifs.
la nostra camera (*notre chambre*) *et* Questa camera è **la nostra**. (*Cette chambre est la nôtre.*)
Il est possible d'omettre l'article.
È **suo** questo posto? No, non è **suo**. (*Cette place est-elle à lui? Non, ce n'est pas la sienne.*)

⚠ Emploi particulier
Vado in campeggio con **i miei**. (*Je vais en camping avec ma famille/mes parents.*)

Chapitre 12. Les pronoms personnels

Ils changent de forme selon leur fonction.

1) LES PRONOMS PERSONNELS SUJETS

Singulier				Pluriel			
		Masculin	Féminin			Masculin	Féminin
io	tu	lui esso egli	lei essa ella	noi	voi	loro essi	loro esse

En général, on ne les emploie pas car la terminaison des verbes indique à elle seule la personne.
Ascolt**o** volentieri musica. (*J'écoute volontiers de la musique.*)
Ascolt**ate** volentieri musica. (***Vous** écoutez volontiers de la musique.*)

On ne les utilisera donc que :
➢ Pour lever toute ambiguïté.
Sembra che **tu** guardi troppo la tivù. (*Il semble que tu regardes trop la télé.*)
Sembra che **lui** guardi troppo la tivù. (*Il semble qu'il regarde trop la télé.*)
Lui dorme, **lei** ascolta la radio e i figli ? **Loro** giocano a calcio. (*Il dort, elle écoute la radio et les enfants ? Ils jouent au foot.*)
➢ Pour insister et/ou indiquer une opposition.
Tu parli e **io** ascolto. (***Toi** tu parles et **moi** j'écoute.*)
Lei compra e **lui** paga. (***Elle, elle** achète et **lui, il** paye.*)
➢ Lorsqu'il y a une inversion.
Ci andate **voi**. (*C'est **vous** qui y allez.*)
Pronto chi parla ? Sono **io** ! (*Allô, qui est-ce ? **C'est moi** !*)

2) LES PRONOMS PERSONNELS RÉFLÉCHIS

Singulier			Pluriel		
mi	ti	si	ci	vi	si
Mi alzo. (*Je me lève.*)	Ti vesti. (*Tu t'habilles.*)	Si riposa. (*Il/Elle se repose.*)	Ci salutiamo. (*Nous nous saluons.*)	Vi conoscete. (*Vous vous connaissez ?*)	Si svegliano. (*Ils/Elles se réveillent.*)

3) LES PRONOMS PERSONNELS COMPLÉMENTS D'OBJET DIRECT

Singulier		Pluriel	
mi *me*	ti *te*	ci *nous*	vi *vous*
Troisième personne			
Masculin	Féminin	Masculin	Féminin
lo *le*	la *la*	li *les*	le *les*

Mi saluta ogni mattina. (*Il/Elle me dit bonjour tous les matins.*)
Vi accompagna a fare la spesa. (*Il/Elle vous accompagne pour faire les courses.*)

Seuls les pronoms de la troisième personne changent.
Visito la mostra. (*Je visite l'exposition.*) → **La** visito. (*Je la visite.*)
Offro i fiori. (*J'offre les fleurs.*) → **Li** offro. (*Je les offre.*)
Guardo le vetrine. (*Je regarde les vitrines.*) → **Le** guardo. (*Je les regarde.*)
Bevo un caffè. (*Je bois un café.*) → **Lo** bevo. (*Je le bois.*)

4) LES PRONOMS PERSONNELS COMPLÉMENTS D'OBJET INDIRECT

Singulier		Pluriel	
mi *me*	ti *te*	ci *nous*	vi *vous*
Troisième personne			
Masculin	Féminin	Masculin	Féminin
gli *lui*	le *lui*	loro *leur*	

Ti telefono appena sono arrivata. (*Je te téléphone dès que je suis arrivée.*)
Non **ci** ha nemmeno mandato una cartolina. (*Il/Elle ne nous a même pas envoyé une carte postale.*)
Comme pour les pronoms COD, seuls les pronoms de la troisième personne diffèrent.
Parlo a Franco. (*Je parle à François.*) → **Gli** parlo. (*Je lui parle.*)

Offri un gelato alla sorellina. (*Tu offres une glace à ta petite sœur.*) → **Le** offri un gelato. (*Tu lui offres une glace.*)
Ubbidite ai genitori. (*Vous obéissez à vos parents.*) → Ubbidite **loro**. (*Vous leur obéissez.*)
Leggo la favola alle bambine. (*Je lis le conte de fées aux petites filles.*) → Leggo **loro** la favola. (*Je leur lis le conte de fées.*)

⚠ **Loro**, invariable, est toujours placé après le verbe.
À ces pronoms, il faut ajouter le pronom indirect **ne** (*en*).
Parli del film. (*Tu parles du film.*) → **Ne** parli. (*Tu en parles.*)
⚠ Cas particulier : **ci** et **vi** peuvent également traduire *y*.
Vado a casa. (*Je vais à la maison.*) **Ci** vado. (*J'y vais.*)

5) LES PRONOMS PERSONNELS FORME FORTE

Ils se placent après une préposition.

Singulier		Pluriel	
me	te	noi	voi
moi	*toi*	*nous*	*vous*
Troisième personne			
Masculin	Féminin	Masculin	Féminin
lui	lei	loro	
lui	*elle*	eux	elles

Vieni **con me**. (*Tu viens avec moi.*)
Parlo **a lui** non **a lei**. (*C'est à lui que je parle, pas à elle.*)
Si occupano sempre **di noi**. (*Ils/Elles s'occupent toujours de nous.*)

⚠ La troisième personne du singulier ou du pluriel utilise la forme forte réfléchie qui renvoie au sujet du verbe.
Compra una cravatta per suo padre. (*Il achète une cravate pour son père.*) La compra per **lui**. (*Il l'achète pour lui.*)
Mais :
Si compra una cravatta. (*Il s'achète une cravate.*) La compra per **sé**. (*Il l'achète pour lui-même.*)
È un egoista, pensa solo a **sé**. (*C'est un égoïste, il ne pense qu'à lui.*)
Sono egoisti, parlano solo di **sé**. (*Ils sont égoïstes, ils ne parlent que d'eux-mêmes.*)

6) PLACE DES PRONOMS PERSONNELS

Le pronom personnel se place généralement avant le verbe.
Compro un **cd**. (*J'achète un CD*.) → **Lo** compro. (*Je l'achète*.)

Dans certains cas, il doit être placé après le verbe.
➤ **Loro** se met toujours directement après le verbe.
Porta soccorso ai feriti. (*Il porte secours aux blessés*.) → Porta **loro** soccorso. (*Il leur porte secours*.)
➤ C'est également le cas des verbes conjugués à un mode impersonnel (infinitif, gérondif, impératif, participe passé).
- À l'infinitif, on supprime le **e** final avant d'attacher le pronom personnel.
  Bisogna parlare dell'incidente. (*Il faut parler de l'accident*.) → Bisogna parlar**ne**. (*Il faut en parler*.)
- Devo confessar**lo**. (*Je dois l'avouer*.)
- Au gérondif, on dit : dicendo**lo** (*en le disant*) ; parlando**gli** (*en lui parlant*) ; facendo**la** (*en la faisant*).
- À l'impératif :
  Parla**mi** ! (*Parle-moi !*) Non dir**lo** ! *Ne le dis pas !*) Diamo**gli** un regalo ! (*Donnons-lui un cadeau !*)
- Pour le participe passé :
  Finita la partita, il bambino torna a casa. (*Le match terminé, l'enfant rentre à la maison*.) → Finita**la**, torna a casa. (*L'ayant terminé il rentre à la maison*.)

⚠ Lorsqu'un verbe est monosyllabique, on redouble la consonne du pronom personnel avant de l'attacher au verbe.
Di' ! (*Dis !*) Di**mm**i ! (*Dis-moi !*) Fa ! (*Fais !*) Fa**ll**o ! (*Fais-le !*) Dà ! (*Donne !*) Da**ll**e ! (*Donne-lui !*)
Gli ne suit pas cette règle : il a déjà deux consonnes :
Di**gli** ! (*Dis-lui !*) Da**gli** ! (*Donne-lui !*)
Va a casa ! (*Va à la maison !*) Va**cc**i ! (*Vas-y !*)

7) LES PRONOMS PERSONNELS GROUPÉS

Si on utilise deux pronoms personnels compléments dans la même phrase, **mi, ti, si, ci,** et **vi** suivis de **lo, la, li, le, ne** voient leur **i** altéré en **e**.
Mi dà il libro. (*Il me donne le livre*.) **Me lo** dà. (*Il me le donne*.)
Vi spedisco una lettera. (*Je vous envoie une lettre*.) **Ve la** spedisco. (*Je vous l'envoie*.)

⚠️ L'ordre attribué à ces pronoms personnels *ne vaut pas* pour le **si** qui indique *on* (cf. chap. xxv, « Traduction de "on" »).
Se lo domanda. (*Il se le demande.*)
Mais :
Lo si domanda alla guida. (*On le demande au guide.*)

➢ Les pronoms personnels se placent avant le verbe.
Ti affida una missione. (*Il te confie une mission.*) **Te la** affida. (*Il te la confie.*)
Si lava le mani. (*Il se lave les mains.*) **Se le** lava. (*Il se les lave.*)
Ci lanciano i coriandoli. (*Ils/Elles nous lancent des confettis.*) **Ce li** lanciano. (*Ils/Elles nous les lancent.*)
Vi rimprovera il ritardo. (*Il/Elle vous reproche votre retard.*) **Ve lo** rimprovera. (*Il/Elle vous le reproche.*)
Mi offre un po' di vino. (*Il/Elle m'offre un peu de vin.*) **Me ne** offre. (*Il/Elle m'en offre.*)

➢ Les pronoms personnels sont placés, et attachés, après le verbe si ce dernier est conjugué à un mode impersonnel (cf. paragraphe précédent).
Dovete ripeter**celo**. (*Vous devez nous le répéter.*)
Mandando**mele**. (*En me les envoyant.*)
Dobbiamo ripeter**vela**. (*Nous devons vous la répéter.*)

⚠️ Cas particulier de **loro** : il ne s'attache jamais à aucun autre pronom et reste toujours placé immédiatement après le verbe :
Dà **loro** il libro. (*Il/Elle leur donne le livre.*) **Lo** dà **loro**. (*Il/Elle le leur donne.*)

➢ Les pronoms de la troisième personne du singulier.
Placés avant ou après le verbe, ils ne forment plus qu'un groupe pronominal **glielo, gliela, glieli, gliele, gliene**. Seul le pronom COD change.

Do la mano **al bambino**. *Je donne la main au petit garçon.*	Gli do la mano. *Je lui donne la main.*	**Gliela** do. *Je la lui donne.*
Do la mano **alla bambina**. *Je donne la main à la petite fille.*	Le do la mano. *Je lui donne la main.*	**Gliela** do. *Je la lui donne.*
Presento gli amici **alla mamma**. *Je présente mes amis à maman.*	Le presento gli amici. *Je lui présente mes amis.*	**Glieli** presento. *Je les lui présente.*

12. Les pronoms personnels

Compra le caramelle **al figlio**. *Il/Elle achète des bonbons à son fils.*	Gli compra le caramelle. *Il/Elle lui achète des bonbons.*	**Gliele** compra. *Il/Elle les lui achète.*
Ordina pane **al cameriere**. *Il/Elle commande du pain au serveur.*	Gli ordina pane. *Il/Elle lui commande du pain.*	**Gliene** ordina. *Il/Elle lui en commande.*
Devi fare un regalo **a Paolo**. *Tu dois faire un cadeau à Paul.*	Devi fargli un regalo. *Tu dois lui faire un cadeau.*	Devi far**glielo**. *Tu dois le lui faire.*
Fa dolci **a Maria**! *Fais des gâteaux à Marie!*	Falle dolci! *Fais-lui des gâteaux!*	Fa**gliene**! *Fais-lui-en!*
Dicendo la verità **al maestro**. *En disant la vérité au maître.*	Dicendogli la verità. *En lui disant la vérité.*	Dicendo**gliela**. *En la lui disant.*

⚠ Même si cela peut paraître discutable, on trouve maintenant, de plus en plus souvent, la forme **gli** pour **loro**. Par exemple : **gli parlo** (*je lui parle* **ou** *je leur parle*).

Chapitre 13. Les pronoms relatifs

Le pronom relatif permet d'introduire une subordonnée du même nom. Il existe plusieurs pronoms relatifs et chacun a une fonction bien définie.

> ➢ Le pronom relatif sujet **che** (*qui*).

Il renvoie au sujet de la phrase.
La commessa **che** serve è cortese. (*La vendeuse qui sert est polie.*)
Il treno **che** parte è in orario. (*Le train qui part est à l'heure.*)

> ➢ Le pronom relatif complément d'objet direct **che** (*que*).

Il renvoie au complément d'objet direct de la phrase.
La pasta **che** cucino è al dente. (*Les pâtes que je prépare sont fermes.*)
Ecco gli amici **che** aspetto. (*Voilà les amis que j'attends.*)

⚠ Attention : *qui* et *que* se traduisent tous les deux par **che**.

> ➢ Le pronom relatif complément de nom **cui**.

Il est invariable et toujours suivi d'un verbe.
Il libro **di cui** parliamo ha avuto un premio. (*Le livre dont nous parlons a eu un prix.*)
La ragazza **a cui** mando la cartolina è una vicina. (*La jeune fille à laquelle j'envoie une carte postale est une voisine.*)
Il parco **in cui** passeggio è fiorito. (*Le parc dans lequel je me promène est fleuri.*)
Il tavolino **su cui** ho posato gli occhiali. (*La petite table sur laquelle j'ai posé mes lunettes.*)
Il motivo **per cui** ti chiamo è urgente. (*Le motif pour lequel je t'appelle est urgent.*)

> ➢ Le pronom relatif complément de nom **il quale**.

Il peut remplacer le pronom **cui** mais alors il s'accorde en genre et en nombre avec le nom qu'il remplace.
Il libro **del quale** parlo è un giallo. (*Le livre dont je parle est un roman policier.*)
Gli amici **dai quali** vado hanno una casa al mare. (*Les amis chez qui je vais ont une maison à la mer.*)
La camera **nella quale** dormo dà sul giardino. (*La chambre où je dors donne sur le jardin.*)
Il divano **sul quale** mi sono addormentato è comodo. (*Le divan sur lequel je me suis endormi est confortable.*)

13. Les pronoms relatifs

È la classe **con la quale** faccio una gita scolastica. (*C'est la classe avec laquelle je fais un voyage scolaire.*)
Sono le ragioni **per le quali** ti telefono. (*Ce sont les raisons pour lesquelles je te téléphone.*)
➢ Cas particulier : le pronom relatif *dont* suivi d'un nom.
On utilise cui précédé de l'article :
Carlo, **il cui padre** è severo, non puo' uscire. (*Charles, dont le père est sévère ne peut pas sortir.*)
Il libro, **le cui immagini** sono scolorite, era di mia nonna. (*Le livre dont les images sont décolorées était à ma grand-mère.*)
La città, **la cui piazza** ha la forma di una conchiglia, è Siena. (*La ville dont la place a la forme d'une coquille est Sienne.*)

⚠ Le pronom *où* se traduit différemment selon s'il indique le temps ou le lieu.

➢ Pour indiquer le temps, on utilise uniquement **in cui**.
L'anno **in cui** ci siamo conosciuti. (*L'année où nous nous sommes rencontrés.*)
➢ Pour indiquer le lieu, on utilise **in cui** ou **dove**.
La camera **dove/in cui** dormo. (*La chambre où je dors.*)

Le relatif **chi** (*celui qui*) s'utilise exclusivement pour traduire ce pronom.
Conto **su chi** mi può aiutare. (*Je compte sur celui qui peut m'aider.*)
Ricorda **chi** ti pensa. (*Souviens-toi de celui qui pense à toi.*)
Chi va piano va sano e va lontano. (*Celui qui va doucement va sûrement et va loin.*)

Chapitre 14. La quantité

1) Adjectifs et adverbes indéfinis

Les adjectifs et adverbes indéfinis de quantité – **alcuno** et **nessuno** (*aucun*), **molto** et **tanto** (*beaucoup de*), **parecchio** (*pas mal de*), **poco** (*peu de*), **troppo** (*trop de, de nombreux*), **tutto** (*tout*) – n'ont pas la même fonction et réagissent différemment selon qu'ils sont placés devant un nom ou un adjectif.

➢ Placés devant un nom, ils s'accordent.

Molta gente entra nei negozi. (*Beaucoup de gens entrent dans les magasins.*)
Tanti turisti visitano i musei. (*Beaucoup de touristes visitent les musées.*)
Ho ricevuto **molte cartoline**. (*J'ai reçu beaucoup de cartes postales.*)
C'è **molto vento**. (*Il y a beaucoup de vent.*)

Compro **poche riviste**. (*J'achète peu de revues.*)
Hanno **pochi amici**. (*Ils ont peu d'amis.*)

Mangi **troppa pasta**. (*Tu manges trop de pâtes.*)
Sei rimasto **troppo tempo** al sole. (*Tu es resté trop de temps au soleil.*)

Ci sono **parechie pizzerie** in centro città. (*Il y a pas mal de pizzerias au centre-ville.*)
Resterò **parecchio tempo** all'estero. (*Je resterai pas mal de temps à l'étranger.*)
Abbiamo **parecchi giorni** di ferie. (*Nous avons pas mal de jours de vacances.*)

Non ho **nessuna voglia** di lavorare. (*Je n'ai aucune envie de travailler.*)
Nessun' idea mi sembra nuova. (*Aucune idée ne me semble nouvelle.*)
Nessun autobus passa oggi. (*Aucun autobus ne passe aujourd'hui.*)
Nessun cliente ha scelto l'antipasto. (*Aucun client n'a choisi les hors-d'œuvre.*)
Nessuno sportivo ha stabilito un nuovo primato. (*Aucun sportif n'a établi un nouveau record.*)

14. La quantité

Mi piacciono **tutte** le **caramelle**. (*J'aime tous les bonbons.*)
Ci vado **tutti** i **giorni**. (*J'y vais tous les jours.*)

Ogni (*tous, chaque*) est invariable, exception faite du nom **Ognissanti** (*la Toussaint*).
Mi telefona **ogni** giorno. (*Il/Elle me téléphone chaque jour/tous les jours.*)
Ogni volta mi racconti le stesse storie. (*Chaque fois/Toutes les fois tu me raconti les mêmes histoires.*)

➢ Placés devant un adjectif, ou après un verbe, ils ont une fonction d'adverbe et restent invariables.
La torre è **molto** alta. (*La tour est très haute.*)
Queste canzoni sono **tanto** popolari. (*Ces chansons sont très populaires.*)
La strada è **troppo** lunga. (*La route est trop longue.*)
Questi testi sono **parecchio** difficili da capire. (*Ces textes sont très difficiles à comprendre.*)
Le trasmissioni sono **poco** interessanti. (*Les émissions sont peu intéressantes.*)

Mangia **poco** di sera. (*Il/Elle mange peu le soir.*)
I turisti spendono **parecchio**. (*Les touristes dépensent pas mal.*)

⚠ Particularité des adjectifs indéfinis **qualche/alcuni** et **alcune** (*quelques*) : si leur signification est la même, leur construction est différente. **Alcuni/e** s'accorde avec le nom qu'il qualifie, **qualche** est toujours suivi du singulier.

Alcuni/Alcune		Qualche
Ho mangiato **alcuni** gelati.	J'ai mangé quelques glaces.	Ho mangiato qualche gelat**o**.
Alcune città sono inquinate.	Quelques villes sont polluées.	Qualche città è inquinat**a**.
Alcuni pesci sono saporiti.	Quelques poissons sont savoureux.	Qualche pesce è saporit**o**.
Alcune volte esco da solo.	Quelquefois, je sors seul.	Qualche volt**a** esco da solo.

➢ Autres adjectifs indéfinis :
- **certo** (*certain*)
  Un **certo Bianchi** ha telefonato. (*Un certain monsieur Bianchi a téléphoné.*)

165

C'è una **certa** differenza di prezzi. (*Il y a une certaine différence de prix.*)
Certe **sere** vado a letto presto. (*Certains soirs je vais me coucher tôt.*)
Certi giorni non sopporto il rumore. (*Certains jours je ne supporte pas le bruit.*)

- **altro** (*autre*)
Ci andrò un' **altra** volta. (*J'irai une autre fois.*)
Resteremo **altre** due settimane. (*Nous resterons deux autres semaines.*)
Ho anche **altri** amici. (*J'ai aussi d'autres amis.*)

- **qualsiasi, qualunque** (invariables) (*quelconque*)
Oggi è una giornata **qualunque**. (*Aujourd'hui est un jour quelconque.*)
Leggerò **qualsiasi** romanzo. (*Je lirai n'importe quel roman.*)

2) Autres adverbes et locutions adverbiales de quantité

assai (*très, beaucoup*)	Questo ragazzo è **assai** intelligente. (*Ce garçon est très intelligent.*) Ti piacciono **assai** i gialli. (*Tu aimes beaucoup les romans policiers.*)
abbastanza (*assez*)	C'è **abbastanza** pasta per tutti. (*Il y a assez de pâtes pour tout le monde.*)
circa/quasi/pressapoco (*presque, environ*)	Sono le tre **circa**. (*Il est trois heures environ.*) Ho aspettato **quasi** un'hora. (*J'ai attendu presque une heure.*)
così (*tellement*)	Sono **così** felici insieme. (*Ils sont tellement heureux ensemble.*)
pour modifier un verbe : **di più** (*davantage*) **di meno** (*moins*)	I giovani leggono **di più**. (*Les jeunes lisent davantage.*) Non ti posso dare **di meno**. (*Je ne peux pas te donner moins.*)
meno (*moins*)	C'è **meno** traffico oggi. (*Il y a moins de circulation aujourd'hui.*)
più (*plus*)	C'è **più** gente nei mezzi pubblici. (*Il y a plus de monde dans les transports en commun.*)
più o meno (*plus ou moins*)	Hanno risposto **più o meno** tutti. (*Ils ont répondu tous plus ou moins.*)

14. La quantité

sempre meno (*de moins en moins*)	C'è **sempre meno** gente all'opera. (*Il y a de moins en moins de gens à l'opéra.*)
sempre più (*de plus en plus*)	Ci sono **sempre più** biciclette in città. (*Il y a de plus en plus de bicyclettes en ville.*)
solo, soltanto, solamente (*seulement*)	Restiamo **solo** una settimana. (*Nous restons seulement une semaine.*) Ho preso **soltanto** un panino e una birra. (*J'ai pris seulement un sandwich et une bière.*) Si tratta **solamente** di un errore. (*Il s'agit seulement d'une erreur.*)
un poco, un po' [*un peu*]	Dammi **un poco** di questa torta. (*Donne-moi un peu de ce gâteau.*) Ne mangerò **un po'**. (*J'en mangerai un peu.*)

Chapitre 15. Les prépositions

Ce chapitre étudie les prépositions qui changent de sens selon l'usage que l'on en fait. En ce qui concerne les autres prépositions, elles ne présentent pas de problèmes grammaticaux et il suffit de consulter un dictionnaire.

Si nécessaire, ces prépositions se contracteront avec l'article défini.

1) A

Très utilisée, on l'emploie pour exprimer :
➤ **Un complément d'objet indirect**
Chiedo aiuto agli amici. (*Je demande de l'aide à mes amis.*)
Scrivo alla nonna. (*J'écris à ma grand-mère.*)
Spiego a tutti. (*J'explique à tout le monde.*)
➤ **La distance**
Il negozio è a cento metri. (*Le magasin est à cent mètres.*)
➤ **Un lieu**
È nato a Siena. (*Il est né à Sienne.*)
Lavora al supermercato. (*Il/Elle travaille au supermarché.*)
C'è la posta a sinistra. (*Il y a la poste à gauche.*)
Si trova all'ospedale. (*Il/Elle est à l'hôpital.*)
➤ **La manière, le moyen**
spaghetti alla carbonara (*spaghettis à la carbonara*)
Come vai a scuola ? A piedi ? (*Comment vas-tu à l'école ? À pied ?*)
Parla a voce alta. (*Il/Elle parle à voix haute.*)
➤ **Un mouvement**
Vado a Firenze (*Je vais à Florence*)/al mare (*à la mer*)/alla stazione (*à la gare*)/allo stadio (*au stade*)...
➤ **Le temps**
a mezzogiorno (*à midi*)/alle cinque (*à cinq heures*)/a Pasqua (*à Pâques*)
Me lo dici all'inizio o alla fine. (*Tu me le dis au début ou à la fin.*)

On la place également :
➤ **Après les verbes de mouvement** lorsqu'ils sont suivis d'un infinitif
Scende a chiudere il cancello. (*Il/Elle descend fermer le portail.*)
Va a prendere un caffè. (*Il/Elle va prendre un café.*)
Vieni a vedere ! (*Viens voir !*)
➤ **Après certains verbes**
Prova a parlare piano. (*Il/Elle essaie de parler doucement.*)
Si ferma a far benzina. (*Il/Elle s'arrête pour faire le plein d'essence.*)

On la trouve aussi dans des expressions comme :
a bocca aperta (*bouche bée*), a casa (*à la maison*), a letto (*au lit*), a teatro (*au théâtre*), a scuola (*à l'école*).

Ou encore après certaines prépositions :
➤ **accanto a/vicino a** (*à coté de/près de*)
Vieni accanto a me. (*Viens près de moi.*)
L'edicola è vicino all'ufficio postale. (*Le kiosque à journaux est à côté du bureau de poste.*)
➤ **davanti a** (*devant*)
Davanti a casa mia c'è la fermata dell'autobus. (*Devant chez moi, il y a l'arrêt de bus.*)
➤ **dietro a** (*derrière*)
Dietro al mercato, c'è una buona pizzeria. (*Derrière le marché, il y a une bonne pizzeria.*)
➤ **di fronte a** (*en face de*)
Ci ritroviamo di fronte alla statua del Davide. (*On se retrouve en face de la statue du « David ».*)
➤ **in cima a** (*au sommet de*)
La tavola di orientamento è in cima a questa salita. (*La table d'orientation est en haut de cette montée.*)
➤ **in fondo a** (*au fond de*)
In fondo al corridoio, c'è la porta dell'ufficio. (*Au fond du couloir, il y a la porte du bureau.*)

2) Con

On l'emploie pour indiquer :
➤ **L'accompagnement**
Con chi esci ? (***Avec** qui sors-tu ?*)
Mi piace molto il risotto coi funghi porcini. (*J'aime beaucoup le risotto **aux** cèpes.*)
➤ **La cause**
Con questa pioggia, ho dovuto stare a casa. (***Avec** cette pluie, j'ai dû rester à la maison.*)
Coi figli malati, non posso andare al cinema. (***Avec** les enfants malades, je ne peux pas aller au cinéma.*)
➤ **La manière**
Guidi con prudenza. (*Tu conduis **avec** prudence.*)
Vengo con piacere. (*Je viens **avec** plaisir.*)
➤ **Le moyen**
Parto con il treno delle due. (*Je pars **par** le train de deux heures.*)

Ci vado con l'autobus. (*J'y vais **en** autobus.*)
Che cosa vuoi fare **con** questo? (*Que veux-tu faire **avec** ça?*)

3) DA

On l'utilise pour indiquer:
➢ **Le but ou l'usage**
Ho comprato occhiali da sole. (*J'ai acheté des lunettes **de** soleil.*)
la sala da pranzo (*la salle **à** manger*)
Non si usano più le macchine da scrivere. (*On n'utilise plus les machines **à** écrire.*)
➢ **La caractéristique**
Una ragazza dai capelli ricci e dagli occhi azzurri. (*Une jeune fille **aux** cheveux bouclés et **aux** yeux bleus.*)
Non piangere, comportati da uomo! (*Ne pleure pas, comporte-toi **en** homme!*)
Cosa farai da grande? (*Que feras-tu **quand tu seras** grand?*)
➢ **La cause**
Tremo dalla paura che ho avuto quel giorno. (*Je tremble encore **de** la peur que j'ai eue ce jour-là.*)
Ride dalla gioia che prova a vincere. (*Il/Elle rit **de** la joie qu'il/elle ressent à gagner.*)
L'uccello è morto dal freddo che ha fatto quest'inverno. (*L'oiseau est mort **à cause du** froid qu'il a fait cet hiver.*)
➢ **Le complément d'agent**
È sgridato dalla mamma. (*Il est grondé **par** sa mère.*)
La casa è progettata dall'architetto. (*La maison est projetée **par** l'architecte.*)
➢ **La durée**
Ti aspetto da un'ora! (*Je t'attends **depuis** une heure!*)
Da quanto tempo vivete a Roma? (***Depuis** combien de temps vivez-vous à Rome?*)
Ci siamo da un anno. (*Nous y sommes **depuis** un an.*)
➢ **Le lieu d'où l'on vient, le point de départ, la différence, l'éloignement** dans le temps ou dans l'espace
Da dove vieni? (***D'où** viens-tu?*)
Guardi dalla finestra. (*Tu regardes **par** la fenêtre.*)
Uscite dal negozio. (*Vous sortez **du** magasin.*)
Dalle due alle tre ho lezione d'italiano. (***De** deux heures à trois heures j'ai cours d'italien.*)
Adesso i figli vivono lontano da casa. (*Maintenant les enfants vivent loin **de** la maison.*)

15. Les prépositions

La mia macchina è diversa dalla tua. (*Ma voiture est différente de la tienne.*)
> **La valeur**

Vorrei un francobollo da 1,50 €. (*Je voudrais un timbre à 1,50 €.*)
Hai già visto un biglietto da 200 €? (*As-tu déjà vu un billet de 200 €?*)
Non è roba da poco. (*Ce n'est pas un objet de peu de valeur.*)
> **L'obligation**

Ho da lavare i piatti. (*Je dois faire la vaisselle.*)
(Cf. chap. XXIII, « Obligation et nécessité ».)
> **La corrélation de... à**

Dall'inizio alla fine (*du début à la fin*)
Conta da uno a venti! (*Compte de un à vingt!*)
Da Siena a Firenze, il pullman corre veloce. (*De Sienne à Florence, l'autocar roule vite.*)
> **Da** permet également de traduire **chez**

Abito dai nonni. (*J'habite chez mes grands-parents.*)
Vai dal medico. (*Tu vas chez le médecin.*)
Vengono da noi a pranzo. (*Ils/Elles viennent chez nous pour le déjeuner.*)

⚠ Da ne s'élide jamais : da ieri (*depuis hier*) ;
Vado da Anna. (*Je vais chez Anne.*)

4) Di

On l'emploie pour indiquer :
> **L'appartenance**

Di chi è questa macchina? (*À qui est cette voiture?*) È di Paolo. (*C'est à Paul.*)
la finestra del soggiorno (*la fenêtre du salon*)
i giorni della settimana (*les jours de la semaine*)
le chiavi di casa (*les clefs de la maison*)
> **La cause**

Tremo di paura. (*Je tremble de peur.*)
Muoio di sete. (*Je meurs de soif.*)
È pazzo di gioia. (*Il est fou de joie.*)
> **La comparaison** (voir chap. VII, « Comparatif et superlatif »)

Sono più alto di te. (*Je suis plus grand que toi.*)
È il più intelligente della classe. (*Il est le plus intelligent de la classe.*)
> **Le contenu**

Berrei volentieri una tazza di tè. (*Je boirais volontiers une tasse de thé.*)

Mi dai un bicchiere di latte per favore ? (*Est-ce que tu me donnes un verre de lait, s'il te plaît ?*)
Il gatto ha rovesciato la brocca d'acqua. (*Le chat a renversé le broc d'eau.*)
➤ La matière
Mi ha regalato un braccialetto d'oro. (*Il/Elle m'a offert un bracelet en or.*)
D'inverno, indosso un vestito di lana. (*L'hiver je porte un vêtement de laine.*)
Compro solo borse di cuoio. (*J'achète seulement des sacs à main en cuir.*)
➤ Le moyen
Il cielo è coperto di nuvole. (*Le ciel est couvert de nuages.*)
Come sono belli questi alberi pieni di fiori ! (*Comme ces arbres pleins de fleurs sont beaux !*)
Fai sempre le cose di nascosto ! (*Tu fais toujours les choses en cachette !*)
➤ L'origine
Di dove siete ? (*D'où êtes-vous ?*)
Siamo di Bologna. (*Nous sommes de Bologne.*)
➤ La quantité
Ho comprato un pollo di due chili. (*J'ai acheté un poulet de deux kilos.*)
➤ Le temps, lorsqu'on veut indiquer une généralité
Di sera leggo un po'. (*Le soir, je lis un peu.*)
Non guido di notte. (*Je ne conduis pas la nuit.*)
D'inverno fa buio presto. (*En hiver, il fait nuit tôt.*)

On peut également la trouver :
➤ Après certains verbes suivis de l'infinitif
Affermo di dire quello che so. (*J'affirme dire [que je dis] ce que je sais.*)
Aggiungo di odiare l'iprocrisia. (*J'ajoute haïr [que je hais] l'hypocrisie.*)
Confesso di partire prima della fine. (*J'avoue partir avant la fin.*)
Credo di sapere. (*Je crois savoir.*)
Mi accorgo di aver dimenticato il tuo compleanno. (*Je me rends compte que j'ai oublié ton anniversaire.*)
Mi pare di/mi sembra di dovere intervenire. (*Il me semble devoir intervenir/que je doive intervenir.*)
Penso di comprare il pane. (*Je pense à acheter le pain.*)
Spero di farcela. (*J'espère y arriver.*)

15. Les prépositions

Vi assicuro di aver sentito lo sparo. (*Je vous assure avoir entendu la détonation.*)

> ➢ **Pour traduire certaines expressions**

dare del Lei o dare del tu (*vouvoyer ou tutoyer*)
Dico di sì. (*Je dis que oui.*)
Sei esperto di problemi economici. (*Tu es expert en problèmes économiques.*)
Mi ha dato dell'ignorante. (*Il/Elle m'a traité d'ignorant.*)
Sa di muffa! (*Ça sent le moisi!*)
di moda (*à la mode*)

> ➢ **En corrélation avec « in »**

Viaggiano di paese in paese. (*Ils//Elles voyagent de pays en pays.*)
Di quando in quando vanno dai nonni. (*De temps en temps ils/elles vont chez leurs grands-parents.*)

⚠️ Di peut s'élider : un bicchiere d'acqua (*un verre d'eau*).

5) Différence entre *DI* et *DA*

On a tendance à confondre ces deux prépositions. Elles ne sont cependant pas interchangeables et répondent à des règles strictes.

da	di
Origine	Appartenance
Da dove venite? (*D'où venez-vous?*) Veniamo **dal** supermercato. (*Nous venons du supermarché.*)	**Di dove** siete? (*D'où êtes-vous?*) Siamo **della** Liguria. (*Nous sommes de Ligurie.*)
Contenant, Destination	Contenu, Usage
Ho comprato tazze **da** tè. (*J'ai acheté des tasses à thé.*) la carta **da** lettere (*le papier à lettres*)	Bevo una tazza **di** tè. (*Je bois une tasse de thé.*) la buca **delle** lettere (*la boîte aux lettres*)

Dans d'autres cas, on les utilise avec ou sans article.

da avec l'article	di sans l'article
Devant un nom précédé d'un article ou accompagné d'une éventuelle précision	Devant un nom, seul, non précédé d'un article
È uscita **dalla** scuola materna. (*Elle est sortie de l'école maternelle.*) Esco **dalla** casa dei nonni. (*Je sors de la maison de mes grands-parents.*)	È uscita **di** scuola. (*Elle est sortie de l'école.*) Esco **di** casa. (*Je sors de la maison.*)

Indique l'agent	Indique le moyen
I muri sono coperti **dagli** affreschi di Giotto. (*Les murs sont recouverts par les fresques de Giotto.*) È morto **dalla** sete che ha avuto nel deserto. (*Il est mort de la soif qu'il a eue dans le désert.*)	I muri sono coperti **di** manifesti. (*Les murs sont couverts d'affiches.*) Nel deserto si può morire **di** sete. (*Dans le désert, on peut mourir de soif.*)

⚠ Placés devant un adverbe de lieu, on dit : Di dove sei ? (*D'où es-tu ?*) Da dove vieni ? (*D'où viens-tu ?*)

6) In

Elle indique :
➢ **Le lieu**
Passo il fine settimana in campagna o in montagna. (*Je passe la fin de la semaine à la campagne ou à la montagne.*)
In che via abiti ? Abito in via Roma. (*Dans quelle rue habites-tu ? J'habite rue de Rome.*)
Dove sei, in cucina o nel soggiorno ? (*Où es-tu, dans la cuisine ou dans le salon ?*)
Per le ferie vado in Sardegna. (*Pour les vacances, je vais en Sardaigne.*)
Stassera si va in pizzeria. (*Ce soir, on va à la pizzeria.*)
Non giocare nella strada ! (*Ne joue pas dans la rue !*)
➢ **La manière**
Vorrei vivere in pace. (*Je voudrais vivre en paix.*)
Andate avanti in silenzio ! (*Avancez en silence !*)
Parli in italiano o in dialetto ? (*Tu parles en italien ou en dialecte ?*)
➢ **Le moyen**
Mi piace andare in bicicletta. (*J'aime faire de la bicyclette.*)
Vai a Roma in treno o in aereo ? (*Tu vas à Rome en train ou en avion ?*)
➢ **La quantité**
In quanti siete ? (*Combien êtes-vous ?*)
Siamo in quattro. (*Nous sommes quatre.*)
➢ **Le temps**
Sono arrivato in anticipo. (*Je suis arrivé en avance.*)
Nell'estate 2003 faceva molto caldo. (*L'été 2003, il faisait très chaud.*)
In due mesi ho fatto progressi. (*En deux mois, j'ai fait des progrès.*)

Nelle ore di punta c'è molta gente. (*Aux heures de pointe, il y a beaucoup de monde.*)
Negli anni settanta (*dans les années 1970*)

7) Per

On l'utilise pour indiquer :
- **Le but**

Manifestiamo per la pace. (*Nous manifestons **pour** la paix.*)
C'è un comodino per le scarpe. (*Il y a un petit meuble **à** chaussures.*)
Ti chiamo per informarti. (*Je t'appelle **pour** te mettre au courant.*)
- **La cause**

Chiuso per ferie. (*Fermé **pour** congés.*)
Agisci per interesse. (*Tu agis **par** intérêt.*)
- **La durée**

Ho aspettato per venti minuti. (*J'ai attendu **pendant** vingt minutes.*)
Il viaggio dura per tutto il pomeriggio. (*Le voyage dure tout l'après-midi.*)
- **Le lieu**

Passo per Firenze. (*Je passe **par** Florence.*)
Il bambino è caduto per terra. (*L'enfant est tombé **par** terre.*)
Si sono incontrati per strada. (*Ils se sont rencontrés **dans** la rue.*)
- **La manière**

L'ho ritrovato per caso. (*Je l'ai retrouvé **par** hasard.*)
Mettilo per iscritto. (*Mets-le **par** écrit.*)
- **Le moyen**

Oggi non si comunica più per posta o per telefono, tutti lo fanno per e-mail. (*Aujourd'hui, on ne communique plus **par** courrier ou **par** téléphone, tout le monde la fait **par** e-mail.*)
- **Le temps**

Arriverò per le tre. (*J'arriverai **pour** trois heures.*)
Saremo pronti per domani. (*Nous serons prêts **pour** demain.*)
Vado dai miei per Natale. (*Je vais dans ma famille **pour** Noël.*)

8) Su

Elle indique :
- **L'approximation**

Costa sui 200 euro. (*Cela coûte **environ** 200 euros.*)
Ho sui vent'anni. (*J'ai **environ** vingt ans.*)
Questo prosciutto pesa sui tre chili. (*Ce jambon pèse **dans** les trois kilos.*)

➢ Le lieu
Mi metto sul divano o sulla poltrona. (*Je me mets **sur** le divan ou **dans** le fauteuil.*)
C'è gente sull'autobus. (*Il y a du monde **dans** l'autobus.*)
Cammina sul marciapiede! (*Marche **sur** le trottoir!*)
Mettiti sulla destra! (*Mets-toi **à** droite!*)

➢ La manière
Mi hai fatto un vestito su misura. (*Tu m'as fait une robe **sur** mesure.*)
Torte gelate su ordinazione (*gâteaux glacés **sur** commande*)
Il medico riceve solo su appuntamento. (*Le médecin ne reçoit que **sur** rendez-vous.*)

9) Tra et fra

Ces deux prépositions sont **interchangeables** et **ne se contractent pas** avec l'article défini.

Entre	Parmi
Qu'il s'agisse de lieu ou de temps	
Passiamo tra le montagne. (*Nous passons **entre** les montagnes.*) Tra Sicilia e Calabria c'è lo Stretto di Messina. (***Entre** la Sicile et la Calabre, il y a le détroit de Messine.*) Si scopre il cielo fra gli alberi. (*On aperçoit le ciel **entre** les arbres.*) Quale gusto scegli tra fragola e lampone? (***Entre** fraise et framboise, quel parfum choisis-tu?*) Fra di noi è un po' pazzo! (***Entre** nous, il est un peu fou!*) Alza la voce e non parlare tra i denti! (*Parle plus fort et ne parle pas **entre** les dents!*)	Ho trovato un fumetto tra i libri. (*J'ai trovato une bande dessinée **parmi** les livres.*) Questo francobollo è fra i più rari. (*Ce timbre est **parmi** les plus rares.*) Non l'ho visto tra gli invitati. (*Je ne l'ai pas vu **parmi** les invités.*) Chi è il più bravo fra di voi? (*Qui est le plus gentil **parmi** vous?*) Fra gli animali, il cane è il più fedele. (***Parmi** les animaux, le chien est le plus fidèle.*) Che film hai visto fra i molti che sono usciti? (*Quel film as-tu vu **parmi** les nombreux qui sont sortis?*)
Dans (pour exprimer une action temporelle future)	
Il film finisce tra qualche minuto. (*Le film se termine **dans** quelques minutes.*) Parto fra tre giorni. (*Je pars **dans** trois jours.*) Vado a dormire fra poco. (*Je vais dormir **dans** peu de temps.*)	
Quelques traductions particulières	
Fra me e te non mi piace affatto. (***De** toi **à** moi, je ne l'aime pas du tout.*) Il prossimo pedaggio è tra cento metri. (*Le prochain péage est **à** trois cents mètres.*) C'è un'area di servizio tra due chilometri. (*Il y a une aire de repos **dans** deux kilomètres.*)	

Chapitre 16. L'expression du temps

1) Généralités

Il existe différentes façons d'exprimer le temps en fonction du moment où l'action se déroule.
> **Da** (*depuis*) indique la durée.

Da quanti anni abiti in Italia? (*Depuis combien d'années habites-tu en Italie?*)
Da quando sei a Torino? (*Depuis quand es-tu à Turin?*)
Studio l'italiano **da** sei mesi. (*J'étudie l'italien depuis six mois.*)
Aspettavo **da** un paio di ore quando è arrivato. (*J'attendais depuis une heure ou deux quand il est arrivé.*)

> **Fa** (*il y a*) indique une action qui s'est déroulée dans le passé et qui est terminée au moment où l'on parle. Il est invariable et toujours placé après l'unité de temps qu'il indique.

Sono andati a Milano due mesi **fa**. (*Ils sont allés à Milan il y a deux mois.*)
Un anno **fa**, ho trascorso l'estate in Calabria. (*Il y a un an, j'ai passé l'été en Calabre.*)

> **Fra** (*dans*) exprime une action projetée dans un futur plus ou moins proche.

Arriverà **fra** dieci minuti. (*Il arrivera dans dix minutes.*)
Il film comincia **fra** poco. (*Le film commence d'ici peu.*)
Ci andrei volentieri **fra** un anno. (*J'irai volontiers dans un an.*)

> **Entro** (*d'ici*) indique un délai plus ou moins bref.

Devo finire di pagare **entro** la fine del mese. (*Je dois finir de payer d'ici la fin du mois.*)
Entro tre anni, sono laureato. (*D'ici trois ans j'ai la licence.*)
Entro domenica, dobbiamo finire questo lavoro. (*D'ici dimanche nous devons finir ce travail.*)

2) Le passé proche

En français on utilise l'expression *venir de*.
È **appena** partito. (*Il vient de partir.*)
Era **appena** uscito di casa. (*Il venait de sortir de chez lui.*)
È partito **poco fa**. (*Il vient de partir.*)
Era uscito di casa **poco prima**. (*Il venait de sortir de chez lui.*)

⚠ **poco fa** s'emploie avec un verbe au passé composé, **poco prima** avec un verbe au plus-que-parfait.

3) LE FUTUR PROCHE

En français, on utilise le verbe *aller*; en italien, on construira la phrase avec **stare per** suivis de l'**infinitif**.
Sto per partire. (*Je vais partir.*)
Stavi per uscire quando il telefono squillò. (*Tu allais sortir quand le téléphone a sonné.*)

⚠ À retenir: les verbes **andare** ou **venire** indiquent uniquement un mouvement et ne peuvent en aucun cas être utilisés pour exprimer le temps.

On peut également traduire le futur proche par les expressions:
Ora ci vado. (*Je vais y aller.*)
Adesso ci vado. (*Je vais y aller.*)
Adesso vengo! (*J'arrive!*)

4) LA FORME PROGRESSIVE *ÊTRE EN TRAIN DE*

Elle se traduit par le verbe **stare** suivi du **gérondif**.
Che cosa **stai facendo**? (*Qu'est-ce que tu es en train de faire?*)
L'autobus **stava partendo**. (*L'autobus était en train de partir.*)

Chapitre 17. La personne de politesse

En italien, le vouvoiement passe généralement par la personne de politesse, **persona di cortesia**. Bien sûr, dans certaines régions, il est possible de **dare del voi** (*vouvoyer*) une personne pour laquelle on éprouve du respect. Mais, la plupart du temps, **voi** est le pluriel de **tu** et indique un certain nombre de personnes

Pour vouvoyer quelqu'un, l'italien utilise la troisième personne du féminin singulier, partant du principe qu'est systématiquement sous-entendu *Sa Seigneurie*.

⚠️ Afin de ne pas confondre la personne de politesse avec les pronoms de la troisième personne, on met une majuscule, **même en milieu de phrase ou de mot** : Posso chiamarLa domani ? (*Je peux vous appeler demain ?*)

➤ Le pronom sujet, mis pour *Sa Seigneurie*, est obligatoirement le pronom **Lei** féminin. Il peut être sous-entendu.
Lei scende alla prima fermata. (***Vous** descendez au premier arrêt.*)
Dove va ? (*Où allez-**vous** ?*)
Prendo un caffè, e **Lei** ? (*Je prends un café, et **vous** ?*)

➤ Le pronom réfléchi s'accorde avec le sujet à la troisième personne et devient **Si**.
Come **Si** sente, Signore ? (*Comment vous sentez-**vous**, monsieur ?*)
Come **Si** chiama, Signora ? (*Comment vous appelez-vous, madame ?*)
A che ora **Si** alzano ? (*À quelle heure **vous** levez-**vous** ?*) (On s'adresse alors à au moins deux personnes.)

➤ Les adjectifs et pronoms possessifs sont aussi ceux de la troisième personne : **il Suo/la Sua/i Suoi/le Sue**.
La Sua macchina è stata aggiustata. (***Votre** voiture a été réparée.*)
Le Sue prime impressioni sembrano buone. (***Vos** premières impressions semblent bonnes.*)
I Suoi vestiti sono stirati. (***Vos** vêtements sont repassés.*)
Suo marito ha telefonato. (***Votre** mari a téléphoné.*)
È **suo** questo mazzo di chiavi ? (*C'est à **vous**, ce trousseau de clefs ?*)
Sono **Suoi** questi bagagli ? (*Ce sont **vos** bagages ?*)

➤ Le pronom complément d'objet direct est celui de la troisième personne au féminin : **La**.
Non **La** sento bene, può ripetere ? (*Je ne **vous** entends pas bien, pouvez-vous répéter ?*)

IncontrandoLa al ricevimento, L'ho riconosciuta subito! (*Lorsque je vous ai rencontrée à la réception, je vous ai reconnue tout de suite!*)

➤ Le pronom complément d'objet indirect suit la même règle et est donc **Le**.

Il film **Le** piace? (***Vous*** *aimez le film?*)
Posso **offrirLe** cioccolatini? (*Puis-je **vous** offrir des chocolats?*)

➤ La forme forte utilisée est **Lei**.

Veniamo con **Lei** fino alla stazione. (*Nous venons avec **vous** jusqu'à la gare.*)
L'ho comprato per **Lei**. (*Je l'ai acheté pour **vous**.*)

➤ L'accord de l'adjectif avec la personne à qui l'on parle se fait au masculin ou au féminin, selon la personne à qui l'on parle, en dépit de l'emploi d'un **Lei** dans la même phrase.

Signo**re**, è content**o** della **Sua** camera? (*Monsieur, êtes-**vous** content de **votre** chambre?*)
Signo**ra**, è content**a** dell**a Sua** camera? (*Madame, êtes-**vous** contente de **votre** chambre?*)

➤ Au passé composé, l'accord se fait avec la personne dont on parle.

Lei è tornat**o** presto! (*Vous êtes vite rentr**é**!*)
Lei è tornat**a** presto! (*Vous êtes vite rentr**ée**!*)

➤ Pour donner un ordre ou un conseil, il n'existe pas de troisième personne à l'impératif. On va pallier ce manque en utilisant la troisième personne du subjonctif présent.

Aspett**i**! (*Attendez!*)
Si alz**i**! (*Levez-vous!*)
Vada piano! (*Allez doucement!*)
Mi **dica**! (*Dites-moi!*)
Mi **dia** i **Suoi** documenti! (*Donnez-moi vos papiers!*)
Facci**a** attenzione! (*Faites attention!*)
Finisc**a** con calma! (*Finissez tranquillement!*)
Signori, veng**ano** con me! (*Messieurs, venez avec moi!*)
Signore, si accomod**ino**! (*Mesdames, installez-vous!*)

Chapitre 18. Les conjonctions

Il existe deux catégories de conjonctions : coordination et subordination.

1) LES CONJONCTIONS DE COORDINATION

On les utilise pour relier entre eux des mots ou des propositions et exprimer :

➤ L'addition

e	et	Ho un fratello e una sorella. (J'ai un frère et une sœur.)
anche	aussi	Leggo anche gialli. (Je lis aussi des romans policiers.)
pure	quand même	Trovo pure il tempo di uscire. (Je trouve quand même le temps de sortir.)

➤ La liaison

inoltre	en outre, de plus	Non mi piace il mare, inoltre non so nuotare. (Je n'aime pas la mer, de plus je ne sais pas nager.)

➤ La négation

né	ni	Non bevo né vino né aperitivo. (Je ne bois ni vin ni apéritif.)
neanche neppure nemmeno	même pas non plus	Non vieni neanche tu. (Toi non plus tu ne viens pas.) Non sono neppure venuti oggi. (Ils ne sont même pas venus aujourd'hui.) Non verranno nemmeno domani. (Ils ne viendront pas demain non plus.)

➤ L'alternative

o	ou	Vuoi ravioli o lasagne ? (Veux-tu des raviolis ou des lasagnes ?)
oppure	ou bien	Bevi un caffè oppure un cappuccino ? (Tu bois un café ou bien un cappuccino ?)
sia... sia	soit... soit	Mangia una frutta sia la mela, sia la pera. (Mange un fruit, soit une pomme, soit une poire.)
così... come tanto... quanto	aussi... que	Viaggiare con l'aereo è tanto rapido quanto comodo. (Voyager en avion est aussi rapide que confortable.) (Voir les comparatifs.)

| non solo... ma (anche) | non seulement... mais (aussi) | Verranno non solo tuo fratello ma anche la tua cognata. (*Non seulement ton frère mais aussi ta belle-sœur viendront.*) |

➢ La conclusion

allora	alors	Fa caldo allora aspetto il fresco per uscire. (*Il fait chaud, alors j'attends la fraîcheur pour sortir.*)
dunque	donc	C'è la fila dunque aspetto. (*Il y a la queue, donc j'attends.*)
infine	finalement	Qual è infine il significato di questa discussione? (*Quel est finalement le sens de cette discussion?*)
perciò pertanto	c'est pourquoi	Sei in ritardo perciò me ne vado. (*Tu es en retard, c'est pourquoi je m'en vais.*) Questa città è antica pertanto è turistica. (*Cette ville est antique, c'est pourquoi elle est touristique.*)
quindi	donc, par conséquent	Penso quindi sono. (*Je pense donc je suis.*)
sicché	si bien que	Tutti comprano questo CD sicché è esaurito. (*Tout le monde achète ce CD si bien qu'il est épuisé.*)

➢ L'explication

perché	parce que	Mi arrabbio perché non rispondi. (*Je me fâche parce que tu ne réponds pas.*)
cioè ossia	c'est-à-dire	È venuto ieri cioè martedì. (*Il est venu hier, c'est-à-dire mardi.*) Ho da fare ossia lavare e stirare. (*J'ai à faire, c'est-à-dire laver et repasser.*)
vale a dire	cela veut dire	Capisci subito quel che dico, vale a dire che sei intelligente. (*Tu comprends tout de suite ce que je dis, cela veut dire que tu es intelligent.*)
infatti difatti in effetti	en effet	Infatti sono arrivato in ritardo. (*En effet, je suis arrivé en retard.*) Difatti non c'era più nessuno. (*En effet, il n'y avait plus personne.*) In effetti erano già andati via. (*En effet, ils étaient déjà partis.*)

➢ L'introduction

dapprima	d'abord	Voglio dapprima che tu mi ascolti. (*Je veux tout d'abord que tu m'écoutes.*)
innanzitutto	avant tout	Innanzitutto vorrei ringraziarvi. (*Avant tout, je voudrais vous remercier.*)

18. Les conjonctions

➢ L'opposition

anzi	et même, bien plus, mieux	Sono felice, anzi felicissima. (*Je suis heureuse, et même très heureuse.*)
d'altronde	d'ailleurs	D'altronde era previsto. (*D'ailleurs c'était prévu.*)
del resto	du reste	Del resto non ci vado. (*Du reste je n'y vais pas.*)
eppure	et pourtant	Eppure si muove. (*Et pourtant elle tourne.*)
invece di	au lieu de	Invece di guardarmi, aiutami! (*Au lieu de me regarder, aide-moi!*)
ma	mais	Non gridare ma parla! (*Ne crie pas mais parle!*)
mentre	alors que	Mentre mi preparavo il telefono squillò. (*Alors que je me préparais, le téléphone sonna.*)
però	pourtant cependant	Pari sincero però non ti credo. (*Tu sembles sincère, pourtant je ne te crois pas.*)
piuttosto che	plutôt que	Agisci piuttosto che criticare! (*Agis plutôt que de critiquer!*)
tuttavia	toutefois	È in ritardo, tuttavia lo aspetto. (*Il est en retard, toutefois je l'attends.*)

2) LES CONJONCTIONS DE SUBORDINATION

Il existe deux sortes de conjonctions. Elles se construisent avec l'indicatif ou le subjonctif.

A. Avec l'indicatif

Les plus répandues expriment :

➢ La cause

dato che	étant donné que	Dato che hai capito continuo. (*Étant donné que tu as compris, je continue.*)
perché	parce que	Faccio la spesa perché non c'è più niente. (*Je fais les courses parce qu'il n'y a plus rien.*)
poiché	puisque	Poiché ci sei possiamo andare. (*Puisque tu es là, nous pouvons y aller.*)
siccome	comme	Siccome è tardi, torno a casa. (*Comme il est tard, je rentre chez moi.*)
visto che	vu que	Visto che me lo chiedi te lo dico. (*Vu que tu me le demandes, je te le dis.*)

➢ La concession

anche se	même si	Non te lo dico anche se me lo chiedi. (*Je ne te le dis pas, même si tu me le demandes.*)

➢ Une déclaration

che	que	Ti dico che sbagli. (*Je te dis que tu te trompes.*)
come	comme	Sai come sono! (*Tu sais comme ils sont!*)

➢ L'hypothèse

se	si	Se piove andiamo al cinema. (*S'il pleut, on va au cinéma.*)

➢ Une interrogation

dove	où	Chi sa dove sono andati? (*Qui sait où ils sont allés?*)
quando	quand	Mi sai dire quando parti? (*Sais-tu me dire quand tu pars?*)
se	si	Sai se è aperto? (*Tu sais si c'est ouvert?*)

➢ Une limite

eccetto che	excepté que, sauf que	Devo alzarmi eccetto che non ho voglia. (*Je dois me lever sauf que je n'ai pas envie.*)

➢ Une objection

allorché	alors que	Esci allorché piove. (*Tu sors alors qu'il pleut.*)
mentre	tandis que	Lavoro mentre ti diverti. (*Je travaille tandis que tu t'amuses.*)

➢ Une opposition

anziché invece di	au lieu de	Anziché/invece di giocare, studia! (*Au lieu de jouer, étudie!*)
piuttosto che	plutôt que	Agisci piuttosto che aspettare! (*Agis plutôt que d'attendre!*)

B. Avec le subjonctif
Elles expriment :

➢ Un but

affinchè	afin que	Te lo dico affinché lo sappia. (*Je te le dis afin que tu le saches.*)
perché	pour que	Ti informo perché non faccia errori. (*Je t'informe pour que tu ne fasses pas d'erreur.*)
di modo che	de façon que	Mettono altoparlanti di modo che tutti sentano. (*Ils mettent des haut-parleurs de façon que tout le monde entende.*)

18. Les conjonctions

➢ Une comparaison

come se quasi + subjonctif imparfait	comme si	Si comporta come se **fosse** il capo. (*Il se comporte comme s'il était le chef.*) Mi parli quasi **fossi** un cane! (*Tu me parles comme si j'étais un chien !*)
più di quanto	plus que	Non spendere più di quanto tu possa guadagnare. (*Ne dépense pas plus que ce que tu peux gagner.*)

➢ Une concession

benché nonostante sebbene malgrado	bien que quoique	Fanno il bagno nonostante/benché faccia freddo. (*Ils/Elles se baignent bien qu'il fasse froid.*) Sebbene/malgrado sia tardi, c'è gente fuori. (*Bien qu'il soit tard, il y a des gens dehors.*)
anche se	même si	Uscirei ogni giorno anche se piovesse. (*Je sortirais tous les jours même s'il pleuvait.*)

➢ Une condition

a condi- zione che a patto che	à condi- tion que	Vengo anch'io a patto che/a condizione che dividiamo il conto. (*Je viens, moi aussi, à condition qu'on partage l'adition.*)
basta che	il suffit que	Basta che tu me lo dia. (*Il suffit que tu me le donnes.*)
purché	pourvu que	Te lo presto purché me lo restituisca. (*Je te le prête pourvu que tu me le rendes.*)
qualora	au cas où	Qualora tu venissi prenderei la macchina. (*Au cas où tu viendrais, je prendrais la voiture.*)
se	si	Se accendesse il televisore lo sentirei. (*S'il allumait la télé, je l'entendrais.*)
semmai	si jamais	Semmai lo incontrassi lo riconosceresti. (*Si jamais je le rencontrais, je le reconnaîtrais.*)

➢ Une limite

senza che	sans que	È uscito senza che tu lo sappia. (*Il est sorti sans que tu le saches.*)
a meno che	à moins que	Vado per i negozi a meno che siano chiusi. (*Je vais dans les magasins à moins qu'ils ne soient fermés.*)

➢ Le temps

prima che	avant que	Alzati prima che la sveglia suoni per la seconda volta. (*Lève-toi avant que le réveil ne sonne une deuxième fois.*)

Chapitre 19. Emploi du subjonctif

Le subjonctif est très utilisé. On le trouve, **comme en français** :

➢ Après un verbe exprimant :

Une appréciation	**Sono contento** che sappiate il mio indirizzo. (*Je suis content que vous connaissiez mon adresse.*) **È normale** che tu scelga. (*C'est normal que tu choisisses.*)
Un but	Vi chiamo **perché** mi aiutiate. (*Je vous appelle pour que vous m'aidiez.*) Ve lo spiego **affinché** lo facciate da soli. (*Je vous l'explique afin que vous le fassiez seuls.*)
Une crainte	**Temi** che non ascoltino i tuoi consigli. (*Tu crains qu'ils n'écoutent pas tes conseils.*) **Ho paura** che lei torni tardi. (*J'ai peur qu'elle ne rentre tard.*)
Un doute	**Dubito** che sappiate la risposta. (*Je doute que vous sachiez la réponse.*) **È possibile** che arrivino in tempo. (*Il est possible qu'ils/elles arrivent à l'heure.*)
Une nécessité	**Bisogna** che restiate all'ombra. (*Il faut que vous restiez à l'ombre.*) **È importante** che tu sappia guidare. (*Il est important que tu saches conduire.*)
Un regret	**Mi dispiace** che tu non venga a trovarmi. (*Je regrette que tu ne viennes pas me voir.*)
Un souhait	**Mi auguro** che la festa ti piaccia. (*Je souhaite que la fête te plaise.*)
Une volonté	**Vuole** che i figli imparino le lingue. (*Il/Elle veut que ses enfants apprennent les langues.*) **Preferisco** che lei torni col tassì. (*Je préfère qu'elle revienne en taxi.*) **Desidero** che tu vada a cercarlo. (*Je désire que tu ailles le chercher.*)

➢ Après certaines conjonctions (*cf. les conjonctions de subordinations suivies du subjonctif*)
➢ Après **è**, **era**, **sarà** suivis d'un adjectif ou d'un adverbe.
È bene che sappiano guidare. (*C'est bien qu'ils/elles sachent conduire.*)
Era meglio che tu non venissi. (*Il valait mieux que tu ne viennes pas.*)
Sarà utile che sappiano cucinare. (*Il sera utile qu'ils/elles sachent cuisiner.*)
È naturale, è facile, è normale, è indispensabile, è probabile, etc.

19. Emploi du subjonctif

> Après une principale négative.
Non dico che sia malato. (*Je ne dis pas qu'il est malade.*)
> Après les indéfinis **chiunque, ovunque, qualsiasi, qualunque**.
Chiunque sia non rispondere ! (*Qui que ce soit, ne réponds pas !*)
Ovunque vada ti accompagno. (*Où que tu ailles, je t'accompagne.*)

En revanche, **à la différence du français**, il est utilisé en italien **après un verbe exprimant** :

Une comparaison	È più semplice **di quanto** si creda. (*C'est plus simple qu'on ne croit.*) È più bello **di quanto** si pensi. (*C'est plus beau qu'on ne pense.*)
Un espoir	**Spero** che tutto vada bene. (*J'espère que tout va bien.*)
Une ignorance	**Ignoro** se abbiano i documenti. (*J'ignore s'ils/si elles ont leurs papiers.*) **Non so** se abbiate tempo. (*Je ne sais pas si vous avez le temps.*)
Une interrogation indirecte	**Mi domando** se sia partito. (*Je me demande s'il est parti.*) **Mi chiedo** se abbiano capito. (*Je me demande s'ils/si elles ont compris.*)
Une opinion	**Penso** che questa squadra abbia vinto. (*Je pense que cette équipe a gagné.*) **Crede** che la moto sia guasta. (*Il croit que sa moto est en panne.*) **Mi pare/mi sembra** che piova. (*Il me semble qu'il pleut.*) **Trovo** che faccia fresco. (*Je trouve qu'il fait frais.*) **Ho l'impressione** che siano beneducati. (*J'ai l'impression qu'ils sont bien élevés.*) **Si dice/la gente dice/dicono** che la situazione sia comica. (*On dit que la situation est comique.*)

Pour respecter la **concordance des temps**, on met le subjonctif imparfait si le verbe de la principale est à l'imparfait. (Cf. chap. XXI, « La concordance des temps ».)
Voglio che tu **faccia** i compiti. (*Je veux que tu fasses tes devoirs.*)
Volevo che **facessi** i compiti. (*Je voulais que tu fasses tes devoirs.*)

⚠ Le subjonctif présent remplace l'impératif à la personne de politesse.
Si accomodi ! (*Installez-vous !*)
Venga con me ! (*Venez avec moi !*)

Chapitre 20.
La subordonnée hypothétique

Il existe trois façons d'exprimer une hypothèse, en fonction du temps de la principale.

Principale au présent	Subordonnée au présent
Principale au futur	Subordonnée au futur
Principale au conditionnel	Subordonnée à l'imparfait du subjonctif

> **Principale au présent**

Arrivi alle tre *se* parti ora. (*Tu arriveras à trois heures si tu pars maintenant.*)

Se piove, restiamo a casa. (*S'il pleut, on reste à la maison.*)

> **Principale au futur**

Se vincerà al lotto comprerà una nuova macchina. (*S'il/si elle gagne au loto, il/elle achètera une nouvelle voiture.*)

Andrò in Sardegna *se* avrò le ferie. (*J'irai en Sardaigne si j'ai des congés.*)

> **Principale au conditionnel**

Sarei felice *se* tu venissi con me. (*Je serais content si tu venais avec moi.*)

Se fossi te non direi più nulla. (*Si j'étais toi, je ne dirais plus rien.*)

> **Si l'action de la subordonnée est antérieure à celle de la principale**, on utilise le subjonctif plus-que-parfait.

Sarei felice *se* tu fossi venuto con me. (*Je serais content si tu étais venu avec moi.*)

> **Si la principale est au conditionnel passé**, la subordonnée est au subjonctif plus-que-parfait.

Sarei stato felice *se* fosse venuto con me. (*J'aurais été content s'il était venu avec moi.*)

Chapitre 21. La concordance des temps

Le temps du verbe de la subordonnée dépend du temps du verbe de la principale.

	Principale au présent	
	Indicatif	Subjonctif
Simultanéité	**So** che viene. (*Je sais qu'il vient.*)	**Credo** che venga. (*Je crois qu'il vient.*)
Antériorité	**So** che è venuto. (*Je sais qu'il est venu.*)	**Credo** che sia venuto. (*Je crois qu'il est venu.*)
Postériorité	**So** che verrà. (*Je sais qu'il viendra.*)	**Credo** che verrà. (*Je crois qu'il viendra.*)

	Principale au passé	
	Indicatif	Subjonctif
Simultanéité	**Sapevo** che veniva. (*Je savais qu'il venait.*)	**Credevo** che venisse. (*Je croyais qu'il venait.*)
Antériorité	**Sapevo** che era venuto. (*Je savais qu'il était venu.*)	**Credevo** che fosse venuto. (*Je croyais qu'il était venu.*)
	Indicatif	Conditionnel passé
Postériorité	**Sapevo** che sarebbe venuto. (*Je savais qu'il viendrait.*)	**Credevo** che sarebbe venuto. (*Je croyais qu'il viendrait.*)

	Principale au futur	
	Indicatif	Subjonctif
Simultanéité	**Saprò** che viene. (*Je saurai qu'il vient.*)	**Basterà** che lui venga. (*Il suffira qu'il vienne.*)
Antériorité	**Saprò** che era venuto. (*Je saurai qu'il était venu.*)	**Basterà** che lui sia venuto. (*Il suffira qu'il soit venu.*)
Postériorité	**Saprò** che verrà. (*Je saurai qu'il vient.*)	**Basterà** che lui venga. (*Il suffira qu'il vienne.*)

	Principale au conditionnel présent	
	Indicatif	Subjonctif
Simultanéité	**Saprei** che viene. (*Je saurais qu'il vient.*)	**Basterebbe** che venisse. (*Il suffirait qu'il vienne.*)
Antériorité	**Saprei** che è venuto. (*Je saurais qu'il est venu.*)	**Basterebbe** che fosse venuto. (*Il suffirait qu'il soit venu.*)
Postériorité	**Saprei** che verrà. (*Je saurais qu'il viendra.*)	**Basterebbe** che venisse. (*Il suffirait qu'il vienne.*)

	Principale au conditionnel passé
Simultanéité Antériorité	**Sarebbe bastato** che fosse venuto. (*Il aurait suffi qu'il soit venu.*)
Postériorité	**Sarebbe bastato** che venisse. (*Il aurait suffi qu'il vienne.*)

Chapitre 22. Traduction de « aimer »

Ce chapitre s'applique au verbe *aimer* lorsqu'il signifie « apprécier », « bien aimer ». C'est le complément d'objet direct français qui est considéré comme le sujet réel de la phrase.

A Paola piace il mare. (*Paola aime la mer* = la mer plaît à Paola.)

...PIACE	...PIACCIONO
Mi piace la **pizza**. (*J'aime la pizza.*) Ti piace **ballare**. (*Tu aimes danser.*) Gli piace **andare** al cinema. (*Il aime aller au cinéma.*) Le piace il **nuoto**. (*Elle aime la natation.*) Ci piace **ridere**. (*Nous aimons rire.*) Vi piace **Roma**. (*Vous aimez Rome.*) Piace **loro** il **tennis**. (*Ils/Elles aiment le tennis.*) **Ai ragazzi** piace lo **sport**. (*Les garçons aiment le sport.*) **A mia sorella** piace la **danza classica**. (*Ma sœur aime la danse classique.*)	Mi piacciono **i gelati**. (*J'aime les glaces.*) Ti piacciono **i ravioli**. (*Tu aimes les raviolis.*) Gli piacciono **i film** di fantascienza. (*Il aime les films de science-fiction.*) Le piacciono **le gite** in campagna. (*Elle aime les promenades à la campagne.*) Ci piacciono **i viaggi**. (*Nous aimons les voyages.*) Vi piacciono **Roma** e **Firenze**. (*Vous aimez Rome et Florence.*) Piacciono **loro i romanzi** di Camilleri. (*Ils/Elles aiment les romans de Camilleri.*) **A tuo fratello** piacciono **le lasagne**. (*Ton frère aime les lasagnes.*) **Ai genitori** piacciono **gli affreschi** di Giotto. (*Les parents aiment les fresques de Giotto.*)

Chapitre 23. Obligation et nécessité

Pour indiquer une obligation ou une nécessité, trois formes sont possibles.

1) « BISOGNA » SUIVI D'UN VERBE À L'INFINITIF

Bisogna sbrigarsi. (*Il faut se dépêcher.*)
Bisogna fare attenzione. (*Il faut faire attention.*)
Bisognava lavorare sodo. (*Il fallait travailler dur.*)

⚠ **Bisogna** suivi de **che** (*il faut que*) est obligatoirement suivi du subjonctif. (Cf. chap. XIX, « Emploi du subjonctif ».)
Bisogna che lui parli piano. (*Il faut qu'il parle doucement.*)

2) « CI VUOLE » OU « CI VOGLIONO »

Ces formes sont conjuguées au temps nécessaire et s'accordent avec le complément d'objet direct français.
➢ **ci vuole** est employé avec un nom singulier.
Ci vuole pazienza. (*Il faut de la patience.*)
Ci voleva coraggio. (*Il fallait du courage.*)
Ci vorrà tempo. (*Il faudra du temps.*)
➢ **ci vogliono** est employé avec un nom pluriel, ou plusieurs noms au singulier.
Ci vogliono le firme sul documento. (*Il faut les signatures sur le document.*)
Ci vogliono **acqua e sale** per fare cuocere la pasta. (*Il faut de l'eau et du sel pour faire cuire les pâtes.*)
Ci volevano due operai per fare il lavoro. (*Il fallait deux ouvriers pour faire le travail.*)
Ci vorranno due ore. (*Il faudra deux heures.*)

3) LE VERBE « OCCORRERE »

Il peut être employé indifféremment en remplacement de l'une ou l'autre de ces formes. Ainsi on peut dire :
Bisogna lavorare per avere soldi./Occorre lavorare per avere soldi. (*Il faut travailler pour avoir de l'argent.*)
Ci vuole pazienza per insegnare./Occorre pazienza per insegnare. (*Il faut de la patience pour enseigner.*)

Ci vogliono un coltello e una forchetta per mangiare la bistecca./ Occorrono un coltello e una forchetta per mangiare la bistecca. (*Il faut un couteau et une fourchette pour manger le beefsteak.*)

Un tempo, ci volevano molti giorni per fare questo lavoro./ Un tempo, occorrevano molti giorni per fare questo lavoro. (*À une époque, il fallait beaucoup de jours pour faire ce travail.*)

Ci vorrebbe un amico per essere capito./Occorrerebbe un amico per essere capito. (*Il faudrait un ami pour être compris.*)

4) Autres verbes ou expressions

A. Le verbe « devoir »
Il se traduit par :
> **Dovere**

Devo abituarmi alla nuova casa. (*Je dois m'habituer à ma nouvelle maison.*)

Si deve ascoltare. (*On doit/Il faut écouter.*)
> **Andare**

Questo compito va fatto con cura. (*Ce travail doit être fait avec soin.*)

B. L'expression « il me faut »
Elle se traduit par :
> **Mi serve**

Mi serve una cannuccia. (*J'ai besoin d'une paille.*)

Vi serve qualcosa? (*Vous avez besoin de quelque chose?*)
> **Avere bisogno di**

Abbiamo bisogno di due o tre giorni. (*Nous avons besoin de deux ou trois jours.*)

C. L'expression « avoir à »
Elle se traduit par **avere da** suivi de l'infinitif.

Ho tre compiti da fare. (*J'ai trois devoirs à faire.*)

Avete la vostra camera da pulire. (*Vous avez votre chambre à nettoyer.*)

D. L'expression « être à »
Elle se traduit par **essere da** suivi de l'infinitif.

Questo compito è da fare subito. (*Ce devoir est à faire tout de suite.*)

Questa pizza è da portare via o da mangiare subito? (*Cette pizza, elle est à emporter ou à manger tout de suite?*)

Chapitre 24. Traduction de « il y a »

Suivi d'un nom au singulier, « il y a » se traduit par **c'è**.
Nel giardino, c'è una vasca. (*Dans le jardin, il y a un bassin.*)
Suivi d'un nom au pluriel, ou de plusieurs noms, « il y a » se traduit par **ci sono**.
Nel parco ci sono molti fiori. (*Dans le parc, il y a beaucoup de fleurs.*)
A casa mia ci sono **un** cane e **un** gatto. (*Chez moi, il y a un chien et un chat.*)

➢ Pour traduire « il y en a »
Suivi d'un nom au singulier : **ce n'è**.
Un vigile, ce n'è uno vicino al semaforo. (*Un agent de police, il y en a un près du feu rouge.*)
➢ Suivi d'un nom au pluriel, ou de plusieurs noms : **ce ne sono**.
Vuoi un caffè o un tè? Ce ne sono in questo bar. (*Tu veux un café ou un thé? Il y en a dans ce bar.*)
Dove sono i libri? Ce ne sono sullo scaffale. (*Où sont les livres? Il y en a sur l'étagère.*)

⚠ Pour « il y a » exprimant le temps, cf. chap. XVI, « L'expression du temps ».

Chapitre 25. Traduction de « on »

Il existe plusieurs façons de traduire le *on* français, la formule impersonnelle étant souvent remplacée par un sujet :

➢ *On* signifiant *nous*
In Francia mangiamo molto formaggio. (*En France, on mange beaucoup de fromage.*)

➢ *On* signifiant *ils*
In Italia mangiano molta pasta. (*En Italie, on mange beaucoup de pâtes.*)

➢ *On* signifiant *tu*
Quando arrivi a Roma vai al Colosseo. (*Quand on arrive à Rome, on va au Colisée.*)

➢ *On* signifiant *quelqu'un*
Uno è fiero della riuscita dei figli. (*On est fier de la réussite de ses enfants.*)

➢ *On* signifiant *les gens*
La gente dice che gli italiani bevono molto caffè. (*On dit que les Italiens boivent beaucoup de café.*)

➢ *On* traduit par **si**
Le verbe italien s'accorde avec le COD français, qui est le sujet réel.
In Francia **si mangia** molto formaggio. (*En France, on mange beaucoup de fromage.*)
Si vede la cupola. (*On voit la coupole.*)
Si visitano i monumenti. (*On visite les monuments.*)

Pour exprimer une généralité, on met l'adjectif attribut au pluriel sans accorder le verbe *être*.
Si è **felici** quando si è tra amici. (*On est heureux quand on est entre amis.*)
Non si è mai **soli** con un bel libro. (*On n'est jamais seul avec un bon livre.*)

➢ *On* accompagné d'un pronom personnel.
Le **si** qui traduit *on* précède immédiatement le verbe.
- *on se* : **ci si**
  Ci si alza presto. (*On se lève tôt.*)
  Ci si riposa all'ombra. (*On se repose à l'ombre.*)
- *on le* : **lo si**
  Un bel film lo si guarda più volte. (*Un beau film, on le regarde plusieurs fois.*)

Lo si raccomanda agli amici. (*On le recommande à ses amis.*)
- *on la* : **la si**
La musica classica la si ascolta in silenzio. (*La musique classique, on l'écoute en silence.*)
- *on les* : **li si** (au masculin) ou **le si** (au féminin)
I libri li si trovano in biblioteca. (*Les livres, on les trouve à la bibliothèque.*)
Le vetrine le si guardano prima di entrare. (*Les vitrines, on les regarde avant d'entrer.*)
- *on lui* : **gli si** (au masculin) ou **le si** (au féminin)
Gli si dice di riflettere. (*On lui dit de réfléchir.*)
Le si domanda di giocare. (*On lui demande de jouer.*)
- *on leur* : **loro** se place toujours immédiatement après le verbe.
Si presta loro l'ombrello. (*On leur prête un parapluie.*)
Si prepara loro la camera. (*On leur prépare la chambre.*)
- *on en* : **se ne**. Attention : exceptionnellement, le **si** qui traduit *on* n'est pas placé juste devant le verbe.
La partita, se ne parla in famiglia. (*Le match, on en parle en famille.*)
- *on y* : **ci si** ou **vi si**
Si va spesso alla piscina. (*On va souvent à la piscine.*)
Ci si va spesso. (*On y va souvent.*)

Avec un possessif, *on* étant indéfini, l'adjectif possessif est **proprio**, qui s'accorde avec le nom qu'il qualifie.
Si ordinano **le** proprie cos**e**. (*On range ses affaires.*)

TROISIÈME PARTIE
Vocabulaire italien

par Éléonore Mongiat

Chapitre 1

L'alphabet, la prononciation, l'accent tonique, le genre et le nombre

1. L'alphabet

L'alphabet italien comporte 26 lettres, dont 5 (J – K – W – X – Y) ne s'emploient que dans les mots étrangers. Le tableau les fait suivre de leur prononciation :

A [a]	J [i lunga]	S [èssé]
B [bi]	K [kappa]	T [ti]
C [tchi]	L [èllé]	U [ou]
D [di]	M [èmmé]	V [vou]
E [è]	N [ènné]	W [vou doppia]
F [èffé]	O [o]	X [iks]
G [dji]	P [pi]	Y [ipsilon]
H [akka]	Q [ku]	Z [dzèta]
I [i]	R [èrré]	

Les lettres de l'alphabet sont du féminin : la « t ».

2. La prononciation

Il n'y a pas de lettre inutile. Ce qui se prononce bien s'écrit bien !

C'est pourquoi les consonnes doubles se prononcent toujours nettement : bella [bè-lla].

Les nasales françaises « an-on-in-en » n'existant pas, il faut prononcer à part la voyelle, puis la consonne : donna [do-nna].

De même, pour « ill » : brillante [bri-lla-nté].

Et dans les diphtongues, toutes les voyelles se prononcent : gioia [djo-i-a].

La plupart des sons italiens ressemblent au français. Cependant, il convient de remarquer certaines différences :

1. L'alphabet, la prononciation, l'accent tonique, le genre...

- « u » se prononce toujours [ou] : qualit<u>à</u> [koualit<u>a</u>].

- « e » a deux prononciations :
  - [é] fermé (comme « bébé »)
    devant pp, tt, zz (poveretto) ;
    dans les terminaisons en -mento (regolamento), -mente (gentilmente), -<u>e</u>vole, -eto, -esa, -ese, -<u>e</u>ccio (Francese) ;
    dans les démonstratifs (questo, quello) ;
    dans les monosyllabes (me, te) ;
    à certains temps : passé simple (credei), imparfait de l'indicatif (credevo) et du subjonctif (credessi).
  - [è] ouvert (comme « mère ») dans
    les adjectifs en -ento (violento) ;
    les participes en -ente et les gérondifs en -endo ;
    la diphtongue « ie » (pi<u>e</u>de) ;
    les suffixes en -enza, -ello et -ella (sorella).
  Il n'est jamais muet, même en fin de mot : cane [cané].

- « o » a deux prononciations :
  - [o] fermé (comme « mot ») dans
    les adjectifs en -oso (nervoso) ;
    les mots terminés en -zione (porzione) ;
    presque tous ceux en -ore (colore) ;
    l'augmentatif -one (librone) ;
    les pronoms personnels et adjectifs noi, voi, loro, costoro, coloro ;
    les passés simples en -osi.
  - « o » ouvert (comme « coque ») dans les mots en -olo, -otto, -occio (figli<u>o</u>lo) et la diphtongue uo (bu<u>o</u>no).

- « s » et « z » ont un son dur ou doux :
  - « s » est dur et doux comme en français : sistema [sistèma], riso [rizo] ;
    mais toujours doux [z] devant b, d, g, v, l, m, n, r : sm<u>e</u>ttere [zmé-tté-ré].
  - « z » est dur dans les terminaisons en -ezza, -zi<u>o</u>ne, -<u>i</u>zia et après une consonne : violenza, giust<u>i</u>zia. Il est doux quand il correspond à un son doux français : organizzare/organiser.

- « r » est très fortement vibré, surtout lorsqu'il est doublé : arrivo [ar-ri-vo].

III. VOCABULAIRE ITALIEN

- « gn » se prononce comme en français : campagna.

- « gli » se prononce en se préparant à produire un « l » et en disant un « i » à la place : tagliatella. Il porte le nom de l mouillé.

- « c » et « g » :
  – comme en français, le son est dur devant les voyelles « a-o-u » et doux devant « e-i ».
  Exemples :
  casa [kaza] – come [komé] – culla [koulla]
  galera [galèra] – gomma [gomma] – gusto [gousto]
  cinema [tchinéma] – cera [tchéra]
  girare [djiraré] – gelso [djèlso]

  – pour obtenir un son doux avec « a-o-u », il faut ajouter un « i » après le « c » et le « g » :
  ciarlare [tcharlaré] – ciotola [tchotola] – ciuccio [tchoutcho]
  giada [djada] – giorno [djorno] – giurare [djouraré]

  – pour obtenir un son dur avec « i-e », il faut ajouter un « h » après le « c » et le « g » :
  chiamare [kiamaré] – chela [kéla]
  ghiotto [guiotto] – ghepardo [guépardo]

  – il en est de même avec « sc », doux ou dur selon la voyelle qui suit :
  scabro [skabro] – scocco [skokko] – schifo [skifo]
  La prononciation avec un « i » ou un « e » est très douce :
  scialo [chalo] – sciopero [chopéro] – sciupare [chouparé] – scimmia [chimmia] – scemo [chémo]

son dur [k] [g]			son doux [tch] [dj]		
ca [ka]	co [ko]	cu [kou]	ci [tchi]	ce [tché]	
ga [ga]	go [go]	gu [gou]	gi [dji]	ge [djé]	
chi [ki]	che [ké]		cia [tcha]	cio [tcho]	ciu [tchou]
ghi [gui]	ghe [gué]		gia [dja]	gio [djo]	giu [djou]
sca [ska]	sco [sko]	scu [skou]	scia [cha]	scio [cho]	sciu [chou]
sch [ski]	sch [ské]				

200

1. L'alphabet, la prononciation, l'accent tonique, le genre...

3. L'accent tonique

L'accent tonique est très nettement marqué en italien.

Dans l'écriture, l'accent tonique n'apparaît que lorsqu'il tombe sur la dernière syllabe : città. Cet accent peut aussi distinguer certains monosyllabes entre eux : è (il est) et e (et), dà (il donne) et da (de, loin de).
En général, l'accent tonique est sur l'avant-dernière syllabe (parola piana) : mela.
Quelquefois, il tombe sur la troisième ou la quatrième syllabe avant la fin du mot (parola sdrucciola = mot glissant) : l'albero, giudicano.
L'usage et le dictionnaire indiqueront la prononciation. Dans ce livre, nous avons souligné la voyelle accentuée chaque fois qu'il pouvait y avoir un doute sur la prononciation.
La place de l'accent est particulièrement importante, elle détermine parfois le sens du mot : principi (princes)/principi (principes), parlo (je parle)/parlò (je parlai).
Dans les diphtongues et les triphtongues, l'accent n'a pas de place fixe : paura/aula, muoio/paio.

En revanche, certains suffixes sont toujours sdruccioli : -abile, -ibile, -aggine, -evole, -esimo, -issimo, -udine.
Et dans la conjugaison, l'accent occupe des places fixes. Les infinitifs en -are et -ire sont toujours accentués sur le « a » et le « i » : portare, venire. La 1re personne du singulier et la 3e du pluriel portent l'accent toujours sur la même syllabe à tous les temps : interrogo/interrogano, andava/andavano ; et les 1re et 2e personnes du pluriel sur la terminaison : parliamo/parlate.

4. Le genre et le nombre

Généralement, le masculin est en « o » et le féminin en « a » ; le pluriel sera respectivement en « i » et en « e » : il libro, i libri/la rosa, le rose.
Les masculins et les féminins en « e » font leur pluriel en « i » : il padre prudente, i padri prudenti/la madre prudente, le madri prudenti.
Les mots accentués sur la dernière syllabe sont invariables : la città, le città.
Certains masculins sont en « a » et leur pluriel en « i » : il poema, i poemi.

III. VOCABULAIRE ITALIEN

Certains masculins collectifs ont deux pluriels, en « i » et en « a » : l'osso/gli ossi (considérés par deux ou trois), le ossa (considérés dans leur ensemble).

Le pluriel des mots qui finissent par -ca et -ga gardent le son dur au pluriel en ajoutant un « h » : il monarca, i monarchi [monarki]/la barca, le barche [barké].

Le pluriel des mots qui finissent par -co, -cu ou -go, -gu sont durs ou doux : l'arco, gli archi [arko, arki]/il medico, i medici [mèdiko, mèditchi].

Les terminaisons non accentuées en -io et en -ia font leur pluriel respectivement en -i et en -e : l'occhio, gli occhi/la spiaggia, le spiagge.

Si la terminaison est accentuée, le « ì » est conservé : il ronzìo, i ronzìi.

5. Dernière remarque

En italien, pour indiquer au lecteur une marche à suivre, l'usage du tutoiement au lieu de l'infinitif est très courant. D'autre part, bien plus qu'en français, les mots récemment introduits de l'anglais sont fréquents et conservés tels quels, avec leur prononciation d'origine.

Chapitre 2
I numeri, i calcoli
Les nombres, les calculs

I numeri : les nombres

Numeri cardinali Nombres cardinaux	*Numeri ordinali* Nombres ordinaux
zero : zéro	*primo, a* : premier, ère
uno, una : un, une	*secondo, a* : deuxième/second, e
due : deux	*terzo, a* : troisième
tre : trois	*quarto, a* : quatrième
quattro : quatre	*quinto, a* : cinquième
cinque : cinq	*sesto, a* : sixième
sei : six	*settimo, a* : septième
sette : sept	*ottavo, a* : huitième
otto : huit	*nono, a* : neuvième
nove : neuf	*decimo, a* : dizième
dieci : dix	*undicesimo, a* : onzième
undici : onze	*dodicesimo, a* : douzième
dodici : douze	*tredicesimo, a* : treizième
tredici : treize	*quattordicesimo, a* : quatorzième
quattordici : quatorze	*quindicesimo, a* : quinzième
quindici : quinze	*sedicesimo, a* : seizième
sedici : seize	*diciassettesimo, a* : dix-septième
diciassette : dix-sept	*diciottesimo, a* : dix-huitième
diciotto : dix-huit	*diciannovesimo, a* : dix-neuvième
diciannove : dix-neuf	*ventesimo, a* : vingtième
venti : vingt	*ventunesimo, a* : vingt et unième
ventuno : vingt et un	*ventiduesimo, a* : vingt-deuxième
ventidue : vingt-deux	*ventitreesimo, a* : vingt-troisième
ventitré : vingt-trois	*ventiquattresimo, a* : vingt-quatrième
ventiquattro : vingt-quatre	*venticinquesimo, a* : vingt-cinquième
venticinque : vingt-cinq	*ventiseiesimo, a* : vingt-sixième
ventisei : vingt-six	*ventisettesimo, a* : vingt-septième
ventisette : vingt-sept	

III. VOCABULAIRE ITALIEN

ventotto : vingt-huit	*ventottesimo, a* : vingt-huitième
ventinove : vingt-neuf	*ventinovesimo, a* : vingt-neuvième
trenta : trente	*trentesimo, a* : trentième
quaranta : quarante	*quarantesimo, a* : quarantième
cinquanta : cinquante	*cinquantesimo, a* : cinquantième
sessanta : soixante	*sessantesimo, a* : soixantième
settanta : soixante-dix	*settantesimo, a* : soixante-dixième
settantuno : soixante et onze	*settantunesimo, a* : soixante et onzième
ottanta : quatre-vingts	*ottantesimo, a* : quatre-vingtième
novanta : quatre-vingt-dix	*novantesimo, a* : quatre-vingt-dixième
cento : cent	*centesimo, a* : centième
centouno : cent un	*centounesimo, a* : cent unième
centodue : cent deux	*centoduesimo, a* : cent deuxième
centotto : cent huit	*centottesimo, a* : deux centième
duecento : deux cents	*duecentesimo, a* : deux cent unième
trecento : trois cents	*trecentesimo, a* : trois centième
quattrocento : quatre cents	*quattrocentesimo, a* : quatre centième
cinquecento : cinq cents	*cinquecentesimo, a* : cinq centième
seicento : six cents	*seicentesimo, a* : six centième
settecento : sept cents	*settecentesimo, a* : sept centième
ottocento : huit cents	*ottocentesimo, a* : huit centième
novecento : neuf cents	*novecentesimo, a* : neuf centième
mille (pl. mila) : mille	*millesimo, a* : millième
mille e uno : mille un	*milleunesimo, a* : mille et unième
mille e cinquecento : mille cinq cents	*mille e cinquecentesimo, a* : mille cinq centième
duemila : deux mille	*duemilesimo, a* : deux millième
diecimila : dix mille	*diecimilesimo, a* : dix millième
un milione : un million	*milionesimo, a* : millionième
tre milioni : trois millions	*tremilionesimo, a* : trois millionième
un miliardo : un milliard	*miliardesimo, a* : milliardième

la cifra : le chiffre
le cifre romane, arabe : les chiffres romains, arabes
lo zero : le zéro
l'uno : le un
il nove : le neuf

il numero : le nombre, le numéro
il numero intero, decimale : le nombre entier, décimal
il numero pari, dispari (inv.) : le nombre pair, impair

il Duemila : l'an deux mille
il centennio : le centenaire
il millennio : le millénaire
7,5 sette virgola cinque : sept virgule cinq
il numero d'oro : le nombre d'or
A che numero abiti ? – À quel numéro habites-tu ?
un gran numero di clienti : un grand nombre de clients

2. Les nombres, les calculs

la grandezza : la grandeur
la quantità : la quantité
l'ordine : l'ordre
la frazione : la fraction
la parte : la partie

la proporzione : la proportion
la percentuale : le pourcentage
una differenza del cinque per cento :
 une différence de cinq pour cent
il mezzo : le demi

uno e mezzo : un et demi
mezza Roma : la moitié de Rome
tutta Roma : tout Rome

la metà : la moitié
il terzo : le tiers
il quarto : le quart
la dozzina : la douzaine
il doppio : le double

il triplo : le triple
il quadruplo : le quadruple
il multiplo : le multiple
il centinaio : la centaine
il migliaio : le millier

venire per primo : venir en premier
il primissimo : le tout premier
ai primi del mese : au début du mois

l'ultimo : le dernier
il penultimo : l'avant-dernier

l'antepenultimo : l'antépénultième
l'ultissimo : le bon dernier

ultimare : mettre au point, finaliser
Napoleone primo : Napoléon Ier
Luigi Quattordicesimo : Louis XIV
Papa Giovanni ventitreesimo : le pape Jean XXIII
il capitolo decimo : le chapitre dix
atto secondo, scena ottava : acte deux, scène huit
la pagina 10 : la page 10

I calcoli : les calculs

calcolare : calculer
il calcolo : le calcul
il calcolo mentale : le calcul mental
la calcolatrice : la calculatrice
il calcolatore : l'ordinateur
il segno : le signe

più o meno : plus ou moins
uguale : égal
ordinare : ordonner, classer
semplificare : simplifier
contare : compter
il conto : le compte

contare da 5 a 20 : compter de 5 à 20
a uno a uno : un à un
due a due : deux à deux

III. VOCABULAIRE ITALIEN

a cento a cento : par centaines
Il conto è esatto ⊗ *sbagliato*. – Le compte est exact ⊗ faux.
I conti non tornano. – Les comptes ne tombent pas juste.

l'addizione : l'addition
la somma : la somme

aggiungere : ajouter
aumentare : augmenter

$4 + 2 = 6$ *quattro più due fa sei.* – Quatre et deux font six.
Scrivo 2, riporto 3. – J'écris 2 et je retiens 3.

la sottrazione : la soustraction
la differenza : la différence

togliere da : retrancher de
diminuire : diminuer

$20 - 8 = 12$ *venti meno otto fa dodici.* – Vingt moins huit font douze.

la moltiplicazione : la multiplication
raddoppiare : doubler

la tavola di moltiplicazione : la table de multiplication

moltiplicare un numero per se stesso : multiplier un nombre par lui-même
moltiplicare due per tre : multiplier deux par trois
$1 \times 1 = 1$ *uno per uno fa uno.* – Une fois un fait un.
Quanto fa 2 via 3 ? – Combien font 2 fois 3 ?
$2 \times 3 = 6$ *due via tre fanno sei.* – Deux fois trois font six.

la divisione : la division
dividere per : diviser par
divisibile ⊗ *indivisibile* : divisible ⊗ indivisible

il quoziente : le quotient
il resto : le reste
il totale : le total

$12 / 3 = 4$ *dodici diviso per tre fa quattro.* – Douze divisé par trois égale quatre.
Nel 15 quante volte ci sta il 5 ? – En 15 combien de fois 5 ?
Ci sta 3 volte. – Il y va 3 fois.
Qual'è il terzo di 9 ? – Quel est le tiers de 9 ?

il problema : le problème
l'esempio : l'exemple
il quesito : la question posée
la soluzione : la solution
l'errore : l'erreur
sbagliarsi : se tromper
risolvere : résoudre

verificare : vérifier
la verifica : la vérification
controllare : contrôler
il controllo : le contrôle
la prova : la preuve
l'aritmetica : l'arithmétique
l'algebra : l'algèbre

2. Les nombres, les calculs

la geometria : la géométrie
l'abaco : l'abaque
il punto : le point
la linea : le trait

tirare una linea : tirer un trait
la regola : la règle
il compasso : le compas

Puoi contare su di lui. – Tu peux compter sur lui.
Patti chiari, amici cari. – Les bons comptes font les bons amis.
a nessun costo : à aucun prix
per conto mio : en ce qui me concerne
trattare alla pari : traiter d'égal à égal

Chapitre 3
Le misure, il denaro, la moneta
Les mesures, l'argent, la monnaie

Le misure : les mesures

l'unità : l'unité
il sistema metrico : le système métrique
la dimensione : la dimension
la lunghezza : la longueur
la larghezza : la largeur
l'altezza : la hauteur
la profondità : la profondeur
lo spazio : l'espace
il perimetro : le périmètre
il metro : le mètre
il millimetro : le millimètre
il centimetro : le centimètre
il chilometro : le kilomètre
il pollice : le pouce
il piede : le pied
la iarda : le yard

È lungo 2 chilometri. – Il fait 2 kilomètres de long.
Quanto è larga questa tavola ? – Quelle est la largeur de cette table ?
È larga un metro e trenta. – Elle fait un mètre trente de large.
La Torre di Pisa è alta 367 metri. – La tour de Pise fait 367 mètres de haut.
stimare : estimer
misurare : mesurer
prendere le misure : prendre les mesures
abito su misura : costume sur mesure
La misura è colma. – La mesure est comble.
passare i limiti : dépasser les bornes
superar di gran lunga : dépasser de beaucoup

La superficie : la superficie

il metro quadrato : le mètre carré
l'aro : l'are
l'ettaro : l'hectare
la radice quadrata : la racine carrée

Il volume : le volume

il metro cubo : le mètre cube

elevare al cubo : élever au cube
2 al cubo fa 8. – 2 au cube égale 8.

3. Les mesures, l'argent, la monnaie

Il cerchio : le cercle

il raggio : le rayon
il diametro : le diamètre
la circonferenza : la circonférence
pi : pi

entro un raggio di 10 chilometri : dans un rayon de 10 kilomètres

Il peso : le poids

il grammo : le gramme
il chilogrammo : le kilogramme
il mezzochilo : le demi-kilo
cinque etti : une livre
l'etto : l'hectogramme
il quintale : le quintal
la tonnellata : la tonne
l'oncia : l'once
la libbra : la livre (poids)
la bilancia : la balance
i piatti della bilancia : les plateaux de la balance
pesare : peser

pesare come il piombo : peser comme du plomb
inclinare la bilancia a favore di qualcuno : faire pencher la balance en faveur de quelqu'un
tener due pesi e due misure : avoir deux poids, deux mesures

La capacità : la capacité

il litro : le litre
due bottiglie di vino : deux bouteilles de vin
riempire : remplir
dosare : doser

La potenza : la puissance

il cavallo vapore : le cheval vapeur
il watt : le watt

Il denaro : l'argent

il denaro, i soldi, i quattrini : l'argent
la cartamoneta : le papier-monnaie
la banconota : le billet de banque
la banconota di piccolo, grosso taglio : petite, grosse coupure
il biglietto da 100 euro : le billet de 100 euros
valido >< *falso, contrafatto* : valide >< faux, contrefait
fuori corso : qui n'a plus cours
gli spiccioli : la (petite) monnaie
pagare in liquidi : payer en liquide
il denaro per le piccole spese : l'argent de poche
pagare il prezzo : payer le prix
spendere : dépenser
il portafoglio : le portefeuille
il portamonete : le portemonnaie
il salvadanaio : la tirelire

III. VOCABULAIRE ITALIEN

Quanti soldi hai ? – Combien d'argent as-tu ?
Ho solo qualche monetina in tasca. – Je n'ai que quelques pièces dans ma poche.
Quanto costa questo giornale ? – Combien coûte ce journal ?
circa 3 euro : environ 3 euros
Vale quasi un milione. – Cela vaut presque un million.
due carte da mille : deux billets de mille (fam.)
Il tempo è denaro. – Le temps c'est de l'argent.

La banca : la banque

il banchiere : le banquier
la posta : la poste
lo sportello : le guichet
il bancomat : le distributeur automatique

depositare soldi : déposer de l'argent
ritirare soldi : retirer de l'argent

la carta di credito : la carte de crédit
il conto corrente : le compte courant
l'assegno bancario, postale : le chèque bancaire, postal
il libretto degli assegni : le chéquier
il bonifico : le virement
il vaglia (inv.) : le mandat
contrassegno : contre remboursement
la spedizione contro assegno : l'envoi contre remboursement
l'importo : le montant
il credito : le crédit
il debito : le débit, la dette
il pagamento di un debito : le remboursement d'une dette
il saldo a credito, a debito : le solde créditeur, débiteur

un assegno a vuoto : un chèque sans provision
chiedere un prestito : emprunter de l'argent
indebitarsi : s'endetter

La Borsa : la Bourse

il cambio : le change
i corsi del cambio : les cours du change
comprare valuta estera : acheter des devises étrangères
convertire le valute : convertir les devises
il mercato valutario : le marché des changes
il mercato obbligazionario : le marché obligatoire
il mercato mobiliare dei titoli : le marché des titres
il credito fondiario : le crédit foncier
la situazione finanziaria : la situation financière
il finanziere : le financier
l'intermediario finanziario, l'operatore economico : le courtier de change
il capitale : le capital

3. Les mesures, l'argent, la monnaie

l'azione al portatore : l'action au porteur

le azioni mobiliari, immobiliari : les actions mobilières, immobilières

Le mie azioni sono in ribasso, in rialzo. – Mes actions sont en baisse, en hausse.

il titolo : le titre
quotato in borsa : coté en bourse
investire : investir
l'investimento : l'investissement
gli interessi : les intérêts
il guadagno : le gain

guadagnare soldi : gagner de l'argent

intascare : empocher
incassare : encaisser
l'utile : le bénéfice
produrre un utile del 5 % : rapporter un bénéfice de 5 %
imposta sugli utili : impôt sur les bénéfices

il risparmio ⋈ *lo spreco* : l'économie (épargne) ⋈ le gaspillage
fare economia : faire des économies
a buon mercato : à bon marché

avere delle perdite in Borsa : subir des pertes à la Bourse
la perdita secca : la perte sèche
perdere nel cambio : perdre au change
La spesa ammonta un miliardo di euro. – La dépense s'élève à un million d'euros.
risparmio di tempo e di denaro : économie de temps et d'argent
Si risparmia 1 euro per ogni pezzo prodotto. – On économise 1 euro par pièce produite.
essere al verde : être fauché (fam.)
ricco sfondato : riche comme Crésus

La moneta : la monnaie

la moneta : la pièce
la faccia : la face
il rovescio : le revers
una moneta d'oro : une pièce d'or
l'oro : l'or (métal)
l'argento : l'argent (métal)
il valore oro : l'étalon or
la zecca : l'hôtel de la monnaie
batter moneta : frapper monnaie
la numismatica : la numismatique

prendere qualcosa per oro colato : prendre quelque chose pour argent comptant
Il platino è più pesante dell'oro. – Le platine est plus lourd que l'or.

III. VOCABULAIRE ITALIEN

Le monete straniere : les monnaies étrangères

l'euro (inv.) : l'euro
il franco svizzero : le franc suisse
il dollaro degli Stati Uniti : le dollar des États-Unis
il dollaro australiano, canadese : le dollar australien, canadien
lo yen : le yen
il rublo russo : le rouble russe
la lira sterlina : la livre sterling
la corona norvegese, danese, svedese : la couronne norvégienne, danoise, suédoise
il real brasiliano : le real brésilien
il peso messicano : le peso mexicain
il riyal saudiano : le riyal saoudien
la lira egiziana, turca : la livre égyptienne, turque
il dinaro tunisino : le dinar tunisien
il nuovo shekel israeliano (pl. shekalim) : le nouveau shekel israélien

Chapitre 4
Il consumo
La consommation

Il consumatore : le consommateur

il cliente : le client
comprare : acheter
pagare : payer
vendere : vendre
spendere soldi : dépenser de l'argent
patteggiare sul prezzo : marchander
barattare : troquer
comprare di seconda mano : acheter d'occasion

> *andare a far la spesa* : aller faire les courses
> *andare in giro per negozi* : faire du lèche-vitrines
> *comprare da mangiare* : acheter à manger
> *Mi sono comprato un orologio.* – Je me suis acheté une montre.
> *comprare a credito, in contanti, a rate* : acheter à crédit, au comptant, à tempérament
> *ordinare una merce* : commander une marchandise
> *fare una commessa* : passer une commande
> *consegnare a domicilio* : livrer à domicile
> *il buono di consegna* : le bon de livraison

Il prezzo : le prix

costare : coûter
caro : cher
a buon mercato, a buon prezzo : à bon marché, à bon compte
piccoli prezzi : petits prix
gratuito : gratuit
la vendita promozionale : une promotion
il prezzo all'ingrosso, al minuto : le prix de gros, de détail
la fattura : la facture
la ricevuta : le reçu

> *Quanto costa ?* – Combien cela coûte-t-il ?
> *un prodotto di ottima qualità* : un produit d'excellente qualité
> *di qualità scadente* : de mauvaise qualité
> *il miglior rapporto qualità-prezzo* : le meilleur rapport qualité-prix
> *merce di saldo* : marchandise en solde

il periodo dei saldi : la période des soldes
sconti eccezionali : rabais exceptionnels
È un affarone ! – C'est une affaire !
Me lo posso permettere. – C'est dans mes prix.
I prezzi salgono alle stelle ! – Les prix grimpent en flèche !
È tutto esaurito. – Tout est épuisé.
il rialzo, il ribasso dei prezzi : la hausse, la baisse des prix
far cadere i prezzi : casser les prix
uno sconto del 10 % su tutti i modelli : une remise de 10 % sur tous les modèles

La rete di distribuzione : le réseau de distribution

la bottega : la boutique
il negozio : le magasin
i grandi magazzini : les grands magasins
la vetrina : la vitrine
il banco : l'étal
il supermercato : le supermarché
il centro commerciale : le centre commercial
il mercato : le marché
il mercato delle pulci : le marché aux Puces

la vendita per corrispondenza : la vente par correspondance
vendere porta a porta : vendre en porte-à-porte
l'assistenza clienti : le service après-vente
il buono di garanzia : le bon de garantie
il commerciante : le commerçant
il grossista : le grossiste
il dettagliante : le détaillant

Le varie botteghe : les différents magasins

il panificio : la boulangerie
la pasticceria : la pâtisserie
il negozio di generi alimentari : le magasin d'alimentation, l'épicerie
la macelleria : la boucherie
la pescheria : la poissonnerie
il negozio di frutta e verdure : le magasin de fruits et légumes
la farmacia : la pharmacie
la libreria : la librairie

il tabaccaio : le bureau de tabac
la gioielleria : la bijouterie
il negozio di ferramenta : la quincaillerie
il salone di parrucchiere : le salon de coiffure
il negozio di confezioni : le magasin de prêt-à-porter
il negozio di biancheria : le magasin de blanc

Che cosa desidera, Signora ? – Que désirez-vous, madame ?
Vorrei uno scialle. – Je voudrais un châle.
Mi accompagni, prego. – Suivez-moi, s'il vous plaît.
Il negozio rimane chiuso per ferie. – Le magasin est fermé pour les congés.
le ore di apertura : les heures d'ouverture
assicurarsi una clientela : fidéliser sa clientèle

4. La consommation

I reparti : les rayons

il capo reparto : le chef de rayon
la commessa : la vendeuse
il bancone : le comptoir
il carrello : le chariot
la merce : la marchandise

l'articolo : l'article
il prodotto : le produit
la scatola : la boîte
la latta : la boîte de conserve

mangiare cibo in scatola : manger de la nourriture en conserve

i latticini : les laitages
la data limite di consumo : la date limite de consommation
la linea di prodotti : la gamme de produits

la marca : la marque
il cartellino : l'étiquette
il campione : l'échantillon
l'imballaggio di carta, di cartone : l'emballage en papier, en carton

È per un regalo. – C'est pour offrir.
Può confezionare i regali ? – Pouvez-vous faire un paquet-cadeau ?

La pubblicità : la publicité

l'annuncio pubblicitario : l'annonce publicitaire
il cartellone : l'affiche publicitaire

il volantino : le prospectus
lo spot, lo slogan : le spot, le slogan

la propaganda, il battage pubblicitario : le matraquage publicitaire
il lancio di un prodotto : le lancement d'un produit
il gusto, l'autenticità, la sicurezza alimentare, la tracciabilità, l'innovazione : le goût, l'authenticité, la sécurité alimentaire, la traçabilité, la créativité

La cassa : la caisse

la cassiera : la caissière
incassare : encaisser

il registratore di cassa : la caisse enregistreuse
lo scontrino : le ticket de caisse

Se vuol passare in cassa... – Si vous voulez passer à la caisse...

Chapitre 5
L'econom*i*a, l'ind*u*stria, l'agricoltura
L'économie, l'industrie, l'agriculture

L'econom*i*a : l'économie
*il sistema econ*o*mico* : le système économique
*il Mercato europ*e*o* : le Marché européen
*l'econom*i*a di mercato* : l'économie de marché
la società dei consumi : la société de consommation
*la moneta *u*nica* : la monnaie unique
il capitalismo : le capitalisme
*il l*i*bero sc*a*mbio* : le libre-échange
l'offerta e la domanda : l'offre et la demande

*le spese p*u*bbliche* : les dépenses de l'État
*il settore p*u*bblico, privato* : le secteur public, privé
le imprese statali : les entreprises d'État
i sussidi : les subventions
la crisi : la crise
il ristagno : la stagnation
la ripresa : la reprise
*la cr*e*scita* : la croissance
la prosperità : la prospérité
gli investimenti : les investissements

abbassare il tasso di inflazione : diminuer le taux d'inflation
incentivare la creazione d'imprese : stimuler la création d'entreprises
le misure di adeguamento degli stipendi : les mesures de réajustement des salaires
*La situazione econ*o*mica è p*e*ssima.* – La situation économique est mauvaise.

Il livello di vita : le niveau de vie
il costo della vita : le coût de la vie
il potere d'acquisto : le pouvoir d'achat
*stabilire un bil*a*ncio* : établir un budget
*le imposte sul r*e*ddito* : les impôts sur le revenu

l'aumento delle tasse : l'augmentation des impôts
la frode : la fraude
il paradiso fiscale : le paradis fiscal
la ricchezza >< *la povertà* : la richesse >< la pauvreté
i senza tetto : les sans-abri

5. L'économie, l'industrie, l'agriculture

Il commercio : le commerce

i beni di consumo : les biens de consommation
le vendite : les ventes
l'utile ✕ *la perdita* : le bénéfice ✕ la perte
il margine di utile : la marge
il profitto : le profit
la bilancia commerciale : la balance commerciale
le esportazioni : les exportations
le importazioni : les importations
le tasse doganali : les droits de douane
il marketing : le marketing

un beneficio dell' 8 % : un bénéfice de 8 %
vendere in perdita : vendre à perte
migliorare la competitività : améliorer la compétitivité
conquistare nuovi mercati : conquérir de nouveaux marchés

L'industria : l'industrie

l'impresa, l'azienda : l'entreprise
l'imprenditore : le chef d'entreprise
l'industriale : l'industriel
l'uomo d'affari : l'homme d'affaires
il dottore commercialista : l'expert-comptable
le PMI (Piccole e Medie Imprese) : les PME
la fabbrica : l'usine
la sede : le siège
la filiale : la filiale
fondere due società : fusionner deux sociétés
la concorrenza : la concurrence
il fatturato : le chiffre d'affaires
la gestione : la gestion

Gli affari sono affari. – Les affaires sont les affaires.
Guadagna 15 euro all'ora. – Il gagne 15 euros de l'heure.
La produzione raggiunge il massimo livello. – La production atteint son plus haut niveau.
firmare il contratto : signer le contrat
creare un'impresa : créer une affaire
Gli affari vanno male. – Les affaires vont mal.
L'ammontare delle spese è di 2 000 euro. – Le montant des dépenses s'élève à 2 000 euros.
fallire : faire faillite
depositare il bilancio : déposer le bilan

L'agricoltura : l'agriculture

la fattoria : la ferme
la stalla : l'étable, l'écurie
il porcile : la porcherie
il contadino : le paysan
il pastore : le berger
il gregge : le troupeau (moutons)
il branco : le troupeau (vaches)
le bestie : les bêtes
il campo : le champ
il prato : le pré
i cereali : les céréales
il grano : le grain, le blé

III. VOCABULAIRE ITALIEN

il riso : le riz
il granturco : le maïs
la vigna : la vigne
l'ulivo : l'olivier

il fertilizzante : l'engrais
l'irrigazione : l'irrigation
la bonifica : l'assèchement

seminare : semer
piantare : planter
coltivare : cultiver
raccogliere : récolter
fare la mietitura : faire la moisson
la mietitrebbiatrice : la moissonneuse-batteuse

l'allevamento : l'élevage
la coltura intensiva, estensiva : la culture extensive, intensive
il rendimento : le rendement

gli eccedenti : les excédents
la riforma agraria : la réforme agraire
l'esodo rurale : l'exode rural

Chapitre 6
Il lavoro, la politica, l'esercito
Le travail, la politique, l'armée

Il lavoro : le travail

lavorare : travailler
il mestiere : le métier
l'impiego : l'emploi
le competenze : les compétences
il salario : le salaire
lo stipendio : le traitement
il padrone : le patron
il lavoratore : le travailleur
l'impiegato : l'employé
l'operaio : l'ouvrier
l'artigiano : l'artisan

l'offerta, la domanda di lavoro : l'offre, la demande d'emploi
le ore straordinarie : les heures supplémentaires
fare pratica : faire un stage
la formazione : la formation
il sindacato : le syndicat
la manifestazione : la manifestation
lo sciopero : la grève
disoccupato : au chômage
pensionato : retraité

La politica : la politique

il paese : le pays
la patria : la patrie
la nazione : la nation
lo Stato : l'État
lo Stato totalitario : l'État totalitaire
la dettatura : la dictature
lo Stato federale : l'État fédéral
la regione autonoma : la région autonome

la lingua materna : la langue maternelle
l'inno nazionale : l'hymne national
gli abitanti : les habitants
il popolo : le peuple
il governo : le gouvernement
il capo dello Stato : le chef de l'État
le istituzioni : les institutions

La repubblica : la république

la democrazia : la démocratie
il presidente : le président
il ministro : le ministre
il consiglio dei ministri : le conseil des ministres
la Camera : la Chambre des députés

il deputato, l'onorevole : le député
il senato : le sénat
il palazzo Chigi : le palais Chigi (siège du gouvernement)
gl'Interni : l'intérieur
gli Esteri : les Affaires étrangères

III. VOCABULAIRE ITALIEN

il ministro dell'economia : le ministre de l'économie
il cittadino : le citoyen
i diritti civici : les droits civiques
la vita politica : la vie politique
i repubblicani : les républicains
i democratici : les démocrates
i socialisti : les socialistes
i comunisti : les communistes

i liberali : les libéraux
i fascisti : les fascistes
i nazisti : les nazis
gli anarchici : les anarchistes
la destra : la droite
la sinistra : la gauche
l'estrema destra, sinistra : l'extrême droite, gauche

dirigere : diriger
ordinare : commander
il potere esecutivo : le pouvoir exécutif
il potere legislativo : le pouvoir législatif

la costituzione : la constitution
il decreto : le décret
il progetto di legge : le projet de loi
la rivoluzione : la révolution
il colpo di stato : le coup d'État

promulgare una legge : promulguer une loi
le riforme : les réformes
rovesciare il ministero : renverser le ministère
sciogliere la Camera : dissoudre la Chambre

Le elezioni : les élections

la campagna elettorale : la campagne électorale
il sondaggio : le sondage
il candidato : le candidat
l'elettore : l'électeur
votare : voter

il voto : le vote
la scheda elettorale : le bulletin de vote
la scheda bianca : le vote blanc
lo scrutinio : le scrutin

essere eletto al primo scrutinio, con 60 % dei voti : être élu au premier tour, avec 60 % des voix
a maggioranza di voti : à la majorité
una vittoria schiacciante : une victoire écrasante
i partiti della maggioranza : les partis de la majorité

Il regno : le royaume

il re : le roi
la regina : la reine
i sudditi : les sujets
la dinastia : la dynastie

il monarchico : le monarchiste
l'aristocrazia : l'aristocratie
il palazzo reale : le palais royal

6. Le travail, la politique, l'armée

L'esercito : l'armée

il soldato : le soldat
il militare : le militaire
il borghese : le civil
l'ufficiale : l'officier
il generale : le général
il colonnello : le colonel
il sergente : le sergent
l'ammirale : l'amiral
lo stato maggiore : l'état-major
la fanteria : l'infanterie
l'aeronautica militare : l'armée de l'air
la marina militare : la marine militaire

l'esercito di professionisti : l'armée de métier
le truppe : les troupes
la recluta : la recrue
il volontario : le volontaire
il mercenario : le mercenaire
il nemico : l'ennemi
l'alleato : l'allié
la spia : l'espion
il traditore : le traître
il prigioniero : le prisonnier
il profugo : le réfugié
l'ex-combattente : l'ancien combattant

In tempo di pace : en temps de paix

la caserma : la caserne
il servizio militare : le service militaire
le manovre : les manœuvres

fare il militare di carriera : être militaire de carrière
la riserva : la réserve

Presentat'arm ! – Présentez armes !
Pied'arm ! – Reposez armes !
Rompete le righe ! – Rompez les rangs !
È un ordine ! – C'est un ordre !
Signorsì ! – À vos ordres !

La guerra : la guerre

battersi : se battre
fare fuoco : faire feu
il campo di battaglia : le champ de bataille
il fronte : le front
l'imboscata : l'embuscade
il blocco : le blocus
la mitragliatrice : la mitrailleuse
il carro armato : le char d'assaut
la bomba atomica : la bombe atomique

le armi chimiche : les armes chimiques
un crimine di lesa umanità : un crime contre l'humanité
invadere : envahir
distruggere : détruire
vincere : vaincre
conquistare : conquérir
fuggire : fuir
la sconfitta : la défaite
negoziare : négocier

III. VOCABULAIRE ITALIEN

dichiarare la guerra : déclarer la guerre
il bombardiere in picchiata : le bombardier en piqué
dare l'ordine dell'assalto : donner l'ordre de l'assaut
All'attacco ! – À l'attaque !
radere al suolo una città : raser une ville
cessare il combattimento : cesser le combat
firmare un trattato di pace : signer un traité de paix

Chapitre 7
L'informatica, l'internet
L'informatique, l'internet

Il computer : l'ordinateur

il computer portatile : l'ordinateur portable
il computer tasc<u>a</u>bile : l'ordinateur de poche
il lettore mp3 (mp3 player) : le lecteur mp3
il lettore v<u>i</u>deo (il video jukebox) : le lecteur vidéo
il mouse : la souris
il tappetino del mouse : le tapis de souris
la tastiera : le clavier

il tasto : la touche
lo schermo : l'écran
lo schermo piatto : l'écran plat
lo schermo a cristalli l<u>i</u>quidi : l'écran à cristaux liquides
lo schermo a 21 p<u>o</u>llici : l'écran de 21 pouces
tutto schermo : plein écran
la risoluzione : la résolution
il pixel : le pixel
la visualizzazione : l'affichage

pr<u>e</u>mere il tasto : appuyer sur la touche
b<u>a</u>ttere il testo : taper le texte
aggiustare la luminosità e il contrasto : régler la luminosité et le contraste

il case : la tour
la scheda madre : la carte-mère
la chiave USB : la clef USB
l'indirizzatore : le routeur
una stampante a inchiostro : une imprimante jet d'encre
una stampante laser : une imprimante laser
lo scanner : le scanner
la webcam : la webcam
un micr<u>o</u>fono : un micro

l'altoparlante : le haut-parleur
il fax : le fax
la m<u>a</u>cchina fotogr<u>a</u>fica digitale : l'appareil photo numérique
il lettore DVD : le lecteur DVD
il cdrom : le cdrom
il DVD : le DVD
inc<u>i</u>dere un CD, inc<u>i</u>dere un DVD : graver un CD, graver un DVD
il dischetto : la disquette

223

III. VOCABULAIRE ITALIEN

La posta elettronica : la messagerie

inviare un mail, una mail : envoyer un message
ricevere via mail : recevoir par courriel
rispondere a un mail, a una mail : répondre à un message
inoltrare un mail, una mail : transférer un message

la firma : la signature
la rubrica : le carnet d'adresses
l'indirizzo elettronico : l'adresse Internet
lo smiley : l'emoticon (smiley)

inviare una foto in allegato : envoyer une photo en pièce jointe

L'internet : l'internet

internet ad alta velocità : Internet haut débit
il browser, il navigatore : le navigateur
il fornitore di accesso : le fournisseur d'accès
collegarsi, scollegarsi : se connecter, se déconnecter
il motore di ricerca : le moteur de recherche
il preferito : le favori

il link : le lien
aiuto : aide
il desktop : le bureau
il wallpaper : le papier peint, le fond d'écran
i miei documenti : mes documents
cliccare : cliquer
stampare : imprimer
il sito : le site
la home page : la page d'accueil

ricercare in rete : rechercher en ligne
navigare in rete : surfer sur la toile

il programma : le logiciel
aggiornare : mettre à jour

scaricare una nuova versione : télécharger une nouvelle version

immagini ad alta risoluzione : images haute résolution
condividere i file, le video : partage de fichiers, de vidéos
scaricare musica : télécharger de la musique
invia a un amico : envoyer à un ami
acquistare online : commander en ligne

aggiungere al carrello : ajouter au panier
riservare online : réservation en ligne
la chat : le tchat
status online, offline, busy, away : état en ligne, hors ligne, occupé, absent
elenco contatti : liste de contacts

7. L'informatique, l'Internet

Il lavoro sul PC : le travail sur le PC

Les commandes d'ordinateur sont à la deuxième personne de l'impératif, et non à l'infinitif comme en français.

il file : le fichier
la directory : le dossier
apri : ouvrir
chiudi : fermer
seleziona : sélectionner
modifica : modifier
rinomina : renommer
copia : copier
incolla : coller
copia-incolla : copier-coller

salva : enregistrer
cancella : annuler
invia : valider
il font automatico : la police par défaut
la videoscrittura/l'elaborazione testi : le traitement de textes
il tableur : le tableur
la base di dati : la base de données

I problemi : les problèmes

il virus : le virus
anti-virus : anti-virus
il pirata : le pirate
piratar il sistema : pirater le système
formattare il disco fisso/rigido : formater le disque dur
riavviare il PC : redémarrer le PC

spegnere il computer : éteindre l'ordinateur
avviare il computer : allumer l'ordinateur
disinstallare un programma : désinstaller un logiciel
contattare il supporto : contacter le support

Bisogna installare o riinstallare i programmi. – Il faut installer ou réinstaller les logiciels.
Non ho salvato i file ! – Je n'ai pas enregistré les fichiers !
Ho perso tutti i miei dati ! – J'ai perdu toutes mes données !

Chapitre 8
Le telecomunicazioni, i media
Les télécommunications, les médias

Il *telefono* : le téléphone
il telefono fisso : le téléphone fixe
il ricevitore : le combiné
la cornetta : l'écouteur
il telefono cellulare, il telefonino : le téléphone portable, le mobile
digitare un numero : faire un numéro
il prefisso : le préfixe

chiamare qualcuno al telefono : appeler quelqu'un au téléphone
una telefonata : un coup de téléphone
lo squillo : la sonnerie
rispondere : répondre
riattaccare : raccrocher

Pronto ! Chi parla ? – Allô ! Qui est à l'appareil ?
Sono Maria. – C'est Marie.
Potrebbe passarmi il signor Rossi ? – Pourriez-vous me passer M. Rossi ?
Glielo passo, attenda un attimo. – Je vous le passe, attendez un instant.
È occupato. – Il est occupé.
Rimanga in linea per favore. – Restez en ligne, SVP.
Non c'è. Lo richiamerò. – Il n'est pas là. Je le rappellerai.
Spiacente, ha sbagliato numero. – Je suis désolé, vous vous êtes trompé de numéro.

la ricarica SMS : la recharge SMS
il codice d'accesso segreto : le code d'accès secret
lasciare, inviare, trasmettere un messaggio : laisser, envoyer, transmettre un message
il segnale acustico : le signal sonore
le segreteria telefonica : le répondeur téléphonique
il fax : le fax

inviare via fax : envoyer par fax
la cabina : la cabine
la scheda : la carte (de téléphone)
la guida telefonica, l'elenco : l'annuaire
le pagine bianche, gialle : les pages blanches, jaunes
l'abbonato al telefono : l'abonné du téléphone

8. Les télécommunications, les médias

La posta : la poste

la lettera : la lettre
la carta da lettere : le papier à lettres
la cartolina : la carte postale
la busta : l'enveloppe
l'indirizzo : l'adresse
il codice postale : le code postal
il francobollo : le timbre
il pacco : le colis
il destinatario : le destinataire
il mittente : l'expéditeur
il telegramma : le télégramme
mandare, ricevere, rispedire : envoyer, recevoir, réexpédier

la lettera raccomandata, assicurata, espresso, (per via) aerea : la lettre recommandée, chargée, exprès, par avion
a giro di posta : par retour du courrier
fa fede il timbro postale : le cachet de la poste fait foi
Qual'è la tariffa per l'Italia ? – Quel est le tarif pour l'Italie ?
A che ora arriva la posta ? – À quelle heure arrive le courrier ?

La stampa : la presse

il giornale : le journal
il quotidiano : le quotidien
la rivista : la revue
l'articolo : l'article
il titolo : le titre
in prima pagina : à la une
l'informazione : l'information
la notizia : la nouvelle
i fatti di cronaca : les faits divers
la recensione : le compte rendu critique
il caporedattore : le rédacteur en chef
il giornalista : le journaliste

l'addetto stampa : l'attaché de presse
il corrispondente permanente : le correspondant permanent
l'inviato speciale : l'envoyé spécial
l'agenzia di stampa : l'agence de presse
la conferenza stampa : la conférence de presse
il giornalaio : le marchand de journaux
una tiratura di centomila copie : un tirage à cent mille exemplaires

---

un giornaluccio : une feuille de chou
un fattaccio : un crime sensationnel
la stampa scandalistica : la presse à sensations
i giornali femminili : la presse du cœur
un serpente di mare : un canard

La radio : la radio

la lunghezza d'onde : la longueur d'ondes
le onde corte, lunghe, medie : les ondes courtes, longues, moyennes

la radiolina : le transistor
il walkman : le baladeur
la cuffia : le casque
l'ascoltatore : l'auditeur

III. VOCABULAIRE ITALIEN

La televisione : la télévision

la TV (prononcer [ti<u>vou</u>] ou [ti<u>vi</u>]) : la télé
il satellite : le satellite
via cavo : par câble

il canale a pagamento : la chaîne à péage
la rete pubblica : l'accès public

ascoltare la radio : écouter la radio

l'antenna : l'antenne
il canale : la chaîne
lo schermo, il video : l'écran
il telecomando : la télécommande
la trasmissione : l'émission

il programma : le programme
il telegiornale : le journal télévisé
il presentatore : le présentateur
il telespettatore : le téléspectateur

guardare la TV : regarder la télé
sul primo canale : sur la première chaîne
la ritrasmissione in diretta : la retransmission en direct

Chapitre 9
I trasporti
Les transports

andare a piedi, camminare : aller à pied, marcher

la bicicletta, la bici : la bicyclette, le vélo
il manubrio : le guidon
la sella : la selle
la catena : la chaîne
la moltiplica, l'ingranaggio centrale : les plateaux

il pedone : le piéton

il portapacchi : le porte-bagages
la pompa da bicicletta : la pompe à vélo
l'antifurto : l'antivol
il pedale : la pédale
pedalare : pédaler

andare in bicicletta : faire du vélo

la moto : la moto
il casco : le casque
l'intercom : l'intercom
il giubbotto : le blouson
la tuta : la combinaison

i guanti : les gants
lo zaino : le sac à dos
il camion : le camion
il camioncino, il furgoncino : la camionnette

La macchina : la voiture

il veicolo : le véhicule
la fuoristrada : la voiture tout-terrain
la carrozzeria : la carrosserie
gli abbaglianti : les feux de route
gli anabbaglianti : les feux de croisement
le luci di sosta, di posizione : les feux de position
accendere i fanali : allumer ses phares
il fanalino di coda : le feu arrière
il lampeggiatore : le feu clignotant

i lampeggiatori di emergenza : les feux de détresse
il parabrezza : le pare-brise
il tergicristallo : l'essuie-glace
il bagagliaio : le coffre
il cofano : le capot
l'ala : l'aile
il paraurti : le pare-chocs
la targa automobilistica : la plaque d'immatriculation
la cintura di sicurezza : la ceinture de sécurité

III. VOCABULAIRE ITALIEN

il sedile : le siège
il retrovisore : le rétroviseur
le chiavi : les clés
il clacson : le klaxon

Guidare : conduire

andare in macchina : voyager en voiture
innestare, disinnestare : embrayer, débrayer
premere l'acceleratore : appuyer sur l'accélérateur
accelerare : accélérer
schiacciare il pedale : appuyer sur la pédale
sorpassare : doubler
girare il volante a destra, a sinistra : tourner le volant à droite, à gauche
frenare : freiner
rallentare : ralentir

mettere il contatto : mettre le contact
mettere in moto la macchina : mettre en route la voiture
fermarsi sulla banchina : s'arrêter sur le bas-côté
ingranare la retromarcia : passer la marche arrière

Il traffico : la circulation

la strada : la route
l'autostrada : l'autoroute
l'area di servizio : l'aire de service
il pedaggio : le péage
la corsia : la voie
la carreggiata : la chaussée

Attenzione, fondo sdrucciolevole ! – Attention, chaussée glissante !

la curva : le virage
il marciapiede : le trottoir
l'attraversamento pedonale : le passage piéton
il parcheggio, l'autorimessa : le parking
il cartello stradale : le panneau indicateur, de signalisation
il senso unico : un sens unique
il divieto di sosta : stationnement interdit
il semaforo : le feu tricolore

bruciare il semaforo : brûler le feu rouge
passare al verde, al rosso, al giallo : passer au vert, au rouge, à l'orange
l'eccesso di velocità : l'excès de vitesse

l'ingorgo : le bouchon
le ore di punta : les heures de pointe
la polizia stradale : la police de la route
il codice stradale : le code de la route

Il garage : le garage

la stazione di servizio : la station-service
la benzina : l'essence
il serbatoio : le réservoir

9. Les transports

fare benzina : prendre de l'essence
fare il pieno : faire le plein
essere a secco, rimanere senza benzina : être en panne d'essence
cambiare l'olio : vidanger l'huile
fare il tagliando : faire la révision

il meccanico : le garagiste
il pezzo di ricambio : la pièce de rechange
la riparazione dei guasti : la réparation des pannes
la cassetta degli attrezzi : la caisse à outils
l'avviatore : le démarreur
l'acceleratore : l'accélérateur
la frizione : l'embrayage
il pedale di frizione : la pédale d'embrayage
la leva del cambio : le levier de vitesse
la prima, seconda, terza, quarta, quinta marcia : la première, seconde, troisième, quatrième, cinquième vitesse
la retromarcia : la marche arrière
la batteria : la batterie
la ruota : la roue
la gomma : le pneu
cambiare la gomma : changer de pneu
i freni : les freins
il tubo di scappamento : le tuyau d'échappement

C'è un guasto al motore. – J'ai une panne de moteur.
La frizione non funziona. – L'embrayage ne marche pas.
Le marce non entrano. – Les vitesses ne passent pas.
L'acceleratore si è inceppato. – L'accélérateur s'est bloqué.
La gomma è bassa, è bucata. – Le pneu est dégonflé, il est crevé.
sollevare la macchina con il cric : mettre une voiture sur cric

I trasporti pubblici : les transports publics

il tassì : le taxi
il tassista : le chauffeur
la corsa : la course
la tariffa : le tarif
il costo fisso è di euro 70 : la prise en charge est de 70 euros
la metropolitana : le métro
il tram : le tramway
l'autobus, il bus : le bus
la corriera, il pullman : l'autocar
l'autista : le conducteur
la fermata : l'arrêt

aspettare l'autobus : attendre le bus
salire in pullman : monter dans l'autocar
scendere dal pullman : descendre de l'autocar
un bus circa ogni 20 minuti : un bus environ toutes les 20 minutes
La linea 3 va fino alla stazione centrale. – La ligne 3 va jusqu'à la gare centrale.

III. VOCABULAIRE ITALIEN

La ferrovia : le chemin de fer

il treno : le train
il vagone : le wagon
lo scompartimento : le compartiment
il posto : la place
la prima, la seconda classe : la première, la deuxième classe
la cuccetta : la couchette
il finestrino : la fenêtre

il freno d'emergenza : le signal d'alarme
la carrozza ristorante : le wagon-restaurant
la carrozza bar : la voiture-bar
l'accelerato : l'omnibus
il diretto : le train direct

È pericoloso sporgersi. – Ne vous penchez pas au-dehors.

la stazione : la gare
la stazione di testa : le terminus
l'uscita : la sortie
la sala d'aspetto : la salle d'attente
l'ufficio informazioni : le bureau de renseignements
la biglietteria : le guichet
il biglietto : le billet, le ticket

la prenotazione : la réservation
l'andata e ritorno : l'aller-retour
la coincidenza : la correspondance
l'orario : l'horaire
la partenza : le départ
l'arrivo : l'arrivée
il binario : le quai

A che ora parte il treno per Roma ? – À quelle heure part le train pour Rome ?
È arrivato il treno da Bologna delle 7 e 13 ? – Le train de 7 h 13 en provenance de Bologne est-il arrivé ?
Il treno proveniente da Milano è in arrivo al binario numero 8. – Le train en provenance de Milan entre en gare sur le quai numéro 8.
Quanto tempo dura il viaggio ? – Combien de temps dure le voyage ?
Siamo giunti in orario, in anticipo. – Nous sommes arrivés à l'heure, en avance.
Abbiamo perso il treno ! – Nous avons raté le train !

i bagagli : les bagages
la valigia : la valise
la borsa : le sac
il deposito : la consigne

il deposito automatico : la consigne automatique
il controllore : le contrôleur

L'aereo : l'avion

l'aeroporto : l'aéroport
la torre di controllo : la tour de contrôle
l'apparecchio : l'appareil

la stiva : la soute
il pilota : le pilote
l'hostess, l'assistente di volo : l'hôtesse de l'air

9. Les transports

il vassoio a scompartimenti : le plateau-repas
la cabina pressurizzata : la cabine pressurisée
prendere l'aereo : prendre l'avion
la dogana : la douane
la carta d'imbarco : la carte d'embarquement
l'overbooking : le surbooking

> *procedere al check-in dei bagagli* : enregistrer ses bagages
> *Siamo arrivati in ritardo all'imbarco.* – Nous sommes arrivés en retard à l'embarquement.

decollare, atterrare : décoller, atterrir
il volo : le vol
il volo supersonico : le vol supersonique
il muro del suono : le mur du son
prender quota : prendre de la hauteur

La nave : le bateau

la barca a vela : le bateau à voile
il battello da pesca : le bateau de pêche
l'imbarcazione da diporto : le bateau de plaisance
la nave da crociera : le bateau de croisière
la motonave : le navire à moteur
il piroscafo : le paquebot
il ponte : le pont
la cabina : la cabine
lo scafo : la coque
il nodo : le nœud
la bandiera : le pavillon
il comandante : le commandant
il cameriere : le steward
la lancia di salvataggio : le canot de sauvetage
il salvagente : la bouée de sauvetage
la crociera : la croisière
la traversata : la traversée
lo scalo : l'escale
approdare : accoster
il mal di mare : le mal de mer
la bonaccia : le calme plat
il porto : le port
la stazione marittima : la gare maritime
la banchina : le quai
il faro : le phare
il molo : la jetée

> *La nave approda alla banchina.* – Le bateau accoste le quai.
> *imbarcare, sbarcare i passeggeri* : embarquer, débarquer les passagers
> *Dove si trova l'imbarcadero per andare a Venezia ?* – Où se trouve l'embarcadère pour aller à Venise ?

Chapitre 10
Le vacanze, i viaggi, i paesi
Les vacances, les voyages, les pays

Le vacanze : les vacances

le vacanze estive : les grandes vacances
le vacanze pagate : les congés payés
le vacanze di Natale, di Pasqua : les vacances de Noël, de Pâques
la settimana bianca : les vacances de neige
la vacanza bianca : la classe de neige
il treno delle nevi : le train des neiges
il fine settimana : le week-end
fare il ponte : faire le pont
la vacanza-studio : le voyage d'études
i compiti di vacanza : les devoirs de vacances

Voglio riposarmi ! – Je veux me reposer !
Ho bisogno di un pò di vacanza. – J'ai besoin de vacances.
Buon viaggio ! – Bon voyage !
passare le vacanze al mare, in montagna : passer ses vacances à la mer, à la montagne
trascorrere un'indimenticabile vacanza a San Remo : passer des vacances inoubliables à San Remo
fare del turismo in Toscana : faire du tourisme en Toscane

Il viaggio : le voyage

l'ufficio del turismo : l'Office du tourisme
l'agenzia di viaggio : l'agence de voyage
l'operatore turistico : le tour-opérateur
un viaggio organizzato : un voyage organisé
viaggiare all'estero : voyager à l'étranger
il viaggiatore : le voyageur
il turista : le touriste
gli occhiali da sole : les lunettes de soleil
il cappello di paglia : le chapeau de paille
i sandali : les sandales
la maglietta : le tee-shirt
il ricordo : le souvenir
la cartolina : la carte postale
la macchina fotografica : l'appareil photo

10. Les vacances, les voyages, les pays

Può dirmi dov'è la chiesa, per cortesia ? – Pouvez-vous me dire où est l'église, SVP ?
È lontano ? – C'est loin ?
È lontano circa un chilometro. – C'est à une distance d'environ un kilomètre.
Quanto tempo ci vuole a piedi per andare fino in piazza ? – Combien de temps faut-il pour aller jusqu'à la place à pied ?
Non capisco. – Je ne comprends pas.

il soggiorno : le séjour
il percorso : le trajet
l'itinerario : l'itinéraire
la gita : l'excursion
la visita : la visite
il depliant (prononcer [dépli-ann]) : la brochure

la pianta : le plan
la cartina : le plan détaillé
la guida : le guide (le livre, la personne)
l'interprete : l'interprète
visitare il museo : visiter le musée

noleggiare una macchina : louer une voiture
affittare una casa : louer une maison
affittasi appartamento : appartement à louer

I documenti : les papiers

la patente : le permis de conduire
il libretto di circolazione : la carte grise
il bollo di circolazione : la vignette
l'assicurazione : l'assurance
la carta d'identità : la carte d'identité
il passaporto : le passeport

il visto : le visa
valido, scaduto : en cours de validité, périmé
la verifica dei passaporti : le contrôle des passeports
la dogana : la douane
passare il confine : passer la frontière

Favorisca i documenti, prego. – Montrez-moi vos papiers, s'il vous plaît.
I documenti sono in regola. – Les papiers sont en règle.

L'albergo : l'hôtel

il receptionist : le réceptionniste
il portiere : le portier

la cameriera : la femme de chambre
la chiave : la clé

È possibile prenotare on line dal primo al dieci di agosto ? – Peut-on réserver en ligne du 1er au 10 août ?
cancellare la prenotazione : annuler la réservation
Tutto è esaurito. – Tout est complet.
Quanto costano tre notti tutto compreso ? – Combien coûtent trois nuits tout compris ?

III. VOCABULAIRE ITALIEN

La colazione è compresa. – Le petit déjeuner est compris.
La colazione viene servita in camera ? – Vous servez le petit déjeuner dans la chambre ?
Qual'è il prezzo per la pensione completa ? – Quel est le prix de la pension complète ?

la mezza pensione : la demi-pension
compilare il modulo : remplir le formulaire
la camera singola, doppia : la chambre pour une personne, deux personnes
camera con letto matrimoniale, a letti separati : chambre avec un grand lit, avec deux lits séparés

con bagno o con doccia : avec salle de bains ou avec douche
l'aria condizionata : la climatisation
frigobar, TV, telefono in camera : bar, TV, téléphone dans la chambre
collegamento wi-fi : connexion wi-fi

accesso disabili : accès handicapés
Vorrei una camera che dà sul mare. – Je voudrais une chambre qui donne sur la mer.
È calmo ? – C'est calme ?
La camera è molto comoda. – La chambre est très confortable.
Sono ammessi i cani. – Les chiens sont admis.
A che ora dobbiamo lasciare la camera ? – À quelle heure devons-nous quitter la chambre ?

la locanda : l'auberge, le petit hôtel

l'ostello della gioventù : l'auberge de jeunesse

Il campeggio : le camping

il campeggiatore : le campeur
la roulotte, il caravan : la caravane
il camper : le camping-car
la tenda : la tente

il sacco a pelo : le sac de couchage
il fornello da campeggio : le camping-gaz

montare una tenda : monter une tente
passare una settimana in tenda : passer une semaine sous la tente

il bungalow : le bungalow
gli occhiali da sole : les lunettes de soleil
il tavolo pieghevole : la table pliante

il contratto stagionale : le contrat saisonnier
le attrezzature sportive : les équipements sportifs

10. Les vacances, les voyages, les pays

Il ristorante : le restaurant

un locale elegante : un établissement élégant
la trattoria : le petit restaurant
l'orario d'apertura, dalle 7 alle 24 : l'horaire d'ouverture, de 7 à 24 heures

prenotare il pasto, un tavolo : réserver une table
la sala da pranzo, la mensa : la salle à manger
mangiare alla tavola comune : manger à la table d'hôte
il capocameriere : le maître d'hôtel
il pasto : le repas
il pranzo : le déjeuner
la cena : le dîner
la cantina : la cave
la cucina tipica, creativa : la cuisine typique, créative

riposo il venerdì : fermé le vendredi
il parcheggio interno : le parking privé

le specialità locali, regionali : les spécialités locales, régionales
il menù : le menu
l'antipasto : les hors-d'œuvre
il primo piatto : l'entrée
il secondo piatto : le plat
il dessert, il dolce : le dessert
il vino : le vin
l'acqua : l'eau
ordinare : commander
il conto : la note
la mancia : le pourboire

mettersi a tavola, alzarsi da tavola : se mettre à table, se lever de table
Che cos'è l'ossobuco ? – Qu'est-ce que c'est, l'ossobuco ?
Che cosa desiderate ? – Que voulez-vous prendre ?
Gradirete un digestivo dopo pranzo ? – Vous prendrez un digestif après le déjeuner ?

III. VOCABULAIRE ITALIEN

I paesi : les pays	*Le nazionalità* : les nationalités
Europa : Europe	*un europeo* : un Européen
Austria : Autriche	*un austriaco* : un Autrichien
Francia : France	*un francese* : un Français
Grecia : Grèce	*un greco* : un Grec
Irlanda : Irlande	*un irlandese* : un Irlandais
Italia : Italie	*un italiano* : un Italien
Portogallo : Portugal	*un portoghese* : un Portugais
Russia : Russie	*un russo* : un Russe
Spagna : Espagne	*uno spagnolo* : un Espagnol
Svizzera : Suisse	*uno svizzero* : un Suisse
Turchia : Turquie	*un turco* : un Turc
Africa : **Afrique**	*un africano* : un **Africain**
Egitto : Égypte	*un egiziano* : un Égyptien
Marocco : Maroc	*un marocchino* : un Marocain
Tunisia : Tunisie	*un tunisino* : un Tunisien
Asia : **Asie**	*un asiatico* : un **Asiatique**
Cina : Chine	*un cinese* : un Chinois
Giappone : Japon	*un giapponese* : un Japonais
India : Inde	*un indiano* : un Indien
Indonesia : Indonésie	*un indonesiano* : un Indonésien
Israele : Israël	*un israeliano* : un Israélien
Maldive : Maldives	*un maldiviano* : un Maldivien
Tailanda : Thaïlande	*un tailandese* : un Thaïlandais
America settentrionale : **Amérique du Nord**	*un americano* : un **Américain**
Canada : Canada	*un canadese* : un Canadien
Messico : Mexique	*un messicano* : un Mexicain
Stati Uniti d'America : États-Unis d'Amérique	*un statunitense* : un habitant des États-Unis
America centrale : **Amérique centrale**	
Antille : Antilles	*un antillano* : un Antillais
Bahama : Bahamas	*un bahamiano* : un Bahamien
Bermuda : Bermudes	*un bermudiano* : un Bermudien
Guadalupa : Guadeloupe	*un guadalupense* : un Guadeloupéen
Martinica : Martinique	*un martinichese* : un Martiniquais
America meridionale : **Amérique du Sud**	
Argentina : Argentine	*un argentino* : un Argentin
Brasile : Brésil	*un brasiliano* : un Brésilien
Oceania : **Océanie**	
Australia : Australie	*un australiano* : un Australien
Nuova Caledonia : Nouvelle-Calédonie	*un neo-caledoniano* : un Néo-Calédonien
Tahiti : Tahiti	*un tahitiano* : un Tahitien

Chapitre 11

La cultura
La culture

La *letteratura* : la littérature

lo scrittore, la scrittrice : l'écrivain
l'autore : l'auteur
scrivere : écrire
lo pseudonimo : le pseudonyme
il libro : le livre
il tascabile : le livre de poche
la rilegatura : la reliure
la copertina : la couverture
la pagina : la page
il titolo : le titre
il capitolo : le chapitre
l'illustrazione : l'illustration
il brano : le passage
la parola sdrucciola : le mot accentué sur l'avant-dernière syllabe
la storia : l'histoire
il racconto : le récit

la poesia : la poésie
il poeta : le poète
il poema : le poème
la rima : la rime
il verso : le vers
l'editore : l'éditeur

la fiaba : le conte de fées
la fata : la fée
la novella : la nouvelle
il romanzo : le roman
il giallo : le policier
la fantascienza : la science-fiction
il romanzo a puntate : le roman-feuilleton
il corrente realista : le courant réaliste
l'eroe : le héros
l'eroina : l'héroïne
la biografia : la biographie
l'autobiografia : l'autobiographie
il dizionario : le dictionnaire
l'enciclopedia : l'encyclopédie

la casa editrice : la maison d'édition
lo stampatore : l'imprimeur
il libraio : le libraire
il lettore : le lecteur
la biblioteca : la bibliothèque

---

riscuotere i diritti d'autore : toucher les droits d'auteur
un premio letterario : un prix littéraire
Gli è saltato il ticchio di scrivere versi. – Il lui a pris d'écrire des vers.
scribacchiare : écrivailler
parlare come un libro stampato : parler comme un livre
rispondere per le rime : répondre du tac au tac (vertement)
La sua vita è un romanzo. – Sa vie est un roman.

III. VOCABULAIRE ITALIEN

Le Belle Arti : les beaux-arts

l'arte : l'art
l'artista : l'artiste
il pittore : le peintre
l'opera d'arte : l'œuvre d'art
il disegno : le dessin
il bozzetto : l'esquisse
la matita : le crayon
la tela : la toile
la pittura, il dipinto : la peinture, le tableau
il quadro : le tableau

il pennello : le pinceau
il tubetto di colore : le tube de peinture
la cornice : le cadre
il ritratto : le portrait
il nudo : le nu
la natura morta : la nature morte
la pittura a olio : la peinture à l'huile
l'acquerello : l'aquarelle
l'affresco : la fresque

un dipinto del Tintoretto : un tableau du Tintoret
la pittura astratta : la peinture abstraite

l'incisione : la gravure
la scultura : la sculpture

la statua : la statue
lo scultore : le sculpteur

fondere una statua in bronzo : couler une statue en bronze

l'architettura : l'architecture
la ceramica : la céramique
la terracotta : la terre cuite
il mosaico : la mosaïque
il museo : le musée

l'esposizione : l'exposition
la collezione : la collection
la galleria : la galerie
il mecenate : le mécène

La fotografia : la photographie

la macchina fotografica numerica : l'appareil photo numérique
l'obiettivo : l'objectif
il mirino : le viseur
la memoria : la mémoire
l'immagine ad alta definizione : l'image à haute définition

il formatto compresso : le format compressé
la fotografia in bianco e nero, a colori : la photographie en noir et blanc, en couleurs
la pellicola : la pellicule

scattare una foto : prendre une photo
mettere a fuoco : mettre au point
digitalizzare : numériser

11. La culture

La musica : la musique

la musica classica, moderna : la musique classique, moderne
la musica pop, metallo, il jazz, il rap : la musique pop, métal, le jazz, le rap
musica da film : musique de film
una musica di sottofondo : une musique de fond

> *Mettiamo un po' di musica ?* – On met de la musique ?
> *Ballano su una musica rock.* – Ils dansent sur une musique rock.

la musica da camera : la musique de chambre
il quartetto : le quatuor
l'assolo : le solo
il duetto : le duo
la sonata : la sonate
l'opera : l'opéra
la sinfonia : la symphonie

il compositore : le compositeur
comporre : composer
la sala da concerto : la salle de concert
il direttore d'orchestra, il maestro : le chef d'orchestre
il musicista : le musicien

> *dare un concerto* : donner un concert
> *interpretare un brano* : interpréter un passage
> *dirigere un'orchestra* : diriger un orchestre
> *accordare uno strumento* : accorder un instrument

il pubblico : le public
il melomane : le mélomane
ascoltare : écouter
applaudire : applaudir

il solista : le soliste
il virtuoso del violino : le virtuose du violon
il pianista : le pianiste
il cantante, la cantante : le chanteur, la chanteuse

la melodia : la mélodie
la canzone : la chanson
il piano : le piano
il violoncello : le violoncelle
il flauto : la flûte
il clarino : la clarinette
il sassofono : le saxophone
l'oboe : le hautbois
la chitarra : la guitare
la tromba : la trompette
la batteria : la batterie

> *suonare la chitarra* : jouer de la guitare
> *suonare a tempo* : jouer en mesure
> *battere il tempo* : battre la mesure
> *tempo binario* : mesure à deux temps
> *leggere la partizione, il solfeggio* : lire la partition, le solfège

III. VOCABULAIRE ITALIEN

la gamma minore, maggiore : la gamme mineure, majeure
la nota : la note
il diesis : le dièse
il bemolle : le bémol

Questo disco ha avuto un successone. – Ce disque a eu un succès fou.

la discoteca : la discothèque

La danza : la danse
la danza classica, ritmica, folcloristica : la danse classique, rythmique, folklorique
il balletto : le ballet
la ballerina : la danseuse
il tutù : le tutu
le scarpette da ballo : les chaussures de danse
il passo di danza : le pas de danse

Il teatro : le théâtre
un'opera teatrale : une pièce de théâtre
una tragedia : une tragédie
una commedia : une comédie
il personaggio : le personnage
il decoro : le décor
il palcoscenico : la scène
il drammaturga : le dramaturge
il regista : le metteur en scène
l'attore, l'attrice : l'acteur, l'actrice
interpretare una parte : jouer un rôle
rappresentare : représenter
la prova generale : la répétition générale
la prima : la première

andare a teatro : aller au théâtre
prendere i biglietti : prendre les billets
le luci della ribalta : les feux de la rampe
Bravo ! (homme) *Brava !* (femme) – Bravo !

Il cinema, il cine : le cinéma, le ciné
il film : le film
muto, sonoro, parlato : muet, sonore, parlant
sottotitolato, doppiato, in versione originale : sous-titré, doublé, en version originale
supercolosso : à grand spectacle
il documentario : le documentaire, le reportage
il cartone animato : le film d'animation, le dessin animé
la pellicola : la pellicule
la sceneggiatura : le scénario
il regista : le metteur en scène
il comparsa : le figurant
la stella : la star
il produttore : le producteur
filmare : filmer
girare un film : tourner un film
le riprese : le tournage
lo schermo : l'écran
lo spettatore : le spectateur
la videocassetta : la cassette vidéo
il DVD : le DVD

11. La culture

presentarsi in scena : se présenter sur le plateau
Questo film sarà programmato, uscirà fra poco. – Ce film sortira prochainement.
Recita molto bene. – Il joue très bien.
Ha riportato grande successo. – Il a remporté un grand succès.
la Biennale di Venezia : la Biennale de Venise
un pessimo film : un navet

Chapitre 12

I divertimenti
Les loisirs

il tempo libero : le temps libre
il passatempo : le passe-temps
lo spasso : l'amusement

riposarsi : se reposer
fare la siesta : faire la sieste

cambiarsi le idee, svagarsi : se changer les idées, se distraire
Mi annoio. – Je m'ennuie.
annoiarsi a morte : s'ennuyer comme un rat mort
Mi diverto un mondo ! – Je m'amuse comme un fou !

I giochi dei bambini : les jeux d'enfants

il giocattolo : le jouet
la bambola : la poupée
le fiabe : les contes
il disegno da colorare : le coloriage
l'indovinello : la devinette
lo scherzo : la blague
il gioco educativo : le jeu éducatif
il gioco di destrezza : le jeu d'adresse
giocare a moscacieca : jouer à colin-maillard
a campana : à la marelle

la caccia al tesoro : la chasse au trésor
la funicella : la corde à sauter
la palla : la balle
la palla di neve : la boule de neige
il pupazzo di neve : le bonhomme de neige
la corsa : la course
il roller : le roller
lo skateboard : le skateboard

Il video gioco : le jeu vidéo

il banco di comando, la console di gioco : la console de jeu
il banco di comando, la console di gioco di nuova generazione : la console de jeu nouvelle génération

il joystick, la leva di comando : la manette de jeu
i giochi in rete : les jeux en réseau

I giochi di società : les jeux de société

il mazzo di carte : le paquet de cartes

la partita : la partie

12. Les loisirs

la rivincita : la revanche
la bella : la belle

il pegno : le gage

avere buon gioco : avoir du jeu
non avere belle carte : ne pas avoir de jeu
Tocca a te giocare ! – C'est à toi de jouer !

gli scacchi : les échecs
giocare a dama : jouer aux dames
il dado : le dé

il biliardo : le billard
il cruciverba : les mots croisés

I giochi d'azzardo : les jeux de hasard

il casinò : le casino
il giocatore : le joueur
il croupier : le croupier
puntare sul rosso : miser sur le rouge
la macchinetta mangiasoldi : la machine à sous

la lotteria : la loterie
l'estrazione della lotteria : le tirage de la loterie
la ruota : la roue
la cartella vincente : le billet gagnant
la vincita : le lot gagné

In bocca al lupo ! – Bonne chance !
vincere il primo premio : gagner le gros lot
giocare a testa o croce : jouer à pile ou face
avere il vizio del gioco : avoir le vice du jeu
andare alle corse (dei cavalli) : aller aux courses (de chevaux)
scommettere cento euro su un cavallo : miser cent euros sur un cheval
Si accettano scommesse. – Les paris sont ouverts.
riscuotere una scommessa : toucher un pari

I divertimenti : les amusements

la fiera, il parco dei divertimenti : la fête foraine
il circo : le cirque
il pagliaccio : le clown

la giostra : le manège
lo stand di tiro al bersaglio : le stand de tir

La pesca : la pêche

la pesca con la lenza : la pêche à la ligne
il pescatore : le pêcheur

la rete : le filet
divieto di pesca : pêche interdite

abboccare all'amo : mordre à l'hameçon

III. VOCABULAIRE ITALIEN

La caccia : la chasse

il safari : le safari
la licenza : le permis
il cane da caccia : le chien de chasse

riserva di caccia : chasse gardée

Gli sport : les sports

lo sportivo : le sportif
il riscaldamento : l'échauffement
l'allenamento : l'entraînement
l'allenatore : l'entraîneur
la palasport : le palais des sports
lo sponsor : le sponsor
gli spalti : les gradins
lo spogliatoio : les vestiaires
la tuta sportiva : les vêtements de sports
il concorso : le concours
la prova : l'épreuve
la competizione : la compétition
i giochi olimpici : les Jeux olympiques
la medaglia d'oro, d'argento, di bronzo : la médaille d'or, d'argent, de bronze
la vittoria : la victoire
vincere ⋈ *perdere* : gagner ⋈ perdre
il vincitore ⋈ *il perdente* : le vainqueur ⋈ le perdant

allenarsi sullo stadio, in palestra : s'entraîner sur le stade, au gymnase
salire sul podio : monter sur le podium
il campionissimo : le grand champion
Ci sarà baruffa ! – Il va y avoir du sport !
avere spirito sportivo : se montrer sportif

il calcio : le football
il calciatore : le footballeur
la squadra : l'équipe
il portiere : le gardien de but
l'arbitro : l'arbitre
il campo sportivo : le terrain de sport
il pallone : le ballon
la partita : le match
la finale : la finale
il tiro, il calcio : le tir

Ha segnato un goal ! – Il a marqué un but !

il punteggio : le score
il pareggio : le match nul
il rigore : le penalty
il fuori gioco : le hors-jeu
il cartellino giallo : le carton jaune
il Campionato : le Championnat
il tifoso : le supporter
il totocalcio : le loto foot
il rugby : le rugby
il rugbista : le rugbyman
la mischia : la mêlée

segnare una meta : marquer un essai

12. Les loisirs

il tennis : le tennis
la racchetta : la raquette
il servizio : le service
il drive : le coup droit

il rovescio : le revers
la palla smorzata : l'amortie
la schiacciata : le smash

La palla è andata in rete. – La balle est tombée dans le filet.

il ping-pong : le ping-pong
il tavolo da ping-pong : la table de ping-pong
la palla a volo : le volley

il pallacanestro : le basket-ball
il canestro : le panier
la pelota basca : la pelote basque

l'atletica : l'athlétisme
l'atleta : l'athlète
correre : courir
saltare : sauter
il salto in lungo, in alto, con l'asta : le saut en longueur, en hauteur, à la perche
lanciare il peso, il giavellotto : lancer le poids, le javelot

il podismo : la marche à pied
la ginnastica : la gymnastique
fare lo jogging : faire du jogging
il pugilato : la boxe
tirare di boxe : faire de la boxe
il combattimento : le combat
i guanti imbottiti : les gants rembourrés
il gancio destro : le crochet du droit

il ciclismo : le cyclisme
il Giro : le Tour d'Italie
il Tour di Francia : le Tour de France

la prova a cronometro : l'épreuve contre la montre

battere il record mondiale di velocità : battre le record du monde de vitesse
essere squalificato per drogaggio : être disqualifié pour dopage
il controllo antidoping : le contrôle antidopage

la corsa automobilistica : la course automobile
il circuito automobilistico : le circuit automobile

la macchina da corsa : la voiture de course
il pilota : le pilote

la scherma : l'escrime
il golf : le golf

il canotaggio : faire de l'aviron
il deltaplano : le deltaplane

Gli sport invernali : les sports d'hiver

l'alpinismo : l'alpinisme
un alpinista : un alpiniste
lo sci alpino, di fondo, nordico, acrobatico : le ski alpin, de fond, nordique, artistique
le racchette da sci : les bâtons de ski

III. VOCABULAIRE ITALIEN

sciare : faire du ski
la discesa : la descente
la pista sciabile : la piste skiable
il seggiovia : le télésiège
lo sciovia : le téléski
i doposcì : les après-skis

lo spazzaneve : le chasse-neige
il pattinaggio artistico : le patinage artistique
i patini : les patins
la pista di pattinaggio : la patinoire
la slitta : la luge

mettersi gli sci : chausser ses skis

Il nuoto : la natation

praticare il nuoto : faire de la natation
nuotare : nager
la gara di nuoto : la compétition de natation
il campione di nuoto : le champion de natation

la piscina : la piscine
il bagnino : le maître-nageur
il bagno : la baignade
il tufo : le plongeon
tuffarsi : plonger
il trampolino : le plongeoir
fare immersioni : faire de la plongée

Andiamo a fare il bagno. – Allons nous baigner.

la pesca subacquea : la pêche sous-marine
lo sci nautico : le ski nautique

il pattino a pedali : le pédalo
fare vela : faire de la voile
la tavola da surf : la planche de surf

Chapitre 13

Il tempo
Le temps

L'ora : l'heure

il secondo : la seconde
il minuto : la minute
l'ora : l'heure
il quarto d'ora : le quart d'heure
la mezz'ora : la demi-heure
un'ora e mezza : une heure et demie
l'orologio : la montre, l'horloge
la sveglia : le réveil
regolare : régler

> *L'orologio si è fermato.* – La montre s'est arrêtée.
> *Che ora è ? Che ore sono ?* – Quelle heure est-il ?
> *Sono le 4 e 22.* – Il est 4 h 22.
> *Sono le 10 meno un quarto.* – Il est 10 heures moins le quart.
> *È mezzogiorno.* – Il est midi.
> *È l'una.* – Il est une heure.
> *Venite alle ore 20 precise.* – Venez à 20 heures justes.
> *La Testa Rossa va a 300 all'ora.* – La Testa Rossa fait du 300 à l'heure.

La settimana : la semaine

lunedì : lundi
martedì : mardi
mercoledì : mercredi
giovedì : jeudi
venerdì : vendredi
sabato : samedi
domenica : dimanche

I mesi : les mois

gennaio : janvier
febbraio : février
marzo : mars
aprile : avril
maggio : mai
giugno : juin
luglio : juillet
agosto : août
settembre : septembre
ottobre : octobre
novembre : novembre
dicembre : décembre

III. VOCABULAIRE ITALIEN

Le stagioni : les saisons

la primavera : le printemps
l'estate : l'été
l'autunno : l'automne
l'inverno : l'hiver

I periodi : les périodes

il trimestre : le trimestre
l'anno : l'année
il decennio : la décennie
il secolo : le siècle
il millennio : le millénaire
l'epoca : l'époque
l'era cristiana : l'ère chrétienne
ante Cristo, a.C. : avant Jésus-Christ, av. J.-C.
dopo Cristo, d.C. : après Jésus-Christ, ap. J.-C.
nel diciottesimo secolo : au dix-huitième siècle
nell'Ottocento : au XIXᵉ s. (et non VIIIᵉ s.) [1]

La data : la date

Che giorno è oggi ? – Quel jour sommes-nous aujourd'hui ?
Siamo martedì 3 aprile. – Nous sommes le mardi 3 avril.
Siamo il 12 agosto 2008. – Nous sommes le 12 août 2008.
Quanti ne abbiamo ? – Nous sommes le combien ?
Ne abbiamo 3. – Nous sommes le 3.
in maggio : en mai

La giornata : la journée

il giorno : le jour
l'alba : l'aube
la mattina, la mattinata : le matin, la matinée
il mezzogiorno : le midi
il pomeriggio : l'après-midi
la sera, la serata : le soir, la soirée
il crepuscolo : le crépuscule
il tramonto : le coucher du soleil
la notte, la nottata : la nuit, toute la nuit
mezzanotte : minuit

I momenti : les moments

oggi : aujourd'hui
ieri : hier
ieri l'altro : avant-hier
ieri sera : hier soir
questa sera : ce soir
la vigilia, la sera prima : la veille
domani : demain
dopodomani : après-demain
domani mattina : demain matin
l'indomani : le lendemain
ora, adesso : maintenant
tutta la giornata : toute la journée
il presente, il passato, l'avvenire : le présent, le passé, l'avenir
quotidiano : quotidien
settimanale : hebdomadaire

1. Après le XIIᵉ s., les Italiens préfèrent dire seulement le chiffre des centaines.

13. Le temps

mensile : mensuel
tempo fa : il y a quelque temps
ogni tanto : de temps en temps
ogni 3 giorni : tous les 3 jours
fra un' ora : dans une heure
dal lunedì fino al mercoledì : de lundi à mercredi
entro domenica, entro il 20 luglio, entro i 30 giorni : d'ici dimanche, d'ici le 20 juillet, dans les 30 jours (inclus)
prima del 10 ⋉ dopo il 17 : avant le 10 ⋉ après le 17
durante il fine settimana : pendant le week-end
il mese prossimo ⋉ scorso, passato : le mois prochain ⋉ dernier
presto ⋉ tardi : tôt ⋉ tard
in anticipo ⋉ in ritardo : en avance ⋉ en retard
remoto ⋉ futuro : lointain ⋉ futur

Buon giorno ! – Bonjour !
Buona sera ! – Bonsoir ! (dès midi)
Arrivederci ! – Au revoir !
Ciao ! – Bonjour ! Au revoir ! (familier)
È arrivato appena in tempo. – Il est arrivé juste à temps.
Il cine fa passar il tempo. – Le ciné fait passer le temps.
guadagnar tempo : gagner du temps

La meteorologia : la météorologie

il bollettino meteorologico : le bulletin météorologique
le previsioni del tempo : les prévisions météorologiques
il termometro : le thermomètre
il barometro : le baromètre

Sono 5 gradi sotto zero. – Il y a 5 degrés au-dessous de zéro.
Il termometro segna 30 gradi all'ombra. – Le thermomètre marque 30 degrés à l'ombre.

---

l'aria : l'air
l'atmosfera : l'atmosphère
il clima : le climat
temperato, tropicale, continentale, marittimo : tempéré, tropical, continental, maritime
il calore : la chaleur
il solleone : la canicule
l'afa : la chaleur lourde
la siccità : la sécheresse
il fresco : la fraîcheur
il freddo : le froid
il gelo : le gel
il ghiaccio : la glace
la neve : la neige
il fiocco : le flocon
l'umidità : l'humidité
la rugiada : la rosée
la nebbia : la brume
la nuvola : le nuage
la pioggia : la pluie
piovere : pleuvoir
la goccia : la goutte
l'acquazzone : l'averse
bagnato : mouillé
la grandine : la grêle

III. VOCABULAIRE ITALIEN

il temporale : l'orage
il lampo : l'éclair
il fulmine : la foudre
il tuono : le tonnerre
l'uragano : l'ouragan
il ciclone : le cyclone

il vento : le vent
la tramontana : le vent du nord
lo scirocco : le sirocco (sud-est)
la bora : le vent du nord-est
la bonaccia : le calme plat
il sereno : le beau temps

Che tempo fa ? – Quel temps fait-il ?
Fa bel tempo, cattivo tempo. – Il fait beau, mauvais.
Fa un caldo da morire ! – Il fait une chaleur à mourir !
Fa un bel frescolino. – Il fait une bonne petite fraîcheur.
Si sta bene ! – Il fait bon !
Speriamo che non piova ! – Pourvu qu'il ne pleuve pas !
prendere il sole : prendre un bain de soleil

L'età : l'âge

Quanti anni hai ? – Quel âge as-tu ?
Ho dodici anni. – J'ai douze ans.

il bambino, la bambina : l'enfant
l'infanzia : l'enfance
il ragazzo, la ragazza : le jeune garçon, la jeune fille
l'adolescenza : l'adolescence
il giovane : le jeune homme
nascere : naître
crescere : grandir
vivere : vivre

la giovinezza : la jeunesse
l'uomo (pl. gli uomini) : l'homme
la donna : la femme
gli adulti : les adultes
la persona di età : la personne âgée
la vecchiaia : la vieillesse
invecchiare : vieillir
morire : mourir

portar bene gli anni : être bien pour son âge

Le feste : les fêtes

il calendario : le calendrier
l'agenda tascabile, elettronico : l'agenda de poche, électronique
il giorno feriale : le jour de semaine
il giorno festivo : le jour férié

il compleanno : l'anniversaire (naissance)
l'anniversario : l'anniversaire (commémoration)
l'onomastico : la fête (de quelqu'un)
festeggiare : fêter

13. Le temps

offrire un bel regalo : offrir un beau cadeau

Natale : Noël
l'albero di Natale : le sapin de Noël
il cenone : le réveillon
le vacanze natalizie : les vacances de Noël

il Capodanno : le jour de l'An
il Carnevale : le Carnaval
Pasqua : Pâques
Ferragosto : le 15 août
Ognissanti : la Toussaint

Buon compleanno ! – Joyeux anniversaire !
Felice anno nuovo ! – Bonne année !
I nostri migliori auguri per l'anno nuovo ! – Tous nos vœux pour la nouvelle année !
Tanti auguri ! – Tous nos souhaits !
State allegri ! – Réjouissez-vous !
fare un brindisi : porter un toast

Chapitre 14
La natura, l'ambiente
La nature, l'environnement

La terra : la terre
il paesaggio : le paysage
la campagna : la campagne
la pianura : la plaine
l'altipiano : le plateau
il colle : la colline
la valle : la vallée
la montagna : la montagne

la cima : la cime
il picco : le pic
il burrone : le ravin
la grotta : la grotte
la roccia : le rocher
il sasso : le caillou
il deserto : le désert

I cataclismi : les cataclysmes
l'eruzione : l'éruption
il vulcano : le volcan
il terremoto : le tremblement de terre
lo smottamento : le glissement de terrain

l'alluvione : l'inondation
il maremoto : le raz-de-marée
i sinistrati : les sinistrés

Le piante : les plantes
il campo : le champ
il prato : le pré
la savana : la savane
la steppa : la steppe
l'erba : l'herbe
la macchia : le maquis
il fiore : la fleur
il bocciolo : le bouton
il gambo : la tige

il petalo : le pétale
la rosa : la rose
la margherita : la marguerite
il tulipano : la tulipe
il geranio : le géranium
il giacinto : la jacinthe
la pratolina : la pâquerette
il giglio : le lys

un mazzo di fiori : un bouquet de fleurs
Non c'è rosa senza spine. – Il n'y a pas de rose sans épines.

14. La nature, l'environnement

l'albero : l'arbre
il tronco : le tronc
il legno : le bois (matière)
il ramo : la branche
la radice : la racine
la foglia : la feuille
il germoglio : le bourgeon
il bosco : le bois
la foresta : la forêt
la giungla : la jungle

la radura : la clairière
l'abete : le sapin
il faggio : le hêtre
l'ippocastano : le marronnier
la quercia : le chêne
il pino : le pin
il pioppo : le peuplier
il platano : le platane
il salice piangente : le saule pleureur
il tiglio : le tilleul

L'acqua : l'eau

l'acqua dolce : l'eau douce
la sorgente : la source
il torrente : le torrent
la cascata : la cascade
il ruscello : le ruisseau
il fiume : le fleuve
la foce : l'embouchure
la pozza : la mare
lo stagno : l'étang
il lago : le lac
la palude : le marais
l'oasi : l'oasis
l'acqua salata : l'eau salée
il mare : la mer
l'oceano : l'océan
la corrente : le courant
l'alta marea, la bassa marea : la marée haute, la marée basse

l'onda : la vague
il cavallone : la grande vague
la schiuma : l'écume
la costa : la côte
il lido : le rivage
la falesia : la falaise
la baia : la baie
la spiaggia : la plage
la duna : la dune
la sabbia : le sable
il ciottolo : le galet
il golfo : le golfe
il capo : le cap
lo scoglio : l'écueil, le rocher
l'isola : l'île
la penisola : la péninsule
l'arcipelago : l'archipel

il Mediterraneo : la Méditerranée
l'Adriatico : l'Adriatique

il mar Tirreno : la mer Tyrrhénienne

---

fare un buco nell'acqua : donner un coup d'épée dans l'eau
Le acque chete rovinano i ponti. – Il n'est pire eau que l'eau qui dort.
a mille metri sopra il livello del mare : à mille mètres au-dessus du niveau de la mer

III. VOCABULAIRE ITALIEN

L'ambiente : l'environnement

inquinare : polluer
l'inquinamento atmosferico, delle acque, acustico : la pollution atmosphérique, des eaux, par le bruit
dannoso per l'ambiente : dangereux pour l'environnement
il disastro ecologico : la catastrophe écologique
la specie in via d'estinzione : l'espèce en voie de disparition
i residui agricoli, industriali : les déchets agricoles, industriels
i prodotti chimici : les produits chimiques
le piogge acide : les pluies acides
le sostanze tossiche, cancerogene : les substances toxiques, cancérigènes
l'amianto : l'amiante
la marea nera : la marée noire
le scorie radioattive : les déchets radioactifs
i gas nocivi : les gaz nocifs
i gas di scarico : les gaz d'échappement
l'effetto serra : l'effet de serre
i buchi dell'ozono : les trous de la couche d'ozone
il riscaldamento del pianeta : le réchauffement de la planète
gli ambientalisti : les écologistes
i Verdi : les Verts
il prodotto ecologico : le produit écologique
biodegradabile : biodégradable
le energie pulite : les énergies propres
l'energia solare : l'énergie solaire
il risparmio energetico : l'économie d'énergie
il trattamento delle acque reflue : le traitement des eaux usées

la difesa dell'ambiente : la protection de l'environnement
lo sviluppo sostenibile : le développement durable
trattare le immondizie : traiter les ordures

Chapitre 15
Gli animali
Les animaux

Gli animali domestici : les animaux domestiques
il mammifero : le mammifère
addomesticato : apprivoisé
ammaestrare : dresser
il veterinario : le vétérinaire

Il cane : le chien
la cagna : la chienne
il cucciolo : le chiot
il barbone : le caniche
il levriere : le lévrier
il cane da pastore : le chien de berger
il cane da guardia : le chien de garde
le zanne : les crocs
abbaiare : aboyer
mordere : mordre
leccare : lécher

A cuccia ! – Couché !
un freddo da cane : un froid de canard
trattare come un cane : traiter comme un chien
essere come cane e gatto : s'entendre comme chien et chat

Il gatto : le chat
il micio : le minet
la coda : la queue
la zampa : la patte
il muso : le museau
i baffi : les moustaches
miagolare : miauler
fare le fusa : ronronner
le unghie : les griffes
graffiare : griffer
il topo : la souris

dar la zuppa : donner la pâtée
Far la gattamorta. – Il y a anguille sous roche.
Quando il gatto non c'è, i topi ballano. – Quand le chat n'est pas là, les souris dansent.

Il bestiame : le bétail
la vacca : la vache
la mucca : la vache laitière
il bue (pl. *i buoi*) : le bœuf
il toro : le taureau

III. VOCABULAIRE ITALIEN

il vitello : le veau
muggire : beugler
il cavallo : le cheval
la cavalla : la jument
il puledro : le poulain
il galoppo : le galop
l'asino : l'âne

nitrire : hennir
la pecora : la brebis, le mouton
il montone : le bélier
l'agnello : l'agneau
la capra : la chèvre
belare : bêler
il porco : le porc

> *un branco di buoi* : un troupeau de bœufs
> *un gregge di pecore* : un troupeau de moutons
> *badar le pecore* : garder les moutons
> *il capro espiatorio* : le bouc émissaire

Gli animali da cortile : les animaux de basse-cour

il gallo : le coq
il pollo : le poulet
la gallina : la poule
il pulcino : le poussin
l'anatra : le canard

l'oca : l'oie
la piuma : la plume
il nido : le nid
l'uovo (pl. le uova) : l'œuf
il coniglio : le lapin

> *Chicchirichì !* – Cocorico !
> *il pulcino nero* : le vilain petit canard

Gli uccelli selvatici : les oiseaux sauvages

l'aquila : l'aigle
il falco : le faucon
l'avvoltoio : le vautour
gli artigli : les serres
il becco : le bec
il passero : le moineau

il corvo : le corbeau
la rondine : l'hirondelle
la civetta : la chouette
il pappagallo : le perroquet
cinguettare : gazouiller

> *fare lo struzzo* : faire l'autruche

Gli animali selvatici : les animaux sauvages

il leone : le lion
la tigre : le tigre
il leopardo : le léopard
la pantera : la panthère
l'elefante : l'éléphant
il rinoceronte : le rhinocéros
l'ippopotamo : l'hippopotame
la zebra : le zèbre
il coccodrillo : le crocodile

la giraffa : la girafe
la scimmia : le singe
il cammello : le chameau
il dromedario : le dromadaire
il serpente : le serpent
la lucertola : le lézard
la rana : la grenouille
il rospo : le crapaud
la tartaruga : la tortue

15. Les animaux

la balena : la baleine
il lupo : le loup
la volpe : le renard
l'orso : l'ours
il cervo : le cerf

lo scoiattolo : l'écureuil
il pipistrello : la chauve-souris
ruggire : rugir
strisciare : ramper
urlare : hurler

nutrire una serpe in seno : réchauffer un serpent dans son sein
avere una lingua di serpente : avoir la langue fourchue

I pesci : les poissons

il pescecane : le requin
la sardina : la sardine
il salmone : le saumon
la trotta : la truite

la sogliola : la sole
il pesce rosso : le poisson rouge
la vongola : la palourde
la spina : l'arête

Chi dorme non piglia pesci. – L'avenir appartient à ceux qui se lèvent tôt (« Celui qui dort n'attrape pas de poissons »).

Gl'insetti : les insectes

la mosca : la mouche
la zanzara : le moustique
l'ape : l'abeille
la vespa : la guêpe
il ragno : l'araignée
la ragnatela : la toile d'araignée
la formica : la fourmi
la pulce : la puce

la farfalla : le papillon
il grillo : le grillon
la cicala : la cigale
la cavalletta : la sauterelle
la coccinella : la coccinelle
la puntura : la piqûre
velenoso : venimeux

schiacciare : écraser
nudo bruco : nu comme un ver

Chapitre 16

Il corpo umano
Le corps humain

Il fisico : le physique

la sagoma : la silhouette
la statura : la taille
la forza : la force
alto ⋈ *basso* : grand ⋈ petit
il gigante : le géant
il nano : le nain

il fascino : le charme
bello ⋈ *brutto* : beau ⋈ laid
snello, magro ⋈ *grasso* : mince, maigre ⋈ gros
l'obesità : l'obésité

Sono ingrassata ! – J'ai grossi !
essere a dieta : être au régime
dimagrire : maigrir
Assomiglia al padre. – Il ressemble à son père.

lo scheletro : le squelette
l'osso : l'os
la carne : la chair
il muscolo : le muscle

il nervo : le nerf
la pelle : la peau
la ruga : la ride

la pelle chiara, bianca, nera, gialla : la peau claire, blanche, noire, jaune
il pellerossa : le Peau-Rouge
la pelle abbronzata : la peau bronzée

Il viso : le visage

la testa : la tête
il cranio : le crâne
i capelli : les cheveux
la fronte : le front
gli occhi : les yeux
il naso : le nez
la bocca : la bouche
le labbra : les lèvres

la lingua : la langue
i denti : les dents
il mento : le menton
i baffi : la moustache
la barba : la barbe
l'espressione : l'expression
il sorriso : le sourire
il riso : le rire

16. Le corps humain

la chioma bionda, bruna, castana, rossa : la chevelure blonde, brune, châtaine, rousse
ricciuto >< *liscio* : frisé >< lisse

Gli arti superiori : les membres supérieurs

il collo : le cou
la schiena : le dos
la colonna vertebrale : la colonne vertébrale
la spalla : l'épaule
il petto : la poitrine
il braccio : le bras

il gomito : le coude
il polso : le pouls
la mano : la main
le dita : les doigts
il pollice : le pouce
le unghie : les ongles

Gli arti inferiori : les membres inférieurs

il bacino : le bassin
il sedere : le postérieur
le natiche : les fesses
il pene : le pénis
la vagina : le vagin
la coscia : la cuisse

la gamba : la jambe
il ginocchio : le genou
la caviglia : la cheville
il piede : le pied
il dito del piede : l'orteil
il calcagno : le talon

Gli organi : les organes

il cervello : le cerveau
il cuore : le cœur
l'arteria : l'artère
la vena : la veine
il sangue : le sang
i polmoni : les poumons

il fegato : le foie
lo stomaco : l'estomac
gli intestini : les intestins
il rene : le rein
la vescica : la vessie
l'utero : l'utérus

I cinque sensi : les cinq sens

la vista : la vue
vedere, guardare : voir, regarder
l'udito : l'ouïe
udire, ascoltare : entendre, écouter
il suono : le son
il tatto : le tact
toccare : toucher

l'odorato : l'odorat
odorare : sentir, respirer
il profumo >< *la puzza* : le parfum >< la puanteur
il gusto, il sapore : le goût, la saveur
gustare : goûter

Chapitre 17
La salute
La santé

La salute : la santé

l'ammalato : le malade
l'infermo : l'infirme
il malessere : le malaise
il dolore : la douleur

> *Mi fa male la testa.* – J'ai mal à la tête.
> *Sto male.* – Je ne me sens pas bien.
> *Sto meglio.* – Je vais mieux.
> *Soffro alle gambe.* – Je souffre des jambes.
> *Mi sento stanco.* – Je me sens fatigué.
> *Mi sono ammalato.* – Je suis tombé malade.

la tosse : la toux
la febbre : la fièvre
il brivido : le frisson
il capogiro : le vertige
lo svenimento : l'évanouissement
la nausea : la nausée
il vomito : le vomissement
il coma : le coma
l'emorragia : l'hémorragie
la ferita : la blessure
la piaga : la plaie
il pus : le pus
la cicatrice : la cicatrice
il livido : le bleu
la scottatura : la brûlure
la bollicina : l'ampoule
l'accesso : l'abcès
il taglio : la coupure
la frattura : la fracture

Le malattie : les maladies

l'epidemia : l'épidémie
il microbo : le microbe
il virus : le virus
il contagio : la contagion
il raffreddore : le rhume
l'influenza : la grippe
l'asma : l'asthme
la costipazione : la constipation
l'appendicite : l'appendicite
l'epatite : l'hépatite
il reumatismo : le rhumatisme
l'attacco : l'attaque
l'infarto : l'infarctus
il cancro del polmone : le cancer du poumon
la polmonite : la pneumonie

17. La santé

l'Aids : le sida
sieropositivo : séropositif
una malattia mentale : une maladie mentale
il sordo : le sourd
il muto : le muet

i disturbi circolatori : les troubles de la circulation
pazzo : fou
la follia : la folie
il cieco : l'aveugle

La medicina : la médecine

il medico : le médecin
il dottore : le docteur
il medico di famiglia : le médecin traitant
il generico : le généraliste
il cardiologo : le cardiologue
l'oftalmologo : l'ophtalmologiste
lo psichiatra : le psychiatre
il cinesiterapista : le kinésithérapeute

l'infermiera : l'infirmière
l'ospedale : l'hôpital
il pronto soccorso : le service des urgences
le medicine naturali : les médecines douces
l'omeopatia : l'homéopathie
l'agopuntura : l'acupuncture
la fitoterapia : la phytothérapie

andare dal dentista : aller chez le dentiste
prendere appuntamento col medico : prendre RV avec le médecin
chiamare l'ambulanza : appeler l'ambulance
la consultazione : la consultation
auscultare un paziente : ausculter un patient
tastare il polso : prendre le pouls
prendere la tensione : prendre la tension
la diagnosi : le diagnostic
la prescrizione medica : l'ordonnance
Dovete fare un analisi di sangue. – Vous devez faire une analyse de sang.
lo check-up : le bilan de santé
fare la radiografia : passer une radio

Il farmaco : le médicament

la pillola : la pilule
la compressa : le comprimé
la capsula gelatinosa : la gélule
la supposta : le suppositoire
l'antisettico : l'antiseptique
l'antibiotico : l'antibiotique
l'analgesico : l'analgésique
il calmante : le calmant
il sonnifero : le somnifère

la cassetta di pronto soccorso : la boîte à pansements
il cotone : le coton
l'alcol : l'alcool
il cerotto : le sparadrap
la siringa : la seringue
l'apparecchio uditivo : l'appareil auditif
la stampella : la béquille

III. VOCABULAIRE ITALIEN

andare in farmacia : aller chez le pharmacien
prendere la pillola : prendre la pilule
fare una puntura : faire une piqûre
fare una cura : faire une cure
fare una medicazione : faire un pansement

Il dentista : le dentiste

il dentifricio : le dentifrice
lo spazzolino : la brosse à dents
la caria : la carie

la piombatura : le plombage
la dentiera : le dentier
il trapano : la fraise

lavarsi i denti : se laver les dents
farsi cavare un dente : se faire arracher une dent

Chapitre 18
Il vitto
La nourriture

Al ristorante : au restaurant

un locale elegante : un établissement élégant
la trattoria : le petit restaurant
orario d'apertura, dalle 7 alle 24 : horaire d'ouverture, de 7 à 24 heures
riposo il venerdì : fermé le vendredi
il pasto, il pranzo : le repas
la prima colazione : le petit déjeuner
la colazione : le déjeuner
la cena : le dîner
il menù : le menu

il parcheggio interno : le parking privé
prenotare il pasto, un tavolo : réserver une table
il capocameriere : le maître d'hôtel
la sala da pranzo : la salle à manger
la cantina : la cave
l'antipasto : les hors-d'œuvre
il primo piatto : l'entrée
il secondo piatto : le plat
il dessert, il dolce : le dessert

A tavola ! : à table !

il piatto : l'assiette
le posate : les couverts
il coltello : le couteau
la forchetta : la fourchette
il cucchiaio : la cuillère
il bicchiere : le verre
la tazza : la tasse

il tovagliolo : la serviette
la tovaglia : la nappe
il pane : le pain
il conto : la note
la mancia : le pourboire
ordinare : commander

la cucina casalinga, tipica, creativa : la cuisine familiale, typique, créative
mettersi a tavola, alzarsi da tavola : se mettre à table, se lever de table
Buon appetito ! – Bon appétit !
Cincin ! – À votre santé !
Ho fame, ho sete. – J'ai faim, j'ai soif.
La fame viene mangiando. – La faim vient en mangeant.
carne con contorno : viande garnie

III. VOCABULAIRE ITALIEN

> *le specialità locali, regionali* : les spécialités locales, régionales
> *Che cos'è l'ossobuco ?* – Qu'est-ce que c'est, l'ossobuco ?
> *Che cosa desiderate ?* – Que voulez-vous prendre ?
> *Gradirete un digestivo dopo pranzo ?* – Vous prendrez un digestif après le déjeuner ?

Il cibo : les aliments

cibo genuino, naturale, raffinato : nourriture saine, naturelle, raffinée
biologico, dietetico : biologique, diététique
congelato, sotto vuoto : congelé, sous vide

essere vegetariano : être végétarien

La carne : la viande

il manzo : le bœuf
il vitello : le veau
l'agnello : l'agneau
il maiale : le porc
il pollo : le poulet
la gallina : la poule
l'anatra : le canard
l'oca : l'oie
la tacchina : la dinde
il fagiano : le faisan
il coniglio : le lapin

la bistecca : le bifteck
il filetto : le filet
la costata di manzo : la côte de bœuf
la scaloppa : l'escalope
lo spezzatino : le ragoût
il cosciotto : le gigot
la braciola : la côte de porc
la salsiccia : la saucisse
il prosciutto crudo, cotto : le jambon cru, cuit
il pollo arrosto : le poulet rôti

Le uova : les œufs

l'uovo alla coque, al tegamino, sodo, strapazzato : l'œuf à la coque, au plat, dur, brouillé

la frittata : l'omelette
il tuorlo, la chiara d'uovo : le jaune, le blanc d'œuf

Il pesce : le poisson

la sardina : la sardine
il salmone : le saumon
il tonno : le thon
la trotta : la truite
la sogliola : la sole

il baccalà : la morue (cuisinée)
la vongola : la palourde
il calamaro : le calamar
la seppia : la seiche
il granchio : le crabe

Le verdure : les légumes verts

l'insalata : la salade

il cetriolo : le concombre

266

18. La nourriture

il pomodoro : la tomate
la zuppa : la soupe
il brodo : le bouillon
la carota : la carotte
il poro : le poireau

la zucchina : la courgette
il peperone : le poivron
la melanzana : l'aubergine
il cavolo : le chou
il fungo : le champignon

I legumi : **les légumes secs**

la patata : la pomme de terre
il purè : la purée
le patatine fritte : les frites
i fagioli : les haricots
i piselli : les petits pois

le lenticchie : les lentilles
la pasta : les pâtes
il riso : le riz
la polenta : la polente

I condimenti : **les condiments**

il sale : le sel
il pepe : le poivre
l'olio : l'huile
l'aceto : le vinaigre
la cipolla : l'oignon

l'aglio : l'ail
il prezzemolo : le persil
le spezie : les épices
la mostarda : la moutarde

Il formaggio : **le fromage**

il latte : le lait
la crema : la crème
il burro : le beurre
lo yogurt : le yaourt

il caprino : le fromage de chèvre
un cacio fresco, fuso, stagionato : un fromage frais, fondu, affiné

I dessert : **les desserts**

la frutta : les fruits
la mela : la pomme
la pera : la poire
la pesca : la pêche
l'albicocca : l'abricot
la ciliegia : la cerise
la fragola : la fraise
il lampone : la framboise
la prugna : la prune

il melone : le melon
l'anguria : la pastèque
l'arancia : l'orange
il limone : le citron
la banana : la banane
la noce : la noix
la nocciola : la noisette
la mandorla : l'amande

il dolce : le gâteau, la sucrerie
le paste : la pâtisserie
la torta : la tarte
le frittelle : les beignets

il gelato : la glace
lo zabaione : la crème sabayon
il torrone : le nougat

III. VOCABULAIRE ITALIEN

Le bibite : les boissons

bere : boire
brindare : trinquer
la bottiglia : la bouteille

il vino rosso, bianco, rosé : le vin rouge, blanc, rosé
l'aperitivo : l'apéritif
lo spumante : le mousseux
l'acquavite : l'eau de vie
il liquore : la liqueur
la birra : la bière
l'acqua minerale, gassata, non gassata : l'eau minérale, gazeuse, plate
la spremuta d'arancia : le jus d'orange

il cavatappi : le tire-bouchon
il sorso : la gorgée

il succo di frutta : le jus de fruits
il caffè, l'espresso : le café
stretto, lungo, nero, macchiato : serré, léger, noir, avec un nuage de lait
il caffellatte : le café au lait
il cappuccino : le café-crème
il tè : le thé
la cioccolata : le chocolat
la tisana : la tisane

Chapitre 19
L'abbigliamento
Les vêtements

vestirsi >< *spogliarsi* : s'habiller >< se déshabiller
cambiarsi : se changer
portare : porter

I tessuti : les tissus

il cotone : le coton
la lana : la laine
il velluto : le velours
la seta : la soie
il nailon : le nylon

il cuoio : le cuir
la pelliccia : la fourrure
unito, a quadri, a pallini, rigato :
    uni, à carreaux, à pois, rayé

I vestiti da uomo e da donna : les vêtements pour homme et femme

il cappello : le chapeau
il capotto : le manteau
il giubbotto : le blouson
la sciarpa : l'écharpe
l'impermeabile : l'imperméable
i guanti : les gants
la cintura : la ceinture
i pantaloni : les pantalons
il pullover : le pull-over
la maglietta : le tee-shirt

le scarpe : les chaussures
i sandali : les sandales
gli stivali : les bottes
le pantofole : les pantoufles
la biancheria : le linge de corps
le mutande : la culotte, le caleçon
il pigiama : le pyjama
il costume da bagno : le maillot de
    bain
la tuta sportiva : le survêtement

I vestiti da uomo : les vêtements pour homme

il completo : le complet
il vestito : le costume
l'abito : l'habit
lo smoking : le smoking
la giacca : le veston
la camicia : la chemise

i gemelli : les boutons de manchettes
la cravatta : la cravate
la farfalla : le nœud papillon
il maglione : le pull-over
i calzoncini : le short
i calzini : les chaussettes

III. VOCABULAIRE ITALIEN

I vestiti da donna : les vêtements pour femme

la camicetta : le chemisier
la gonna : la jupe
l'abito, il vestito, la veste : la robe
lo scialle : le châle
il grembiule : le tablier
il reggiseno : le soutien-gorge
il reggicalze : le porte-jarretelles
le calze : les bas, les collants
la sottoveste : la combinaison
la vestaglia : le peignoir
la camicia da notte : la chemise de nuit

Gli accessori : les accessoires

lo specchio : le miroir
la borsetta : le sac à main
il fazzoletto : le mouchoir
il nastro : le ruban
il gioiello : le bijou
l'anello : la bague
la collana : le collier
il braccialetto : le bracelet
gli orecchini : les boucles d'oreilles

Rammendare : raccommoder

cucire : coudre
il filo : le fil
l'ago : l'aiguille
la chiusura a lampo : la fermeture Éclair
il bottone : le bouton
la tasca : la poche
il collo : le col
l'orlo : l'ourlet

Questo tessuto si restringe lavandolo. – Ce tissu rétrécit au lavage.
taglia unica, normale, forte : taille unique, normale, grande taille
Che taglia porta ? – Quelle taille avez-vous ?
Provi questo modello. – Essayez ce modèle.
È di moda quest'autunno. – C'est à la mode cet automne.
È passato di moda. – Ce n'est plus à la mode.
È troppo stretto >< largo per me. – C'est trop serré >< large pour moi.
Mi piacerebbe provare la taglia più grande. – J'aimerais essayer la taille au-dessus.
Le sta benissimo. : Cela vous va très bien.
Sembra proprio adatto per Lei. – On le dirait fait exprès pour vous.

Chapitre 20

La casa
La maison

L'esterno : l'extérieur

l'inferriata : la grille
il portone automatico : le portail automatique
il citofono : l'interphone
il portone a apertura con telecomando : le portail à ouverture télécommandée
la telecamera : la caméra video

premere il pulsante : appuyer sur le bouton
È permesso ? Avanti ! – Je peux entrer ? Entrez !

il cortile : la cour
il garage : le garage
il giardino : le jardin
l'aiuola : le parterre, la plate-bande
la casa : la maison
il palazzo : l'immeuble
la villa : la villa
l'appartamento : l'appartement

stare in un appartamento di quattro vani : habiter un appartement de quatre pièces
Vieni a casa mia. – Viens chez moi.

le fondamenta, i fondamenti : les fondations
il muro, la parete : le mur
la pietra : la pierre
il mattone : la brique
il calcestruzzo : le béton
il legno : le bois
la facciata : la façade
il tetto : le toit
la tegola : la tuile
l'antenna : l'antenne
il camino : la cheminée
il balcone : le balcon
la finestra : la fenêtre
il vetro : la vitre
l'imposto, lo sportello : le volet
la persiana : la persienne
la porta : la porte
lo zerbino : le paillasson
la serratura : la serrure
la chiave : la clef
il campanello : la sonnette

Il proprietario : le propriétaire

la locazione : le bail
l'affitto, il canone : le loyer
le spese : les charges
l'inquilino : le locataire

III. VOCABULAIRE ITALIEN

il proprietario : le propriétaire
il portiere, il portinaio : le concierge
la casalinga : la femme au foyer

abitare : habiter
sgomberare : déménager

L'interno : l'intérieur

la cantina : la cave
il pianterreno : le rez-de-chaussée
il primo piano, il secondo piano : le premier étage, le deuxième étage

il solaio : le grenier
lo scalino : la marche
la scala : l'escalier

andare su e giù per le scale : monter et descendre l'escalier

l'ascensore : l'ascenseur
l'ingresso : l'entrée
il corridoio : le couloir
la stanza : la pièce

la cucina : la cuisine
la sala da pranzo : la salle à manger
il salotto : le salon

S'accomodi, prego ! – Asseyez-vous, je vous en prie !

la camera da letto : la chambre à coucher
lo studio : le bureau
il bagno : la salle de bains

la toilette : les toilettes
andare alla toilette : aller aux toilettes

Può indicarmi la toilette, per cortesia ? – Pouvez-vous m'indiquer les toilettes, s'il vous plaît ?

Nel salotto : au salon

l'arredamento : l'ameublement
il mobile : le meuble
la sedia : la chaise
la poltrona : le fauteuil
la tavola : la table
il canapè : le canapé
il cuscino : le coussin
la tenda : le rideau
il tendone : le store
la biblioteca : la bibliothèque
il tappeto : le tapis
il quadro : le tableau

il vaso di fiori : le vase de fleurs
il mazzo di fiori : le bouquet de fleurs
la lampada : la lampe
la lampadina : l'ampoule
il portacenere : le cendrier
il computer : l'ordinateur
il videoregistratore : le magnétoscope
il televisore : la télévision

Che casa arredata bene ! – Comme cette maison est bien meublée !

20. La maison

In camera : dans la chambre

il letto : le lit
il materasso : le matelas
il lenzuolo, le lenzuola : le drap, les draps
la coperta : la couverture
il copriletto : le couvre-lit
il guanciale : l'oreiller
l'armadio : l'armoire
lo specchio : la glace
l'attaccapanni : le portemanteau
il comò : la commode
il comodino : la table de nuit
il cassetto : le tiroir

La cucina attrezzata : la cuisine aménagée

il vasellame : la vaisselle
la pentola : la casserole
la padella : la poêle
la macchina del caffè : la cafetière
il tostapane : le grille-pain
il bollitore : la bouilloire
il piano di lavoro : le plan de travail
la lavatrice : le lave-linge
la lavastoviglie : le lave-vaisselle
l'acquaio : l'évier
il rubinetto : le robinet
il frigorifero : le réfrigérateur
il congelatore : le congélateur
il fornello a gas, il fornello elettrico : la cuisinière à gaz, la cuisinière électrique
le piastre in vitroceramica : les plaques en vitrocéramique
il forno a microonde : le four à micro-ondes
il ferro da stiro : le fer à repasser
l'asse da stiro : la planche à repasser
l'aspirapolvere a traino : l'aspirateur-traîneau

La cucina ha tutte le comodità. – La cuisine est tout confort.
fare il bucato : faire la lessive
lavare i piatti : faire la vaisselle

Chapitre 21

La città
La ville

L'abitato : l'agglomération

il villaggio : le village
il borgo : le bourg
la città : la ville
la capitale : la capitale
la megalopoli : la mégapole
il centro : le centre-ville
il quartiere : le quartier
la periferia : la banlieue
le mura : les remparts
il viale : l'avenue
il corso : le boulevard
la strada : la route
la via : la rue
la via pedonale : la rue piétonne
il vicolo cieco : l'impasse
il lungo Tevere : le quai du Tibre
il lungarno : le quai de l'Arno
la passeggiata : la promenade
il lastricato : la chaussée
il parcheggio a pagamento : le parking payant
il parchimetro : le parcmètre
la piazza : la place
il giardino pubblico : le jardin public
le zone verdi : les espaces verts
la fontana : la fontaine

Gli edifici e la popolazione : les édifices et la population

il caseggiato : le pâté de maisons
il palazzo : le palais, l'immeuble, l'hôtel
il grattacielo : le gratte-ciel
il terreno lottizzato : le lotissement
l'appartamento ammobiliato : l'appartement meublé
la casa di riposo : la maison de retraite
l'ospedale : l'hôpital
il baraccopoli : le bidonville
la discarica : la décharge publique
la pattumiera : la poubelle
il municipio : la mairie
la posta : la poste
il palazzo di giustizia : le palais de justice
la questura : le commissariat
la prigione : la prison
la chiesa : l'église
il campanile : le clocher
il duomo : la cathédrale
il teatro : le théâtre
il museo : le musée
l'università : l'université
la biblioteca : la bibliothèque
il monumento : le monument
i grandi magazzini : les grands magasins
il centro commerciale : le centre commercial

21. La ville

le botteghe : les boutiques
il cittadino : le citadin
il vicino : le voisin
il portinaio : le concierge
lo straniero : l'étranger
il turista : le touriste
il passante : le passant

il sindaco : le maire
il vigile urbano : l'agent de police
il carabiniere : le gendarme
la polizia : la police
il vigile del fuoco : le pompier
l'autopompa : la voiture des pompiers

Ho preso una multa in Piazza Cavour. – J'ai eu une contravention place Cavour.
fare il pendolare : faire la navette
Ho smarrito la strada. – J'ai perdu mon chemin.
Vorrei recarmi in città. – Je voudrais me rendre en ville.
Tutte le strade conducono a Roma. – Toutes les routes mènent à Rome.

Chapitre 22
La famiglia
La famille

I legami di famiglia : les liens de famille

i genitori : les parents (père et mère)
la prole : la progéniture
i discendenti : les descendants
il padre : le père
il babbo : le papa
la madre : la mère
la mamma : la maman
il figlio : le fils
la figlia : la fille
i gemelli : les jumeaux
il fratello : le frère
la sorella : la sœur
il primogenito : l'aîné
il secondogenito : le cadet
il nonno : le grand-père

la nonna : la grand-mère
il nipotino : le petit-fils
la nipotina : la petite-fille
il bisnonno : l'arrière-grand-père
il parente : le parent
lo zio : l'oncle
la zia : la tante
il nipote : le neveu
il cugino : le cousin
i cugini carnali : les cousins germains
il suocero : le beau-père
il genero : le gendre
la nuora : la belle-fille
il cognato : le beau-frère

en cas de remariage :
il patrigno : le beau-père

la matrigna : la belle-mère
il figliastro : le beau-fils

l'orfano : l'orphelin
il figlio adottivo : le fils adoptif
la ragazza madre : la fille-mère

la zitella : la vieille fille
lo scapolo : le vieux garçon
il vedovo : le veuf

il nonno materno : le grand-père maternel
il capofamiglia : le chef de famille
la padrona di casa : la maîtresse de maison
l'albero genealogico : l'arbre généalogique
avere familiari a carico : avoir de la famille à charge

La nascita : la naissance

la gravidanza : la grossesse

il parto : l'accouchement

22. La famille

l'aborto : l'avortement
il bambino : l'enfant
il battesimo : le baptême

la culla : le berceau
la carrozzina : le landau

Il matrimonio : le mariage

l'innamorato : l'amoureux
il fidanzato : le fiancé
gli sposi novelli : les jeunes mariés
lo sposo : le marié, l'époux
la sposa : la mariée, l'épouse

il corredo : la dot
i testimoni : les témoins
i concubini : les concubins
l'adultero : l'adultère
il divorzio : le divorce

sposarsi in chiesa : se marier à l'église
l'anniversario di matrimonio : l'anniversaire de mariage
le nozze d'oro : les noces d'or
tradire suo marito : tromper son mari
la pensione alimentare : la pension alimentaire

il cognome : le nom de famille
il nome : le prénom

La morte : la mort

il defunto : le défunt
il lutto : le deuil

il moi povero nonno : feu mon grand-père
Le faccio tutte le mie condoglianze. – Je vous fais toutes mes condoléances.

Chapitre 23
Gli studi
Les études

Il sistema educativo : le système éducatif

la scuola : l'école
l'asilo : la maternelle
la scuola elementare : l'école primaire
la scuola media : le collège
il liceo classico, scientifico : le lycée (littéraire, scientifique)
l'università : l'université
la facoltà : la faculté
privato >< *statale* : privé >< public

In aula : dans la classe

il banco di scuola : le banc d'école
la lavagna : le tableau noir
il gesso : la craie
lo zaino : le sac
il libro : le livre
il quaderno : le cahier
il foglio di carta : la feuille de papier
il diario : le cahier de textes
la bustina : la trousse
l'allievo : l'élève
lo studente : l'étudiant
il maestro : le maître
la spugna : l'éponge
la mensa : le réfectoire
la biblioteca : la bibliothèque
la penna : le stylo
la stilografica : le stylo-plume
la matita : le crayon
la riga : la règle
la calcolatrice : la calculette
il professore : le professeur
il professore privato : le professeur particulier

Le materie : les matières

la materia obbligatoria >< *facoltativa* : la matière obligatoire >< facultative
la letteratura : la littérature
il francese : le français
la grammatica : la grammaire
la filosofia : la philosophie
la storia : l'histoire
la geografia : la géographie
le lingue : les langues vivantes
la matematica : les mathématiques
l'informatica : l'informatique
le scienze : les sciences
la fisica : la physique
la biologia : la biologie
la chimica : la chimie
l'economia : l'économie
l'arte : le dessin

23. Les études

la musica : la musique
la ginnastica : la gymnastique

Studiare : étudier

la lezione : le cours
l'insegnamento delle lingue : l'enseignement des langues
il compito : le contrôle, le devoir
l'esame : l'examen
la licenza : la licence
la laurea : le diplôme universitaire
il diploma : le diplôme
il concorso : le concours

andare a scuola : aller à l'école
Questa mattina ho 2 ore di lezione. – Ce matin, j'ai 2 heures de cours.
Il professore spiega bene. – Le professeur explique bien.
l'orario : l'emploi du temps
la borsa di studio : la bourse d'étude
imparare a memoria : apprendre par cœur
ripassare le lezioni : revoir ses leçons
sapere la lezione : savoir sa leçon
avere un compito in classe di chimica : avoir un contrôle de chimie
un bel voto in matematica : une bonne note en maths
un brutto voto, un votaccio : une mauvaise, très mauvaise note
la menzione buono, ottimo : la mention bien, très bien
È bravo a scuola. – C'est un bon élève.
un pigrone, uno zuccone : un gros paresseux, un cancre
Mi basta la media. – La moyenne me suffit.
Zitto ! – Silence !
subire un esame : passer un examen
cannare l'esame : sécher à l'examen
promosso : reçu
bocciato : recalé
ripetere : redoubler
saltare una classe : sauter une classe

Chapitre 24
I sentimenti e l'intelletto
Les sentiments et l'intelligence

I sentimenti : les sentiments

provare, sentire : ressentir
la sensibilità : la sensibilité
il cuore : le cœur
l'emozione : l'émotion
l'umore : l'humeur

il carattere : le caractère
sensibile, commosso : sensible, ému
ottimista >< *pessimista* : optimiste >< pessimiste

Non mi importa. – Ça m'est égal.

La simpatia : la sympathie

la gentilezza : la gentillesse
la dolcezza : la douceur
l'affetto : l'affection

l'amicizia : l'amitié
l'amore : l'amour

Mi manchi, vorrei stringerti forte. – Tu me manques, je voudrais te serrer dans mes bras.
Ti voglio bene, ti amo. – Je t'aime.

la speranza : l'espoir
la fiducia : la confiance
la serenità : la sérénité
il sollievo : le soulagement

il piacere : le plaisir
la gioia : la joie
l'entusiasmo : l'enthousiasme
la felicità : le bonheur

L'antipatia : l'antipathie

la cattiveria : la méchanceté
l'avversione : l'aversion
l'amarezza : l'amertume
l'inimicizia : l'inimitié
l'odio : la haine
la disperazione : le désespoir
la diffidenza : la méfiance

la gelosia : la jalousie
l'inquietudine : l'inquiétude
lo strazio : le déchirement
il dispiacere : le chagrin
il dolore : la douleur
l'afflizione : l'affliction
la tristezza : la tristesse

24. Les sentiments et l'intelligence

Sono depresso, afflitto, melanconico. – Je suis déprimé, affligé, mélancolique.
Sono d'umore nero. – Je suis d'une humeur de chien.
La situazione è stressante. – La situation est stressante.

La violenza : la violence

la paura : la peur
l'orrore : l'horreur

lo spavento : l'épouvante
il disprezzo : le mépris

dare ai nervi : taper sur les nerfs
morir dalla noia : mourir d'ennui
Mi viene da ridere, da piangere. – Ça me fait rire, pleurer.
Che disgrazia ! – Quel malheur !
Ne ho fin sopra i capelli ! – J'en ai marre !
Stia calmo. – Restez calme.

arrabiarsi : se fâcher
insultare : insulter

serbare rancore : garder rancune
vendicarsi : se venger

L'intelletto : l'intelligence

la mente : l'esprit
la ragione : la raison
la logica : la logique
il giudizio : le jugement
il buonsenso : le bon sens
la coscienza : la conscience
la memoria : la mémoire
l'immaginazione : l'imagination
il pensiero : la pensée
l'idea : l'idée
il concetto : le concept
l'opinione : l'opinion
l'intuito : l'intuition
il genio : le génie
il dono : le don

il talento : le talent
l'istinto : l'instinct
un intellettuale : un intellectuel
un discorso ragionevole : un discours raisonnable
una intelligenza vivace : une intelligence vive
intelligente : intelligent
furbo : astucieux, rusé
pensare : penser
meditare : méditer
capire : comprendre
sapere : savoir
credere : croire
scegliere : choisir

ricordarsi una cosa : se rappeler une chose
valutare il pro e il contro : peser le pour et le contre
cambiar idea : changer d'idée
avere la mente altrove : avoir l'esprit ailleurs
Sta attento ! Concentrati ! – Fais attention ! Concentre-toi !
Se ne intende di musica. – Il s'y connaît en musique.
Le grandi menti si incontrano ! – Les grands esprits se rencontrent !
Conosci te stesso. – Connais-toi toi-même.
Non ci capisco niente ! – Je n'y comprends rien !

Chapitre 25
La redazione, la corrispondenza
La rédaction, la correspondance

Scrivere : écrire
comporre : composer
raccontare : raconter
descrivere : décrire
esporre : exposer

sviluppare un argomento :
　développer un argument
notare : noter
prendere appunti : prendre des notes
riassumere : résumer

Discutere : discuter
commentare : commenter
analizzare : analyser
spiegare : expliquer
fare riferimento : faire référence
sottolineare : souligner
mettere in rilievo : mettre en relief
insistere : insister
essere d'accordo : être d'accord

giustificare : justifier
pretendere : prétendre
rispondere : répondre
criticare : critiquer
ribattere : répliquer, réfuter
correggere : corriger
ritoccare : retoucher

Il discorso : le discours
il tema : le sujet
la rassegna, la recensione : le compte
　rendu
il verbale di riunione : le compte
　rendu de réunion
il discorso inaugurale : le discours
　d'inauguration
il riassunto : le résumé
l'aneddoto : l'anecdote
l'allusione : l'allusion

l'idea : l'idée
l'argomento : l'argument
il ragionamento : le raisonnement
il fatto : le fait
l'inizio : le début
la storia : l'histoire
il finale : le dénouement
la conclusione : la conclusion
la morale : la morale
l'eloquenza : l'éloquence

Formule usuali : formules usuelles
secondo me, il mio modo di vedere :
　selon moi, dans mon esprit

per cominciare, per concludere : pour
　commencer, pour conclure

25. La rédaction, la correspondance

dapprima, poi, infine : d'abord, ensuite, enfin
a prima vista : à première vue
però : pourtant
tuttavia : cependant
malgrado ciò : malgré cela
al contrario : au contraire
invece : en revanche

siccome : comme, étant donné
per questo : c'est pourquoi
perché : parce que
affinché : afin que
dunque : donc
di conseguenza : par conséquent
in fin dei conti : en fin de compte

La lettera : la lettre

la lettera privata, commerciale : la lettre privée, commerciale
la pagina : la page
il foglio : la feuille
il margine : la marge
il paragrafo : le paragraphe
la penna : le stylo
la busta : l'enveloppe
il francobollo : le timbre

la testata : l'en-tête
il destinatario : le destinataire
l'indirizzo : l'adresse
la data : la date
l'oggetto : l'objet
la formula di chiusa : la formule de fin
la firma : la signature

Caro, Carissimo amico : Mon cher, Mon très cher ami

La corrispondenza commerciale : la correspondance commerciale

Egr. Sig. Arpini (Egregio Signore Arpini) : Monsieur Arpini
Gent.ma Sig.ra Martini : Madame Martini
Gent.ma Sig.rina Dalessi (Gentilissima Signorina) : Mademoiselle Dalessi
Chiar. Prof. Carli (Chiarissimo Professor Carli) : Monsieur Carli, professeur
In seguito alla vostra lettera del 26 giugno u.s. – Suite à votre courrier du 26 juin dernier.
Abbiamo il piacere, siamo lieti di inviarVi la documentazione richiesta. – Nous avons le plaisir, nous sommes heureux de vous faire parvenir la documentation demandée.
Siamo in grado di concederVi uno sconto del 5 %. – Nous sommes en mesure de vous accorder une remise de 5 %.
spese a carico del destinatario : frais à la charge du destinataire
Pregasi compilare il formulario allegato. – Prière de remplir le formulaire joint.
aspettare la lettera di conferma : attendre la lettre de confirmation
distinti saluti : sentiments distingués
Voglia gradire i miei migliori saluti. – Veuillez croire, Monsieur (ou Madame), à l'expression de mes meilleurs sentiments.
La prego di gradire... – Je vous prie d'agréer...

Quatrième partie
L'italien *est un jeu*
Par Mariuccia Bertolozzi

Légendes

⚒ Chaque étape grammaticale débute par un rappel des règles de base qui sont les outils de la langue.

💣 Une difficulté particulière est une bombe à retardement qui sera désamorcée par des explications complémentaires.

🔑 Liste de mots pour vous aider à acquérir un vocabulaire de base.

🔔 C'est la récré ! Des exercices ludiques pour apprendre en s'amusant.

📖 Le saviez-vous ? Cette rubrique vous proposera de quoi enrichir votre culture italienne.

1
La musique italienne

Comment prononce-t-on l'italien ?

C'est bien connu : l'italien est une langue qui chante ! Cela est dû au fait qu'il existe des accents toniques qui portent toujours sur des voyelles : c'est-à-dire que la voix prolonge légèrement la voyelle tonique qui est plus longue. Il est obligatoire d'écrire l'accent tonique quand il porte sur la dernière syllabe.

Par exemple : « libertà » ou « virtù » ou encore « caffè ».

À votre tour d'être « tonique » : les petits exercices qui suivent vont vous permettre de vérifier vos réflexes dans la prononciation de l'italien. *Andiamo !*

✖ La langue italienne comporte cinq voyelles écrites.
« a » = a de *papa*
« e » = é de *cédé*, il n'est jamais muet
« i » = i de *ici*
« o » = o de *kilo*
« u » = ou de *fou*

La langue italienne comporte seize consonnes écrites. Comme en français, une même consonne écrite peut représenter des sons différents.
— « b », « d », « f », « l », « m », « n », « p », « q », « r », « s », « t », « v », « z » se prononcent comme en français.
— « c » placé devant « a », « o », et « u » se prononce **k** (son dur) comme dans *café* ; placé devant « e » et « i » il se prononce **tch** (son doux) comme dans *tchèque*. Si l'on

IV. L'ITALIEN EST UN JEU

veut obtenir un son dur devant «e» et «i», il suffit d'introduire un «h». Exemple: *Pinocchio*. Si l'on veut obtenir un son doux devant «a», «o», «u», il suffit d'introduire un «i». Exemple: «ciao».
- «g» placé devant «a», «o», et «u» se prononce **g** (son dur) comme dans *gare*; placé devant «e» et «i» il se prononce **dg** (son doux) comme dans *adjectif*. Si l'on veut obtenir un son dur devant «e» et «i», il suffit d'introduire un «h». Exemple: «spaghetti». Si l'on veut obtenir un son doux devant «a», «o», «u», il suffit d'introduire un «i». Exemple: Giorgio Armani.
- «gli» se prononce **ill** (son mouillé), comme dans *feuille*.
- «j», «k», «w», «x», «y» n'existent pas.
- «h» n'existe que comme symbole phonétique.
- «qu» se prononce **kw** comme dans *quoi*.
- «sc» devant «a», «o», et «u» se prononce **sk** (son dur), comme dans *scorpion*; placé devant «e» et «i» il se prononce **ch** (son doux), comme dans *chez*. Si l'on veut obtenir un son dur devant «e» et «i», il suffit d'introduire un «h». Exemple: «scheletro». Si l'on veut obtenir un son doux devant «a», «o», «u», il suffit d'introduire un «i». Exemple: «sciovinismo».

🔔 Doux ou dur?

Répartissez les mots en deux listes: les sons doux et les sons durs.

gatto	cane	bicicletta	colomba	candela
casa	cuore	ragazza	pesce	campana
bicchiere	uccello	occhiali	dischetto	casella
scheda	teschio	croce		

🔔 Le petit train des mots

Répartissez les mots en deux listes : les « ch » et les « tch ».

vicino – sciabola – coscienza – cacio – civetta – guscio – sciopero – scivolare – cucinare – sciupare – scemo – cemento – sci – bacio – ciabatta – cinema – scienza – uscio – calcio – ciuco

🔔 Dur dur!

Dans la liste suivante, choisissez les mots au son dur.

guglia – giovane – governo – scatola – coraggio – polacco – occhi – galante – gufo – scuola – sciatore – vasca – gilè – gheriglio – noce – gazza – già – schivare – scolare – giù – scheda – corlbacco – bacello – chiave

IV. L'ITALIEN EST UN JEU

Réponses

🔔 Doux ou dur ?

Les sons qui sont doux : **bicicletta, pesce, uccello, croce**.

Les sons qui sont durs : **gatto, cane, colomba, candela, casa, cuore, ragazza, campana, bicchiere, occhiali, dischetto, casella, scheda, teschio**.

🔔 Le petit train des mots

Les mots qui font « ch » : **sciabola – coscienza – guscio – sciopero – scivolare – sciupare – scemo – sci – scienza – uscio**.

Les mots qui font « tch » : **vicino – cacio – civetta – cucinare – cemento – bacio – ciabatta – cinema – calcio – ciuco**.

🔔 Dur dur !

Les mots au son dur sont : guglia – governo – scatola – coraggio – polacco – occhi – galante – gufo – scuola – vasca – gheriglio – gazza – schivare – scolare – scheda – colbacco – chiave.

2
Des mots, des mots, encore des mots

Vos premiers mots en italien

Pour un francophone, le lexique italien est plutôt transparent. L'italien est une langue «cousine» du français, ce qui en facilite l'apprentissage. Et si vous êtes déjà allé en Italie, vous avez dû être étonné par le nombre de mots que vous compreniez. Mais attention : s'il y a des ressemblances entre nos deux langues, il y a aussi bien des différences qu'il est indispensable de connaître pour éviter tout malentendu…

✶ Les mots italiens peuvent finir par «-a», par «-o» ou par «-e». Les mots finissant par «-a» sont généralement féminins (sauf, par exemple, «il poeta» ou «il dentista»). Les mots finissant par «-o» sont généralement masculins (sauf, par exemple, «la mano» ou «l'eco»). Les mots finissant par «-e» sont soit féminins soit masculins.
Les mots terminés par «-ore» sont tous masculins (le plus souvent féminins en français), sauf «la folgore» (*la foudre*).
Ex. : Il valore, il dolore, il furore. *La valeur, la douleur, la fureur.*

⌕ Un peu de vocabulaire ?

| ✈ aereo | 🐈 cane | ☾ luna | ⚑ bandiera | 🍸 bicchiere |
| 🕯 candela | 📖 libro | 🏠 casa | 🐟 pesce | 🗝 chiave |

IV. L'ITALIEN EST UN JEU

✄ Les suffixes

– Avec un mot et des suffixes, on peut exprimer toutes sortes de nuances. Un homme, « uomo », peut devenir grand, « omone », ou très petit, « omino », ou très vilain, « omaccio », voire grand et très laid, « omaccione », en associant deux suffixes.
   Ex. :   Una casa. *Une maison.*
   Una casetta. *Une petite maison.*
   Una casettina. *Une toute petite maison.*
   Una casaccia. *Une bicoque.*

– On dispose d'un suffixe augmentatif : « -one ».
   Ex. :   Il ragazzo → il ragazzone.

– Bon nombre de substantifs changent de genre (de féminin à masculin) quand on leur ajoute le suffixe augmentatif.
   Ex. :   La cassa/il cassone. *La caisse/le gros coffre.*
   La porta/il portone. *La porte/le portail.*
   La maglia/il maglione. *Le chandail/le gros pull.*
   La donna/il donnone. *La femme/la grande et grosse femme.*

– L'italien possède plusieurs diminutifs : « -etto », « -ino », « -ello », « -otto » ; « -ino » et « -etto » étant les plus fréquents.
   Ex. :   Il ragazzo/il ragazzino. *Le garçon/le garçonnet.*
   I foglio/il foglietto. *La feuille/le feuillet.*

– « -otto » est senti comme diminutif ou augmentatif selon les cas.
   Ex. :   Il ragazzo/il ragazzotto. *Est presque un adolescent.*
   Il giovane/il giovanotto. *Est un jeune homme.*

– « -ello » est un peu moins employé.
   Ex. :   L'albero/l'alberello. *L'arbre/le jeune arbre.*

– On peut exprimer la tendresse avec « -uccio ».
   Ex. :   La bocca/la boccuccia. *La bouche/la jolie petite bouche.*

– Les péjoratifs ont des nuances plus ou moins fortes, depuis « -astro » jusqu'à « -accio », le plus appuyé et le plus courant.
   Ex. :   Giallo/giallastro. *Jaune/jaunâtre.*
   Il ragazzo/il ragazzaccio. *Le garçon/le garnement.*

2. Vos premiers mots en italien

⌂ Mariez-les !

Associez chacun des mots suivants avec celui qui fait la paire en vous aidant des pictogrammes.

✉	lettera	✋	mano	🍸	bicchiere
☺	allegro	☁	nuvola	🚑	ambulanza
👍	mano	🔑	chiave	🍽	piatto
📪	casella	🔒	chiavaccio	☹	triste
🚒	pompieri	☉	sole		

⌂ Le mot caché

Remplissez chacune des lignes de la grille horizontalement pour voir le mot caché apparaître verticalement.

IV. L'ITALIEN EST UN JEU

🔔 Quel modèle cherchez-vous ?

Écrivez à côté des images le nom de l'objet avec son diminutif, augmentatif ou péjoratif.

2. Vos premiers mots en italien

Réponses

🔔 Mariez-les!

- ✉️ 📬 la lettera nella casella
- 👍 ✋ le due mani
- 🍽️ 🍷 al ristorante, il piatto e il bicchiere per mangiare
- 😊 ☹️ è allegro o triste ?
- ☀️ ☁️ il meteo : sole o nuvola ?
- 🔑 🔒 la chiave nel chiavaccio
- 🚑 🚒 urgenza : l'ambulanza con i pompieri

🔔 Le mot caché

📖				L	I	B	R	O	
🐈					C	A	N	E	
🌙				L	U	N	A		
🕯️			C	A	N	D	E	L	A
🍷	B	I	C	C	H	I	E	R	E
🐟		P	E	S	C	E			
✈️				A	E	R	E	O	
🏠			C	A	S	A			

🔔 Quel modèle cherchez-vous?

La candelina o la candela
Il bicchierino, il bicchiere o il bicchierone
La bandiera o la bandierina
La ragazza o la ragazzina
L'uccellino o l'uccellaccio

📖 Le saviez-vous?

Uccellini e uccellacci est un film célèbre du metteur en scène, critique, poète et romancier, Pier Paolo Pasolini (1922-1975).

3
Faites l'article !

Les articles

Comme toutes les langues issues du latin, l'italien comporte des articles qui s'accordent en genre et en nombre avec leurs noms. Toutefois, attention à l'initiale de ce nom, qui conditionne la forme de l'article, au masculin surtout. Concentrez-vous : dans ce chapitre, vous allez devoir faire l'article !

⚒ L'article masculin singulier est « il », sauf devant un « s » suivi de consonne ou devant un « z » : on emploie alors « lo » ; l'article féminin singulier est « la ». Devant toutes les voyelles, l'article est « l' ».

🔔 Ajoutez les articles

lettera	terra	telefono	gatto
aereo	cane	bicicletta	colomba
nuvola	candela	sole	libro
luna	campana	bandiera	casa
ragno	isola	cuore	letto
termometro	ragazza	pesce	
bicchiere	uccello	razzo	

⚒ L'article masculin pluriel est « i » devant une consonne simple, dans les autres cas « gli ». L'article féminin pluriel est toujours « le ».

3. Les articles

🔔 Ajoutez les articles au pluriel

✉	lettera	🌍	terra	☎	telefono		gatto
✈	aereo		cane	🚲	bicicletta		colomba
☁	nuvola		candela	☀	sole	📖	libro
☾	luna	🔔	campana	⚑	bandiera	🏠	casa
🕷	ragno		isola	♥	cuore		letto
🌡	termometro		ragazza		pesce		
Y	bicchiere		uccello		razzo		

🔔 Le grand bazar des articles

Associez chacun des articles de la première colonne au nom de la deuxième colonne qui convient.

l'	macchina	voiture
l'	autobus	autobus
i	francesi	français
l'	squalo	squale
lo	barche	barques
la	professori	professeurs
l'	zuppe	soupes
i	gelati	glaces
la	aranciata	orangeade
gli	zio	oncle
le	albero	arbre
lo	ragazzi	garçons
le	amica	amie
i	lampada	lampe
le	scolari	écoliers
i	balene	baleines

🔔 Mariez-les !

Associez chaque nom à l'adjectif qui convient.

il libro	rapide
i ragazzi	fedele

IV. L'ITALIEN EST UN JEU

l'aranciata   verde
il cane   fresca
le macchine   delizioso
l'autobus   lento
l'albero   intelligenti
il gelato   nuovo

📖 Le saviez-vous ?

Les mots dans la colonne de gauche évoquent tous quelque chose – ou quelqu'un – de typiquement italien. Saurez-vous les associer au mot qui convient dans la colonne de droite ?

la gondola   siciliana
il panettone   milanese
la pizza   veronesi
la mafia   veneziana
gli amanti   napoletana

Réponses

Ajoutez les articles

la lettera	**la** terra	**il** telefono
il gatto	**l'**aereo	**il** cane
la bicicletta	**la** colomba	**la** nuvola
la candela	**il** sole	**il** libro
la luna	**la** campana	**la** bandiera
la casa	**il** ragno	**l'**isola
il cuore	**il** letto	**il** termometro
la ragazza	**il** pesce	**il** bicchiere
l'uccello	**il** razzo	

Ajoutez les articles au pluriel

le letter**e**	**le** terr**e**	**i** telefon**i**
i gatt**i**	**gli** aere**i**	**i** can**i**
le bicicle**tte**	**le** colomb**e**	**le** nuvol**e**
le candel**e**	**i** sol**i**	**i** libr**i**
le lun**e**	**le** campan**e**	**le** bandier**e**
le cas**e**	**i** ragn**i**	**le** isol**e**
i cuor**i**	**i** lett**i**	**i** termometr**i**
le ragazz**e**	**i** pesc**i**	**i** bicchier**i**
gli uccelli	**i** razz**i**	

Le grand bazar des articles

la macchina, **l'**autobus, **i** francesi, **lo** squalo, **le** barche, **i** professori, **le** zuppe, **i** gelati, **l'**aranciata, **lo** zio, **l'**albero, **i** ragazzi, **l'**amica, **la** lampada, **gli** scolari, **le** balene.

Mariez-les!

il libro nuovo, i ragazzi intelligenti, l'aranciata fresca, il cane fedele, le macchine rapide, l'autobus lento, l'albero verde, il gelato delizioso.

IV. L'ITALIEN EST UN JEU

📖 **Le saviez-vous ?**

la gondola veneziana : petite embarcation uniquement vénitienne, caractérisée par sa couleur noire, son unique rame et sa forme recourbée qui la rend particulièrement maniable dans les étroits canaux de Venise.

il panettone milanese : brioche de Noël, parfumée à la fleur d'oranger avec des fruits confits et des raisins secs. Spécialité de Milan.

la pizza napoletana : plat fait d'une pâte à pain étalée et garnie. Cette spécialité de Naples existe depuis le xe siècle. En 1889, le restaurateur Esposito a créé la pizza margherita en l'honneur de la reine Marguerite de Savoie et aux couleurs du drapeau italien : rouge de la tomate, blanc de la mozzarella et vert du basilic !

la mafia siciliana : la mafia est une organisation d'origine sicilienne existant depuis le xviiie siècle. À l'origine, son but était la protection des paysans contre le pouvoir établi. À Naples, le même phénomène se nomme la Camorra et en Calabre la N'Drangheta. En Amérique, les émigrés italiens ont créé Cosa Nostra, que l'on peut traduire par « Notre Affaire », mais le terme mafia (utilisé pour la Sicile) est un symbole presque universel de crime organisé. La mafia est devenue aujourd'hui plus « urbaine » et l'argent à blanchir provient plutôt de la drogue, de la contrebande, de l'immobilier...

gli amanti veronesi : Roméo Montaigu et Juliette Capulet habitent Vérone. En 1476, Masuccio Salernitano écrit une nouvelle située à Sienne, reprise plus tard par Luigi da Porto qui la transpose à Vérone dans les années 1301-1304. C'est la version que l'on retrouve dans la tragédie de Shakespeare, d'où l'engouement actuel pour les amants de Vérone.

4
Dans la jungle des pluriels

Les mots au pluriel

En appliquant les mêmes principes, on obtient les mêmes effets ! Voici donc le pluriel des noms... Et quand on est sensible à la musique de la langue, on accepte aussi quelques discordances... harmonieuses bien sûr !

✗ Les mots féminins en « a » font leur pluriel en « e » et les mots masculins en « o » font leur pluriel en « i ». Les mots en « e », qu'ils soient féminins ou masculins, font leur pluriel en « i ».

💣 Quelques cas particuliers : l'uomo/gli uomini, mille/due mila, la moglie/le mogli.

✗ Les mots accentués phonétiquement sur la dernière syllabe (rappelons qu'ils portent un accent graphique) et les mots terminés par une consonne sont invariables.
Ex. : Il caffè/i caffè. *Le café/les cafés.*
L'autobus/gli autobus. *L'autobus/les autobus.*

✗ Les mots masculins qui se terminent par « -co » ou « -go » se prononcent **ko** et **go**. Leurs pluriels conservent la prononciation dure et s'écrivent « -chi » et « -ghi ».

💣 Exceptions :
L'amico/gli amici. *L'ami/les amis.*
Il nemico/i nemici. *L'ennemi/les ennemis.*
Il porco/i porci. *Le porc/les porcs.*
Il Greco/i Greci. *Le Grec/les Grecs.*
Il faut ajouter les mots accentués sur l'antépénultième (c'est-à-dire la syllabe qui précède l'avant-dernière syllabe). *Sympa-*

thique se dit «simpàtico», «simpàtici» au masculin pluriel (mais l'accent n'étant pas écrit, il s'agit d'avoir de l'oreille!).

🔔 Mettez au pluriel

Changez la dernière lettre de chacun des mots suivants pour indiquer le pluriel correspondant.

- lettera
- terra
- telefono
- gatto
- aereo
- cane
- bicicletta
- colomba
- nuvola
- candela
- sole
- libro
- luna
- campana
- bandiera
- casa
- ragno
- isola
- cuore
- letto
- termometro
- ragazza
- pesce
- bicchiere
- uccello
- razzo

🔔 Méli-mélo d'adjectifs

Les adjectifs qui suivent chacun des noms suivants sont-ils correctement orthographiés? Mettez une croix en face de chaque ligne dans la colonne qui convient. (*N.B.* Les accents toniques sont exceptionnellement inscrits.)

	correct	incorrect
gli amici simpàtici		
i nemici grechi		
gli autori clàssici		
i greci antici		
i fuochi accesi		
i mèdici ostètrichi		
i banchi pùbblici		
i ragazzi antipàtici		
i lavori domèstici		
i còmpiti scolàstichi		
i cantanti lìrici		
i porci grassi		
i vestiti sporci		

4. Les mots au pluriel

Réponses

🔔 Mettez au pluriel

✉	letter**e**	🌍	terr**e**	☎	telefon**i**	🐈	gatt**i**
✈	aere**i**	🐕	can**i**	🚲	biciclett**e**	🕊	colomb**e**
☁	nuvol**e**	🕯	candel**e**	☀	sol**i**	📖	libr**i**
🌙	lun**e**	🔔	campan**e**	🚩	bandier**e**	🏠	cas**e**
🕷	ragn**i**	⛱	isol**e**	♥	cuor**i**	🛏	lett**i**
🌡	termometr**i**	❗	ragazz**e**	🐟	pesc**i**		
🍷	bicchier**i**	🦅	uccell**i**	🚀	razz**i**		

🔔 Méli-mélo d'adjectifs

	correct	incorrect	correction
gli amici simpàtici	X		
i nemici grechi		**X**	i nemici greci
gli autori clàssici	X		
i greci antici		**X**	i greci antichi
i fuochi accesi	X		
i mèdici ostètrichi		**X**	i medici ostetrici
i banchi pùbblici	X		
i ragazzi antipàtici	X		
i lavori domèstici	X		
i còmpiti scolàstichi		**X**	i compiti scolastici
i cantanti lìrici	X		
i porci grassi	X		
i vestiti sporci		**X**	i vestiti sporchi

☞ Un peu de vocabulaire ?

Il cantante lìrico: *le chanteur lyrique*
Il còmpito scolàstico: *le travail scolaire*
Il fuoco acceso: *le feu allumé*
Il lavoro domestico: *le travail domestique*
Il medico ostetrico: *le médecin obstétricien*
Il porco grasso: *le porc gras*
Il vestito sporco: *le vêtement sale*

5
Priorité à l'emploi qualifié !

Les adjectifs qualificatifs

Vous n'êtes plus très sûr de savoir ce qu'est un adjectif ? Pour faire court, l'adjectif est un mot adjoint à un nom pour en préciser le sens. L'adjectif ne peut exister sans substantif… En conséquence, il est de même genre et de même nombre que le nom auquel il se rapporte. Après cet indispensable rappel grammatical, vous voilà prêt à affronter toutes les subtilités de l'adjectif en italien !

⚒ Les adjectifs italiens peuvent finir par « -a », par « -o » ou par « -e ». Les adjectifs finissant par « -a » sont généralement féminins (sauf, par exemple, « il dentista ottimista »). Les adjectifs finissant par « -o » sont toujours masculins. Les adjectifs finissant par « -e » sont soit féminins, soit masculins.
    Ex. : Un teatro romano. *Un théâtre romain*.
         Una casa luminosa. *Une maison lumineuse.*
         Un uccello migratore e una terra tropicale. *Un oiseau migrateur et une terre tropicale.*

⚒ La formation des pluriels des adjectifs suit celle des pluriels des substantifs.
    Ex. : Due teatri romani. *Deux théâtres romains*.
         Due case luminose. *Deux maisons lumineuses.*
         Gli uccelli migratori e le terre tropicali. *Les oiseaux migrateurs et les terres tropicales.*

💣 Sont invariables certains adjectifs de couleur qui font référence à une plante comme *rosa*, *viola*, *marrone*, *arancione, granata, fuchsia...* ou certains autres d'origine étrangère comme *blu, beige...*

Buono, bello

Ces deux adjectifs, d'usage très fréquent dans la langue italienne, bénéficient d'un traitement particulier, car leurs formes suivent plus les variations des articles que celles des substantifs : « buono » varie comme l'article indéfini « uno » alors que « bello » varie comme l'article défini.
Ex. : Un libro, un buon libro. *Un livre, un bon livre.*
Uno specialista, un buono specialista. *Un spécialiste, un bon spécialiste.*
Un'amica, una buon'amica. *Une amie, une bonne amie.*
Tanti libri, tanti buoni libri. *Tant de livres, tant de bons livres.*
Certe intenzioni, certe buone intenzioni. *Des intentions, de bonnes intentions.*
Il film, il bel film. *Le film, le beau film.*
La vita, la bella vita. *La vie, la belle vie.*
Lo strumento, il bello strumento. *L'instrument, le bel instrument.*
I film, i bei film. *Les films, les beaux films.*
Gli strumenti, i begli strumenti. *Les instruments, les beaux instruments.*
Le vite, le belle vite. *Les vies, les belles vies.*

Santo

Cet adjectif suit les règles ordinaires, sauf dans le cas particulier où il est utilisé devant le nom propre d'un saint, au masculin. Dans ce cas, il suit des règles particulières : devant une consonne simple, il prend la forme « san », devant un « s » suivi d'une consonne ou devant un « z », il devient « santo », devant une voyelle il devient « sant' ».
Ex. : San Paolo, Santo Stefano, Sant'Agostino.
Les seules exceptions sont San Zeno (cathédrale de Vérone) et San Zaccaria (une importante église de Venise).
Cette originalité grammaticale peut sembler secondaire,

IV. L'ITALIEN EST UN JEU

mais elle occupe une place primordiale dans une terre aussi traditionnellement catholique que l'Italie.

🔔 La palette des couleurs

Unissez chaque substantif avec sa bonne couleur.

la rosa •	• blu
l'abito del buddista •	• nero
il sole •	• rosso
la bicicletta •	• verde
il tappeto •	• giallo
il diavolo •	• arancione
l'albero •	• rosa

Et maintenant, mettez chaque groupe de mots ainsi obtenu au pluriel.

🔔 Le coin des poètes

Plus riche est l'adjectivation, plus riche est le style de l'auteur. Lisez la liste d'adjectifs ci-dessous, puis associez trois adjectifs à chacun des noms qui figurent dans le tableau. Rendez-vous ensuite à la page des réponses : vous serez surpris d'apprendre quel poème vous avez ainsi ébauché !

ardente – fresche – chiare – forte – biondi – puro – dolci – amorosa – leggeri – bella – graziosa – liberi

noms	adjectifs
le acque (les eaux)	
la donna (la dame)	
l'amore (l'amour)	
i capelli (les cheveux)	

5. Les adjectifs qualificatifs

Réponses

🔔 La palette des couleurs

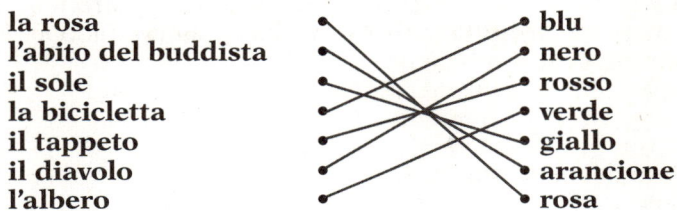

la rosa — rosa
l'abito del buddista — arancione
il sole — giallo
la bicicletta — blu
il tappeto — rosso
il diavolo — nero
l'albero — verde

Notez le pluriel de chacun des groupes de mots :
la rosa rosa/**le rose rosa** ; l'abito del buddista arancione/**gli abiti del buddista arancione** ; il sole giallo/**i soli gialli** ; la bicicletta blu/**le biciclette blu** ; il tappeto rosso/**i tappeti rossi** ; il diavolo nero/**i diavoli neri** ; l'albero verde/**gli alberi verdi**.

🔔 Le coin des poètes

noms	adjectifs
le acque (les eaux)	chiare, fresche, dolci
la donna (la dame)	graziosa, bella, amorosa
l'amore (l'amour)	forte, puro, ardente
i capelli (les cheveux)	biondi, leggeri, liberi

Pétrarque a ainsi associé ces noms et ces adjectifs dans son poème consacré à Laure de Noves : « Chiare, fresche e dolci acque », poème n° 126 du *Canzoniere*.

📖 Le saviez-vous ?

François Pétrarque (Francesco Petrarca) est né le 20 juillet 1304 à Arezzo où s'est réfugié son père, exilé de Florence. Très jeune, il le suit à Avignon. Il commence des études de droit à Montpellier mais les abandonne bien vite et s'installe à L'Isle-sur-la-Sorgue (Vaucluse) pour se consacrer à la poésie.

Le 6 avril 1327, en l'église Sainte-Claire d'Avignon, il se prend d'amour pour la belle Laure de Noves, qui va inspirer toute sa poésie amoureuse rassemblée dans *Il Canzoniere*. La poésie de Pétrarque va devenir le modèle européen de la poésie amoureuse, de Ronsard, Du Bellay et tous les poètes de la Pléiade à Schiller, en passant par Shakespeare.

Il meurt le 19 juillet 1374 à Arquà, près de Padoue, les poésies de Virgile à la main.

6
Encore des adjectifs...

Comparatifs et superlatifs

Les adjectifs peuvent indiquer des qualités, mais ils peuvent aussi en préciser l'intensité et le degré. Ils permettent d'établir une comparaison (égalité, supériorité ou infériorité).

Ils peuvent également exprimer le degré le plus élevé d'une qualité en utlisant le superlatif.

Voici le chapitre qui fera de vous un grammairien... excellentissime!

✖ Les comparatifs d'égalité

Il y a deux manières équivalentes d'exprimer l'égalité. Ce sont comme des tandems: «così... come» ou «tanto... quanto».

Chaque paire est invariable mais inséparable: Il pesce è così buono come la carne/Il pesce è tanto buono quanto la carne. *Le poisson est aussi bon que la viande.*

Dans les deux cas on peut faire l'ellipse du premier terme de la comparaison et dire: Il pesce è buono come la carne/Il pesce è buono quanto la carne.

✖ Comparatifs de supériorité et d'infériorité

On distingue deux cas:
– On compare deux personnes, ou deux choses à une qualité unique. On utilise alors:

« più... di » pour la supériorité, « meno... di », pour l'infériorité.
   Ex. : È più (meno) ricco di Mario. *Il est plus (moins) riche que Mario.*
       Silvano è più (meno) intelligente di te. *Sylvain est plus (moins) intelligent que toi.*

– On compare deux qualités ou défauts d'un même sujet ou deux quantités. On utilise alors :
« più... che » pour la supériorité, « meno... che » pour l'infériorité.
   Ex. : Provo per lui più simpatia che amore. *J'éprouve pour lui plus de sympathie que d'amour.*
       Il clima qui è meno caldo che umido. *Ici le climat est moins chaud qu'il n'est humide.*
       La considero più volitiva che intelligente. *Je considère qu'elle est plus volontaire qu'intelligente.*

✵ Les superlatifs

Les superlatifs relatifs expriment la qualité supérieure d'une personne ou d'une chose par rapport aux autres. Ainsi, un livre peut être « beau », mais en plus il peut être « le plus beau » de tous les livres : un bel libro, et il più bel libro (di tutti).

💣 Attention, la règle suivante est absolue : dans des expressions du type « le livre le plus intéressant », le français répète l'article, pas l'italien : il libro più interessante.
   Ex. : La ragazza più simpatica. *La fille la plus sympathique.*
       Il film più lungo e più noioso. *Le film le plus long et le plus ennuyeux.*

✵ Les superlatifs absolus expriment une qualité ou un défaut portés à leur plus haut niveau. Pour les former, on utilise soit la construction « molto » suivi de l'adjectif, où « molto » a valeur d'adverbe (il correspond au français « très ») et est invariable, soit la forme latine en ajoutant à l'adjectif le suffixe « -issimo », qui s'accorde en genre et en nombre.

6. Comparatifs et superlatifs

Ex.: Questa bicicletta è bella, bellissima/Questa bicicletta è bella, molto bella. *Cette bicyclette est belle, très belle.*

♦ Quelques comparatifs et superlatifs irréguliers

adjectifs	comparatifs	superlatifs
buono	migliore	ottimo
cattivo	peggiore	pessimo
grande	maggiore	massimo
piccolo	minore	minimo

Ex.: La migliore pizza è la napoletana. *La meilleure pizza est la napolitaine.*
La basilica di San Pietro è il massimo edificio cristiano. *La basilique Saint-Pierre est le plus grand édifice chrétien.*

📖 Le saviez-vous ?

La basilique Saint-Pierre a été construite sur l'emplacement du tombeau de l'apôtre saint Pierre. Sa forme actuelle date du XVIe siècle; les plans sont l'œuvre de Bramante, la coupole est un projet de Michel-Ange terminé à la fin du XVIe siècle et la place Saint-Pierre a été réalisée par le grand architecte et sculpteur baroque: Le Bernin.

⚡ Un peu de vocabulaire ?

L'amore: *l'amour*
I baffi: *les moustaches*
Il carbone: *le charbon*
Il circo: *le cirque*
Il diavolo: *le diable*
Il diritto: *le droit*
L'età: *l'âge*
Il fratello: *le frère*
Il giorno: *le jour*
La mia (possessif fém. sing.): *ma*
I miei (possessif masc. plur.): *mes*
Affamato: *affamé*
Alto: *haut*
Bello: *beau*
Basso: *bas*
Caldo: *chaud*
Corto: *court*
Dopo: *après*

IV. L'ITALIEN EST UN JEU

Natale: *Noël*
La notte: *la nuit*
Il pezzo: *le morceau*
Il piano: *l'étage*
Il progresso: *le progrès*
Il sole: *le soleil*
La storia: *l'histoire*
Il topolino: *la petite souris*
La torre: *la tour*
La vita: *la vie*

Felice: *heureux*
Forte: *fort*
Freddo: *froid*
Grande: *grand*
Gustoso: *savoureux*
Lungo: *long*
Naturale: *naturel*
Pesante: *lourd*
Piccolo: *petit*
Prima: *avant*

🔔 À vous de jouer!

Sauriez-vous traduire en italien les titres de ces films ou de ces livres?
  1. *Le jour le plus long* (film américain)
  2. *Ma plus belle histoire d'amour* (chanson de Barbara)
  3. *Une très courte histoire du progrès* (essai de Ronald Wright)
  4. *Une histoire naturelle des très très riches* (document de Richard Conniff)
  5. *Plus belle la vie* (série télévisée)
  6. *Plus fort que le diable* (film de John Huston)
  7. *La très belle histoire de Noël* (album pour enfants de Claude Lafortune)
  8. *Mes plus belles années* (série télévisée)
  9. *Le droit du plus fort* (film de Rainer Werner Fassbinder)
  10. *Le soleil n'est plus aussi chaud qu'avant* (pièce d'Aldo Nicolaj)
  11. *Le plus bel âge...* (film de Didier Haudepin)
  12. *Le plus heureux des trois* (pièce de Labiche)
  13. *Le frère le plus futé de Sherlock Holmes* (film de Gene Wilder)

🔔 «Galeotto fu il libro» (Dante)

Compléter les espaces avec «di» ou «che» («di» est une préposition: elle peut se combiner à l'article défini quand c'est nécessaire):

Questa storia è più grammaticale...... vera. Racconta l'avventura di Firmino, un topolino appena più alto...... un bicchiere. È meno bello...... Mickey, suo fratello, ma più intelligente...... tutti. Ha i baffi più neri...... un pezzo di carbone e gli occhi più brillanti...... un diamante. È un affamato intelligentissimo che divora più libri...... formaggi. Per lui, i libri illustrati sono meno gustosi...... quelli di filosofia: Astérix è meno interessante...... Voltaire. Ma per errore, ha mangiato un libro di matematica più pesante...... la torre di Pisa. È morto d'indigestione.

◔ Facile... facilissime!

Remplacer les superlatifs suivants par l'adjectif correspondant précédé de «molto»:
1. la casa bellissima
2. il circo massimo
3. la madre giovanissima
4. un pranzo minimo
5. un libro famosissimo
6. una pizza caldissima
7. un pesce ottimo
8. gli ucelli coloratissimi
9. il mare caldissimo
10. un carattere pessimo
11. il film tristissimo
12. le signore gentilissime
13. un saluto cordialissimo
14. due bicchieri pienissimi
15. i cani fedelissimi
16. una nuvola nerissima

IV. L'ITALIEN EST UN JEU

Réponses

🔔 À vous de jouer !

1. Il giorno più lungo **2.** La mia più bella storia d'amore **3.** Una cortissima storia del progresso **4.** Una storia naturale dei ricchissimi **5.** Più bella la vita **6.** Più forte del diavolo **7.** La bellissima storia di Natale **8.** I miei anni più belli (i miei più begli anni) **9.** Il diritto del più forte **10.** Il sole non è più (così) caldo come prima **11.** L'età più bella... **12.** Il più felice dei tre **13.** Il fratello più furbo di Sherlock Holmès

🔔 « Galeotto fu il libro » (Dante)

Questa storia è più grammaticale **che** vera. Racconta l'avventura di Firmino, un topolino appena più alto **di** un bicchiere. È meno bello **di** Mickey, suo fratello, ma più intelligente **di** tutti. Ha i baffi più neri **di** un pezzo di carbone e gli occhi più brillanti **di** un diamante. È un affamato intelligentissimo che divora più libri **che** formaggi. Per lui, i libri illustrati sono meno gustosi **di** quelli di filosofia: Astérix è meno interessante **di** Voltaire. Ma per errore, ha mangiato un libro di matematica più pesante **della** (di + la) torre di Pisa. È morto d'indigestione.

📖 Le saviez-vous ?

L'expression « Galeotto fu il libro » est extraite de *La divine comédie* de Dante. Le poète raconte un fait divers historique dans lequel un livre a été le point de départ d'une relation coupable entre une jeune femme et son beau-frère, et qui s'est terminée tragiquement par le meurtre des deux amants. Les Italiens utilisent cette expression (même ironiquement) pour signifier qu'un objet est à l'origine d'un événement tout à fait inattendu.

🔔 Facile... facilissime !

1. la casa bellissima → **la casa molto bella**
2. il circo massimo → **il circo molto grande**
3. la madre giovanissima → **la madre molto giovane**
4. un pranzo minimo → **un pranzo molto piccolo**
5. un libro famosissimo → **un libro molto famoso**

6. una pizza caldissima → **una pizza molto calda**
7. un pesce ottimo → **un pesce molto buono**
8. gli uccelli coloratissimi → **gli ucelli molto colorati**
9. il mare caldissimo → **il mare molto caldo**
10. un carattere pessimo → **un carattere molto cattivo**
11. il film tristissimo → **il film molto triste**
12. le signore gentilissime → **le signore molto gentili**
13. un saluto cordialissimo → **un saluto molto cordiale**
14. due bicchieri pienissimi → **due bicchieri molto pieni**
15. i cani fedelissimi → **i cani molto fedeli**
16. una nuvola nerissima → **una nuvola molto nera**

📖 Le saviez-vous ?

Le Circus Maximus ou Grand Cirque a été construit à Rome au VIIe siècle av. J.-C. Il accueillait les fêtes religieuses spectaculaires et les courses de chars. Long de 600 mètres et large de plus de 100 mètres, il pouvait accueillir environ 300 000 spectateurs (le Stade de France en contient 80 430 !). Le dernier spectacle a été donné en 549 apr. J.-C.

7
A da di... et autres prépositions

Les prépositions et leur emploi

Il n'y a pas de déclinaisons en italien (ouf!), alors remplaçons-les par des prépositions et tout devient plus facile! Dans ce chapitre, vous allez passer en revue les principales prépositions de l'italien et tester vos toutes nouvelles connaissances. Vous aurez alors acquis un outil grammatical vous permettant de faire des phrases de plus en plus élaborées.

✖ L'italien a remplacé les cas latins par des prépositions, ce qui facilite les choses. Il suffit de connaître la liste des prépositions et leurs emplois. Il y en a sept principales qui sont : « a », « con », « da », « di », « in », « per », « su ».

« A » (*à*) sert à indiquer la destination, le lieu où l'on va.
Ex. : Vado a scuola. *Je vais à l'école.*

« Con » (*avec, par, en*) exprime l'accompagnement, le moyen et la caractérisation.
Ex. : Vengo con te. *Je viens avec toi.*
Vengo con la macchina. *Je viens en voiture.*
Legge con piacere. *Il lit avec plaisir.*

« Da » est la reine des prépositions, de loin la plus employée. Elle peut se traduire, suivant les cas, par : *de, par, chez, depuis, à...*
Elle indique l'origine dans l'espace ou dans le temps.
Ex. : Vengo da Parigi. *Je viens de Paris.*
Lavoro da un mese. *Je travaille depuis un mois.*

Elle introduit le complément d'agent.
Ex.: Il libro è fatto da un professore. *Le livre est fait par un professeur.*
Elle exprime l'utilisation.
Ex.: Una tazza da tè o da caffè. *Une tasse à thé ou à café.*
Elle exprime l'obligation.
Ex.: Ho una lettera da scrivere. *J'ai une lettre à écrire.*
Elle exprime la valeur.
Ex.: Un francobollo da 0,50 €, un biglietto da 20 €. *Un timbre à 0,50 €, un billet de 20 €.*
Elle signifie *chez*.
Ex.: Andiamo da un bravo parrucchiere, da Alberto. *Nous allons chez un bon coiffeur, chez Alberto.*

« Di » (*de*) s'emploie aussi dans de nombreux cas :
Elle indique la possession.
Ex.: L'amico di Pietro. *L'ami de Pierre.*
Elle sert à désigner la matière dont est faite une chose.
Ex.: Un vaso di maiolica, un anello d'oro. *Un vase en faïence, un anneau d'or.*
Elle indique le contenu ou la mesure.
Ex.: Una bottiglia di birra, una barca di 12 m. *Une bouteille de bière, un bateau de 12 m.*

« In » : *en, dans.*
Ex.: In questo libro, non ci sono foto. *Dans ce livre, il n'y a pas de photos.*
Elle sert à dire le lieu où l'on est.
Ex.: Abito in campagna, in montagna. *J'habite à la campagne, à la montagne.*

« Su » : *sur, dessus.*
Ex.: Dormire su una spiaggia. *Dormir sur une plage.*

« Per » : *pendant, par, à travers.*
Ex.: Ho studiato per cinque anni a Roma. *J'ai étudié pendant cinq ans à Rome.*
Elle signifie *à travers, par, en*.
Ex.: Andare in giro per la città. *Aller se promener en ville.*

🛠 Les articles contractés

Les prépositions s'accolent à l'article défini et la contraction est obligatoire (comme en français où *je vais au spectacle* est la contraction de *je vais* [*à* + *le*] *spectacle*).

Les articles contractés ainsi obtenus ont une forme identique à celle des articles définis.

	masculin					**féminin**		
	IL	L'	LO	I	GLI	LA	L'	LE
A	al	all'	allo	ai	agli	alla	all'	alle
DA	dal	dall'	dallo	dai	dagli	dalla	dall'	dalle
DI	del	dell'	dello	dei	degli	della	dell'	delle
IN	nel	nell'	nello	nei	negli	nella	nell'	nelle
SU	sul	sull'	sullo	sui	sugli	sulla	sull'	sulle

Attention ! Le « l » est toujours double sauf avec les articles « il », « i », « gli ».

💣 Devant les chiffres exprimant les dates ou les siècles, on utilise toujours la contraction de l'article défini avec la préposition.

Ex. : La Rivoluzione francese si è svolta nel secolo diciottesimo. *La Révolution française a eu lieu au XVIII*[e] *siècle.*
La Prima Guerra mondiale è scoppiata nel (« in » + « il ») 1914. *La Première Guerre mondiale a éclaté en 1914.*
Nella (« in » + « la ») lettera. *Dans la lettre.*
Vado dall' (« da » + « l' ») amico dei (« di » + « i ») miei genitori. *Je vais chez l'ami de mes parents.*

💣 La prépositon « a » est obligatoire quand on utilise un verbe de mouvement.

7. Les prépositions et leur emploi

Ex.: Vado **a** comprare il pane. *Je vais acheter le pain.*
Carlo viene **a** sostituirmi. *Carlo vient me remplacer.*
Non posso andare **a** prenderti. *Je ne peux pas aller te chercher.*

💣 Certaines locutions ne prenant pas d'article (contrairement aux locutions équivalentes françaises), il n'y a pas de contraction possible.
Ex.: A casa. *À la maison.*
A scuola. *À l'école.*
Essere di moda. *Être à la mode.*
Siamo a pagina 10. *Nous sommes à la page 10.*
Parlare a nome di… *Parler au nom de…*

🔔 Quelques lacunes à combler

Remplissez les espaces en ajoutant l'article contracté qui convient d'après la traduction donnée.

1. Les feuilles des arbres/Le foglie…… alberi.
2. La voiture de l'acteur est très belle/La macchina…… attore è bellissima.
3. Je marche sur la plage et je regarde les voiliers dans le port/Cammino…… spiaggia e guardo le barche a vela…… porto.
4. Je suis à Milan depuis le jour de Noël/Sono a Milano…… giorno di Natale.
5. Les événements de 2008 sont dans le « Livre de l'année »/Gli eventi…… 2008 sono…… « Libro…… Anno ».
6. Il y a peu d'oiseaux dans les jardins en hiver/Ci sono pochi uccelli…… giardini d'inverno.
7. Le match s'est déroulé au Stade de France/La partita…… Francesi si è svolta…… Stadio di Francia.

IV. L'ITALIEN EST UN JEU

🔔 Zig-zag

Dans cette grille de lettres il y a neuf articles contractés placés horizontalement et verticalement. Aiguisez le regard et retrouvez : ai, dal, dai, degli, dei, del, della, nello, sul.

D	A	I	Z	O	D	R	F	P
E	M	A	L	U	S	U	L	A
G	I	G	F	H	V	O	B	D
L	H	O	D	A	M	I	H	A
I	Q	D	E	L	V	S	I	L
T	N	E	L	L	O	P	S	G
U	R	T	L	T	A	Z	D	L
V	Q	D	A	U	M	O	E	I
Z	I	A	G	A	I	L	I	N

Réponses

🔔 Quelques lacunes à combler

1. Le foglie **degli** alberi.
2. La macchina **dell'**attore è bellissima.
3. Cammino **sulla** spiaggia e guardo le barche a vela **nel** porto.
4. Sono a Milano **dal** giorno di Natale.
5. Gli eventi **del** 2008 sono **nel** « Libro **dell'**Anno ».
6. Ci sono pochi uccelli **nei** giardini d'inverno.
7. La partita **dei** Francesi si è svolta **allo** Stadio di Francia.

🔔 Zig-zag

D	A	I	Z	O	D	R	F	P
E	M	A	L	U	S	U	L	A
G	I	G	F	H	V	O	B	D
L	H	O	D	A	M	I	H	A
I	Q	D	E	L	V	S	I	L
T	N	E	L	L	O	P	S	G
U	R	T	L	T	A	Z	D	L
V	Q	D	A	U	M	O	E	I
Z	I	A	G	A	I	L	I	N

8

Soyez possessif !

Les possessifs

« C'est à moi. » Voilà l'une des premières choses que l'on apprend à dire avec des mots et des gestes à l'appui. Dans ce chapitre, n'hésitez pas à être possessif, marquez votre territoire : apprenez à parler de vos objets personnels aussi bien que de vos proches… mais rendez aux autres ce qui leur appartient !

🛠 Adjectifs possessifs

L'adjectif possessif, qui s'accorde en genre et en nombre avec le substantif, s'emploie toujours avec l'article défini, qui s'accorde lui aussi.

Ex. : La mia amica, il tuo lavoro, le tue macchine, i tuoi uccelli. *Mon amie, ton travail, tes voitures, tes oiseaux.*

	masculin singulier	**masculin pluriel**	**féminin singulier**	**féminin pluriel**
1re pers. sing.	il mio	i miei	la mia	le mie
2e pers. sing.	il tuo	i tuoi	la tua	le tue
3e pers. sing.	il suo	i suoi	la sua	le sue
1re pers. plur.	il nostro	i nostri	la nostra	le nostre
2e pers. plur.	il vostro	i vostri	la vostra	le vostre
3e pers. plur.	il loro	i loro	la loro	le loro

✖ Dans certaines expressions, l'article défini peut être remplacé par un article indéfini, un nombre, un démonstratif.
Ex.: Una mia amica, due miei cugini. *Une de mes amies, deux de mes cousins.*
Alcuni tuoi vicini. *Quelques-uns de tes voisins.*

💣 Les difficultés concernent les trois formes du masculin pluriel (il mio, i miei ; il tuo, i tuoi ; il suo, i suoi).
La forme « loro » est invariable.
Ex.: Vivono nella loro casa di Parigi. *Ils vivent dans leur maison de Paris.*
I loro figli sono a Marsiglia. *Leurs enfants sont à Marseille.*

✖ Cas de suppression de l'article

Lorsque l'on parle d'un parent proche au singulier, sans adjectif ni diminutif (padre/*père*, madre/*mère*, marito/*mari*, moglie/*femme*, figlio/*fils*, fratello/*frère*, sorella/*sœur*, zio/*oncle*...).
Ex.: Tuo fratello *mais* il tuo giovane fratello (adjectif).
Il tuo fratellino (diminutif).
I tuoi fratelli (pluriel).

✖ Cas de suppression du possessif

L'italien n'utilise le possessif que si c'est indispensable à la compréhension ; il l'omet quand l'appartenance est évidente.
Ex.: Fa freddo, prendi i guanti ! *Il fait froid, prends tes gants !*
Ho messo la sveglia alle 6. *J'ai mis mon réveil à 6 heures.*

✖ Emploi de « proprio »

« Proprio » s'emploie quand le sujet a une forme impersonnelle (si, ogni, ognuno : *on, chaque, chacun*).

Ex.: Ogni figlio ha il proprio appartamento. *Chaque enfant possède son (propre) appartement.*

⚒ « À qui est-ce ? – C'est à... »

On utilise la préposition « di » pour indiquer l'appartenance et le pronom possessif sans article pour répondre à la question.
   Ex.: Di chi è questo cappotto ? – È mio. *À qui est ce manteau ? – Il est à moi.*
   Di chi sono questi fumetti ? – Sono loro. *À qui appartiennent ces bandes dessinées ? – Elles sont à eux.*

⌛ Un peu de vocabulaire ?

Andare a letto : *aller se coucher*
La cugina : *la cousine*
Fare la doccia : *prendre une douche*
Il marito : *le mari*
I nonni : *les grands-parents*
La passeggiata : *la promenade*
Il pigiama : *le pyjama*
Il pomeriggio : *l'après-midi*
Tardi : *tard*

🔔 Relations familiales... et grammaticales

Mettez les articles et/ou les possessifs... uniquement si c'est nécessaire !

...... mio fratello prende sempre...... mia macchina ; ...... mio marito deve andare al...... lavoro, con la...... bicicletta. – La sera, ... mio bambino più piccolo non vuole andare a letto. – Gioca con...... suo papà, poi mette il...... pigiama e va a dormire. – ...... mia cugina va al parco con il...... cane e incontra...... suoi amici. – ...... mamma mia, è tardi ! Vado a fare la doccia, e vengo subito ! – ...... miei nonni vanno ogni pomeriggio con...... loro vicini di casa a fare la...... passeggiata nel parco.

8. Les possessifs

🔔 C'est à moi, c'est à nous!

En vous aidant du vocabulaire vu au chapitre 3, faites dire à Carlo ou à Anna ce qui leur appartient.
Ex. : Questa 🚲 appartiene a Carlo.
Carlo dit : « Questa bicicletta è mia. »

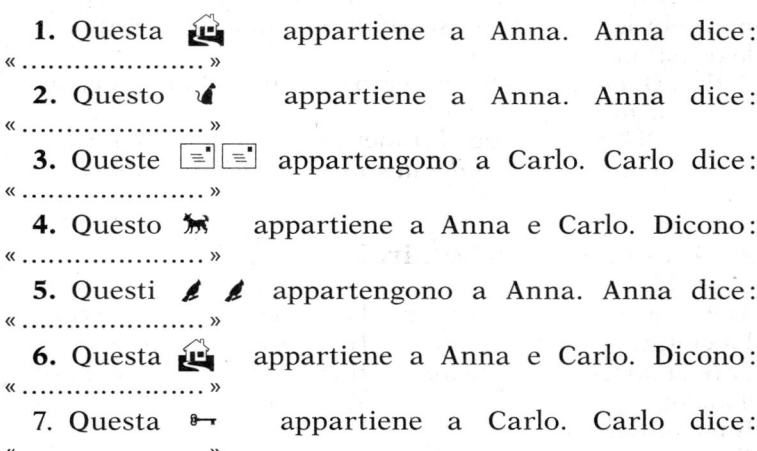

1. Questa 🏠 appartiene a Anna. Anna dice :
« .... »
2. Questo ✉ appartiene a Anna. Anna dice :
« .... »
3. Queste ✉✉ appartengono a Carlo. Carlo dice :
« .... »
4. Questo 🐈 appartiene a Anna e Carlo. Dicono :
« .... »
5. Questi ✏ ✏ appartengono a Anna. Anna dice :
« .... »
6. Questa 🏠 appartiene a Anna e Carlo. Dicono :
« .... »
7. Questa 🔑 appartiene a Carlo. Carlo dice :
« .... »

Réponses

🔔 Relations familiales... et grammaticales

Mio fratello prende sempre **la** mia macchina; mio marito deve andare al lavoro, con la bicicletta. – La sera, **il** mio bambino più piccolo non vuole andare a letto. Gioca con **il** suo papà, poi mette il pigiama e va a dormire. – Mia cugina va al parco con il cane e incontra i suoi amici. – Mamma mia, è tardi! Vado a fare la doccia, e vengo subito! – **I** miei nonni vanno ogni pomeriggio con **i** loro vicini di casa a fare la passeggiata nel parco.

🔔 C'est à moi, c'est à nous!

1. « Questa casa è mia. »
2. « Questo gatto è mio. »
3. « Queste lettere sono mie. »
4. « Questo cane è nostro. »
5. « Questi uccelli sono miei. »
6. « Questa casa è nostra. »
7. « Questa chiave è mia. »

9
Qui c'est celui-là ?

Adjectifs et pronoms démonstratifs

« Qu'est-ce qu'il fait ? Qu'est-ce qu'il a ? Qui c'est celui-là ? Il a une drôle de tête ce type-là[1] ! » Ces démonstratifs – adjectifs et pronoms – servent notamment à montrer du doigt celui qui a une drôle de tête ! C'est ce qu'il fallait démontrer...

⚒ Adjectifs démonstratifs

Pour désigner quelque chose, on n'utilise pas le même adjectif ou pronom démonstratif suivant que l'objet est proche ou éloigné du sujet dans l'espace et dans le temps.

« Questo » s'emploie pour tout ce qui est proche et « quello » pour ce qui est éloigné.

« Questo (a), (i), (e) » s'accordent en genre et en nombre.

Ex. : Questo cane è fedele, questi amici sono fedeli. *Ce chien est fidèle, ces amis sont fidèles.*
Questa donna è elegante, queste Italiane sono eleganti. *Cette femme est élégante, ces Italiennes sont élégantes.*

La forme de « quello » varie comme celle de l'article défini.

Ex. : Non vedo bene quell'automobile, né quei cartelli. *Je ne vois pas bien cette voiture, ni ces panneaux.*

1. Extrait de la chanson de Pierre Vassiliu, « Qui c'est celui-là ? », 1974.

Quell'anno (1945) segnò la fine della guerra. *Cette année-là (1945) marqua la fin de la guerre.*

✄ Pronoms démonstratifs

Les pronoms démonstratifs « questo (a), (i), (e) » et « quello (a), (i), (e) » suivent la même règle concernant l'éloignement et s'accordent avec le nom qu'ils remplacent.

Ex. : Questa o quella, per me pari sono. *Celle-ci ou celle-là, pour moi c'est pareil.*

On peut utiliser presque indifféremment « ciò che », « quello che », ou « quel che » pour traduire *ce que.*

Ex. : Dimmi quello che fai/dimmi quel che fai/dimmi ciò che fai. *Dis-moi ce que tu fais.*

📖 Le saviez-vous ?

« Questa o quella, per me pari sono. » Cette phrase donnée en exemple ci-dessus fait partie d'un air très célèbre de *Rigoletto*, opéra de Verdi de 1851 d'après la pièce de Victor Hugo *Le roi s'amuse*. Il s'agit de l'air chanté par le duc de Mantoue (un coureur de jupons notoire), dans lequel il proclame avec cynisme que pour lui n'importe quelle femme fait l'affaire !

⚡ Un peu de vocabulaire ?

Accanto a : *à côté de*
L'angolo : *le coin*
Avvicinarsi a : *s'approcher de*
Il disegno : *le dessin*
Dipingere : *peindre*
Laggiù : *là-bas*
Lassù : *là-haut*

Lì : *là*
La mostra : *l'exposition*
La nonna : *la grand-mère*
Il quadro : *le tableau*
Qui : *ici*
La stanza : *la pièce*
Vicino a : *près de*

🔔 Une bonne correction

Notre auteur, quelque peu tête en l'air, a oublié les démonstratifs. Pouvez-vous l'aider à corriger ce texte ? Placez les

9. Adjectifs et pronoms démonstratifs

démonstratifs (adjectifs, pronoms ou pronoms neutres) dans les espaces prévus ou inscrivez Ø si rien ne manque.

Conversazione alla mostra.
La nostra macchina si avvicina a......... casa in fondo al parco, dove abita mio fratello, il pittore. Vediamo......... alberi secolari così belli, piantati dalla nonna.
– Che cosa c'è da vedere?
– .... sono i quadri che dipinge mio fratello.
– Vediamo......... mostra! Vediamo......... quadri!
– .... quadro è molto bello ma........., no!
– Guarda......... lassù. Non vedo......... che rappresenta.
– Rappresenta una casa in un parco! Ma la riconosco, è proprio......... .
– Voglio comprare......... quadro......... sarà un bel ricordo.
– Aspetta! hai visto......... disegni laggiù in......... angolo? Dovresti comprare uno di......... .
– Bello! Rappresenta la mia famiglia: vedi......... uomo:......... è mio padre. E......... bambini? Siamo noi; qui vicino......... signora è mia nonna e là in fondo......... è mia madre.

🔔 CQFD

Attribuez à chaque démonstratif un « A », si c'est un adjectif; un « P », si c'est un pronom; un « PN », si c'est un pronom neutre.

1. Quegli [...] alberi sono alti, gli alberi più alti del parco sono *quelli* [...].
2. Questa [...] storia è incredibile.
3. So **quello** [...] che voglio.
4. Alla polizia, devi dire tutto **ciò** [...] che sai.
5. Prendi **quel** [...] libro; no, voglio **quello** [...].
6. Questa [...] mattina, è la festa di Carla.
7. Attento! **Quello** [...] scorpione è velenoso.
8. Quello [...] è un bello strumento.

Réponses

🔔 Une bonne correction

Conversazione alla mostra.
La nostra macchina si avvicina a **quella** casa in fondo al parco, dove abita mio fratello, il pittore. Vediamo **quegli** alberi secolari così belli, piantati dalla nonna.
– Che cosa c'è da vedere?
– Ø sono i quadri che dipinge mio fratello.
– Vediamo **questa** mostra! Vediamo **questi** quadri!
– **Questo** quadro è molto bello ma **quello**, no!
– Guarda **quello** lassù. Non vedo **ciò** che rappresenta.
– Rappresenta una casa in un parco! Ma la riconosco, è proprio **questa**.
– Voglio comprare **questo** quadro, Ø sarà un bel ricordo.
– Aspetta! hai visto **quei** disegni laggiù in **quell'** angolo? Dovresti comprare uno di **questi**.
– Bello! Rappresenta la mia famiglia: vedi **quest'** uomo: **questo** è mio padre. E **questi** bambini? Siamo noi; qui vicino, **questa** signora è mia nonna e là in fondo **quella** è mia madre.

🔔 CQFD

1. **Quegli** [A] alberi sono alti, gli alberi più alti del parco sono **quelli** [P].
2. **Questa** [A] storia è incredibile.
3. So **quello** [PN] che voglio.
4. Alla polizia, devi dire tutto **ciò** [PN] che sai.
5. Prendi **quel** [A] libro; no, voglio **quello** [P].
6. **Questa** [A] mattina, è la festa di Carla.
7. Attento! **Quello** [A] scorpione è velenoso.
8. **Quello** [P] è un bello strumento.

10

Y a quelqu'un ? - Y a personne !

Adjectifs et pronoms indéfinis

Indéfinis certes, mais définis par des règles précises, ces pronoms et adjectifs expriment des notions de qualité ou de quantité, estimées de manière imprécise et déclarées de façon subjective : beaucoup, trop, peu, quelque...

⚒ Les adjectifs indéfinis

Les adjectifs indéfinis le plus souvent utilisés sont : altro, a, i, : *autre* ; molto, a, i, e/tanto, a, i, e/parecchio, a, i, e : *beaucoup de* ; certo, a, i, e : *certain* ; qualche, ogni (invariables) : *chaque* ; nessuno, a (seulement au singulier) : *aucun* ; troppo, a, i, e : *trop* ; tutto, a, i, e : *tout* ; alcuno, a, i, e (toujours au pluriel) : *quelques* ; qualsiasi/qualunque (invariables, toujours au singulier) : *quelconque, n'importe quel.*

💣 « Ogni » et « qualche » sont invariables et obligatoirement suivis du singulier.

Ex. : Ogni anno, passo qualche giorno al mare. *Chaque année, je passe quelques jours à la mer.*

Toutefois, quand il y a un nombre, « ogni » est suivi du pluriel.

Ex. : Ogni giorno, ogni due ore, ogni tre mesi. *Chaque jour, toutes les deux heures, tous les trois mois.*

La seule exception est pour la Toussaint : Ognissanti.

💣 « Qualche » est suivi du singulier et peut être remplacé par « alcuni, e », suivi du pluriel.

Ex. : Resterò qualche giorno con te/Resterò alcuni giorni con te. *Je resterai quelques jours avec toi.*

💣 « Qualsiasi » (il signifie *quel qu'il soit*), formé à partir d'un verbe, et « qualunque » sont invariables et suivis du singulier.
Ex. : In qualunque momento. *À n'importe quel moment.*
Qualsiasi uomo può entrare. *N'importe quel homme peut entrer.*

💣 « Nessuno » ne peut logiquement se mettre qu'au singulier. Sa forme suit celle de l'article indéfini « uno » sur lequel il est formé.

✵ Pronoms indéfinis

Quelqu'un, quelques-uns : au singulier on utilise « qualcuno » et au pluriel « alcuni ».

✵ *Personne, rien, jamais, même pas* : « nessuno », « niente », « mai », « neanche », ont deux constructions possibles :
– Placés en tête, ils servent de négation pour le reste de la phrase. Cette tournure donne du relief à l'indéfini.
Ex. : Nessuno è venuto. *Personne n'est venu.*
Mai è accaduta una cosa simile. *Jamais une chose semblable n'est arrivée.*
Niente lo fermerà, neanche la sua famiglia. *Rien ne l'arrêtera, pas même sa famille.*
– Placés à l'intérieur de la phrase, ils sont précédés de la négation.
Ex. : Oggi, non è venuto nessuno. *Aujourd'hui, il n'est venu personne.*
Questo non è mai successo. *Cela n'est jamais arrivé.*
Luigi non fa niente. *Louis ne fait rien.*

✵ Indéfinis de quantité

Les indéfinis de quantité sont : « quanto » (combien), « molto », « parecchio », « tanto » (beaucoup), « poco » (peu),

10. Adjectifs et pronoms indéfinis

«troppo» (trop). Ils peuvent être adjectifs et s'accorder avec le nom.
> Ex.: Molte macchine, troppa gente. *Beaucoup de voitures, trop de gens.*
> Poca immaginazione, quanto tempo perso! *Peu d'imagination, que de temps perdu!*

Ils peuvent être pronoms et s'accorder avec le nom qu'ils remplacent:
> Ex.: Hai alcuni libri? – Si, ne ho parecchi.
> *As-tu quelques livres? – Oui, j'en ai beaucoup.*

Ils peuvent être employés comme adverbes invariables devant adjectifs, verbes et adverbes.
> Ex.: La gente ha applaudito tanto. *Les gens ont beaucoup applaudi.*

🔔 Peu ou prou

Placez l'adjectif ou le pronom indéfini «poco» aux emplacements indiqués.
1. Bevo...... caffè, lo bevo...... caldo.
2. Mangio...... cioccolata.
3. Viaggio con...... soldi.
4. Vado...... in discoteca durante l'inverno.
5. Mio fratello dedica...... tempo allo studio.
6. I...... fiori sono...... coloriti.
7. Ci sono...... libri nella biblioteca.

🔔 Échelle de valeurs

Classez les phrases suivantes par ordre de quantité de la plus petite à la plus grande.

Non ho nessun compagno.
Ho pochi compagni.
Ho tanti compagni.
Ho molti compagni.

Ho qualche compagno.
Ho parecchi compagni.
Sono tutti quanti compagni.

Réponses

🔔 Peu ou prou

1. Bevo **poco** caffè, lo bevo **poco** caldo.
2. Mangio **poca** cioccolata.
3. Viaggio con **pochi** soldi.
4. Vado **poco** in discoteca durante l'inverno.
5. Mio fratello dedica **poco** tempo allo studio.
6. I **pochi** fiori sono **poco** coloriti.
7. Ci sono **pochi** libri nella biblioteca.

🔔 Échelle de valeurs

Non ho nessun compagno.
Ho qualche compagno.
Ho pochi compagni.
Ho parecchi compagni.
Ho tanti compagni. Ho molti compagni.
Sono tutti quanti compagni.

11
Relations personnelles

Les pronoms personnels sujets

Dès que l'on veut échapper au charabia – « moi vouloir parler, mais moi pas savoir » –, on est obligé d'employer des verbes qu'il faut conjuguer. Reste à savoir à quelle personne. Les pronoms personnels sujets, comme leur nom l'indique, désignent généralement une personne qui accomplit l'action du verbe.

✖ Les pronoms sujets

Les formes sont :

1re pers. sing.	io
2e pers. sing.	tu
3e pers. sing. masc. 3e pers. sing. fém.	lui, egli lei
1re pers. plur.	noi
2e pers. plur.	voi
3e pers. plur. masc. 3e pers. plur. fém.	loro, loro

IV. L'ITALIEN EST UN JEU

Les emplois

Généralement, la désinence du verbe (sa terminaison) suffit à indiquer le sujet. Toutefois, pour insister et pour éviter les confusions, on peut restituer l'emploi du pronom personnel ; par exemple quand les formes verbales sont identiques (voir le mode subjonctif), on doit mettre le pronom sujet pour lever l'ambiguïté.

> Ex. : Io sono onesto, tu, invece, sei disonesto. *Moi, je suis honnête, toi, au contraire, tu es malhonnête.*
> Sono tutti e due veneziani, lui è biondo e lei è bruna. *Ils sont tous deux vénitiens, il est blond et elle est brune.*
> Bisogna che io vada in banca. *Il faut que j'aille à la banque.*
> Bisogna che tu vada in banca. *Il faut que tu ailles à la banque.*

« C'est moi, c'est toi... »

Dans ce petit dialogue, notons la tournure « c'est moi, c'est toi... » qui, en italien, utilise des pronoms sujets :
– Chi è ? *Qui est-ce ?*
– Sono io ! *C'est moi !*
– Ah, sei tu ? Entra pure ! *Ah, c'est toi ? Entre donc !*

💣 Traduction de « on »

On utilise le pronom « si » suivi de la 3e personne du singulier si le verbe est intransitif (c'est-à-dire s'il ne peut pas être suivi par un complément d'objet).

> Ex. : D'estate, si va al mare. *En été, on va à la mer.*

Lorsque le verbe est transitif (c'est-à-dire lorsqu'il se construit avec un complément d'objet), « si » s'accorde avec ce qui suit.

> Ex. : Si aprono le finestre. *On ouvre les fenêtres.*

ATTENTION ! À la forme impersonnelle, il n'y a jamais de sujet exprimé, contrairement au français où le verbe impersonnel est précédé d'un sujet apparent.

> Ex. : Piove, devi prendere l'ombrello. *Il pleut, tu dois prendre ton parapluie.*

11. Les pronoms personnels sujets

🔔 La chasse aux pronoms

Soulignez les pronoms personnels sujets.

1. Il signore e la signora Rossi vanno in Francia : lui va con la macchina, lei con il treno.
2. – Chi ha aperto la porta ? – L'ho aperta io.
3. Io e i miei amici siamo al cinema.
4. Il signor direttore vi ha invitati, tu e tua moglie.
5. Tu devi partire ma io resto a casa.
6. Avete sempre ragione voi !

🔔 Permettez-moi d'insister !

Complétez en écrivant le pronom personnel manquant ou en inscrivant Ø s'il n'est pas nécessaire.

1. ...... andiamo in Germania con l'aereo, invece...... ci andate in treno.
2. ...... non avevo mai mangiato un sorbetto così profumato.
3. – Chi viene con me ? – ...... vengo, vengo anch'...... !
4. – ...... vuoi un caffè ? – ...... no, grazie !
5. Sono...... posso entrare ?

Réponses

🔔 La chasse aux pronoms

1. Il signore e la signora Rossi vanno in Francia: **lui** va con la macchina, **lei** con il treno.
2. – Chi ha aperto la porta? – L'ho aperta **io**.
3. Io e i miei amici siamo al cinema.
4. Il signor direttore vi ha invitati **tu** e tua moglie.
5. Tu devi partire ma **io** resto a casa.
6. Avete sempre ragione **voi**!

🔔 Permettez-moi d'insister!

1. Ø andiamo in Germania con l'aereo, invece **voi** ci andate in treno.
2. Ø non avevo mai mangiato un sorbetto così profumato.
3. – Chi viene con me? – **Io** vengo, vengo anch'**io**!
4. – Ø vuoi un caffè? – **Io** no, grazie!
5. Sono **io**, posso entrare?

📖 Le saviez-vous?

Moi d'abord!

Le bon usage français exige que l'on se cite en dernier. La pratique italienne est de commencer par soi-même.
Ex: Stasera andiamo al cine, io e te, sei d'accordo? *Ce soir, nous allons au cinéma, toi et moi, tu es d'accord?*

Glace ou sorbet?

Le sorbet est à base de jus d'agrumes (le plus souvent) sans matière grasse, ce qui le distingue de la glace proprement dite. Le nom *sorbet* vient de l'italien *sorbetto* qui est dérivé d'un mot turc lui-même dérivé d'un mot arabe! Les glaces aux fruits et au miel étaient déjà en vogue chez les Romains, qui faisaient venir depuis les pentes de l'Etna la neige indispensable à leur préparation en la conservant dans des amphores. Le sorbet est devenu, après le passage des Arabes, une des spécialités de la Sicile.

12

La ronde des compléments

Les pronoms personnels compléments faibles

Les pronoms personnels ont une fonction de compléments directs ou indirects. Ils peuvent se trouver en position faible (c'est-à-dire sans relief particulier) dans la phrase, ou bien être mis en valeur, par exemple en étant placés après le verbe, seuls ou après une préposition. Vous êtes un peu perdu ? Pas de panique : les nombreux exemples ci-dessous vont vous permettre d'y voir plus clair !

⚒ Les formes

	réfléchis	**COD**	**COI**
1re pers. sing.	mi	mi	mi
2e pers. sing.	ti	ti	ti
3e pers. sing. masc. 3e pers. sing. fém.	si	lo la	gli le
1re pers. plur.	ci	ci	ci
2e pers. plur.	vi	vi	vi
3e pers. plur. masc. 3e pers. plur. fém.	si	li le	loro

🛠 Les pronoms personnels réfléchis

Un pronom personnel est dit « réfléchi » quand il renvoie à une personne identique au sujet.

Ex. : Carlo si lava le mani. *Carlo se lave les mains.*

🛠 Les pronoms compléments d'objet direct

Un pronom personnel est dit « complément d'objet direct » quand il remplace le complément du verbe construit de manière directe. Il répond à la question : quoi ?

Ex. : Guardo il cielo. *Je regarde le ciel.*
Lo guardo. *Je le regarde.*

ATTENTION ! « Lo » peut aussi avoir une valeur neutre.

Ex. : Non lo sapevo. *Je ne savais pas.*

🛠 Les pronoms personnels compléments d'objet indirect

Un pronom personnel est dit « complément d'objet indirect » quand il est relié au verbe par une préposition. Il répond à la question : à quoi ? Exemples : « parlare a », « scrivere a », « domandare a », « telefonare a »...

Ex. : Scrive a suo fratello ; gli scrive. *Il écrit à son frère ; il lui écrit.*

💣 Les pronoms compléments d'objet et les pronoms réfléchis utilisés avec l'infinitif, l'impératif, ou le gérondif se placent à la fin de ces formes verbales et sont soudés à elles. On enlève le « e » final de l'infinitif avant de souder le pronom.

Ex. : Aiutare – devi aiutarmi. *Aider – tu dois m'aider.*
Avvicinati ! *Approche-toi !*

💣 La place des pronoms indirects (COI) suit exactement les mêmes règles que les COD, sauf dans le cas de *loro* qui se place après le verbe et n'est jamais soudé au verbe.

Ex. : Mia madre telefona ai vicini, telefona loro. *Ma mère téléphone aux voisins, elle leur téléphone.*

Dans le langage courant, on remplace volontiers « loro »

par «gli» qui se place alors normalement avant le verbe ou est soudé à lui selon le temps utilisé.
Ex.: **Gli** racconto una storia. *Je leur raconte une histoire.*
Devi raccontargli una storia. *Tu dois leur raconter une histoire.*

✲ Les pronoms adverbiaux «ne» et «ci»

«Ne» signifie *en*; il est utilisé de manière indirecte avec des verbes qui se construisent avec une préposition. Exemples: *parler de, sortir de, vouloir de...*
Ex.: Prendo nota di questo; ne prendo nota. *Je prends note de ceci; j'en prends note.*
Voglio un po' di pane; ne voglio un po'. *Je veux un peu de pain; j'en veux un peu.*

Il est employé aussi comme partitif pour exprimer une quantité. Notez que le participe passé s'accorde en genre et en nombre, contrairement au français.
Ex.: Ho preso delle mele; ne ho pres**a** una anche per te.
J'ai pris des pommes; j'en ai pris une pour toi aussi.

«Ci» est l'équivalent italien de *y* qui indique un lieu ou une chose.
Ex.: Vado spesso al cinema; ci vado spesso. *Je vais souvent au cinéma; j'y vais souvent.*
Posso riflettere a questa proposta; posso rifletterci. *Je peux réfléchir à cette proposition; je peux y réfléchir.*

💣 Traduction de «il y a»

En italien, on utilise le verbe «esserci» (essere + ci) et non le verbe «avere»; «esserci» se met à tous les temps et s'accorde à la 3e personne du singulier ou du pluriel selon qu'il est suivi du singulier ou du pluriel. Il suit lui aussi la règle des pronoms personnels groupés (voir chapitre 14).
Ex.: C'è un bicchiere, ci sono due bicchieri. *Il y a un verre, il y a deux verres.*

IV. L'ITALIEN EST UN JEU

🔔 Combien y en a-t-il?

Dans les phrases suivantes, remplacez les pointillés par « c'è » ou « ci sono » selon le cas.

1. ...... il sole, andiamo al mare!
2. Guarda, ... molta gente che fa il bagno.
3. Oggi, sulla piazza, ... il circo e ...... i clowns.
4. Nello spettacolo, ... tanti attori molto famosi.
5. Quanti personaggi ......?
6. Che film ...... stasera in TV? ...... solo *La Strada* di Fellini.
7. In questo giardino, ... l'ombra perché ...... molti alberi.

🔔 QCM

Dans les phrases suivantes, remplacez les pointillés par le pronom qui convient.

1. Guardi Roberto: ...... guardi.
    lo – lui – gli – tu
2. Parlo ai miei amici: parlo ......
    li – loro – gli – essi
3. Scrivo a mia nonna: ...... scrivo.
    la – le – gli – lei
4. Racconto questa storia a te: ...... racconto questa storia.
    ti – te – la – tu
5. Voglio studiare le lingue: voglio studiar......
    lei – li – loro – le
6. So bene quello che voglio: ...... so bene.
    le – lo – ne – gli
7. Prendo gli sci per andare in montagna: ...... prendo.
    gli – loro – i – li
8. Compri un gelato per tua sorella: ...... compri un gelato.
    lei – gli – le – la
9. Leonardo ha dipinto la Gioconda: ...... ha dipinta.
    le – lei – gli – l'

10. Domando i soldi ai miei genitori : …… domando i soldi.
　　　　mi – le – loro – gli

🔔 Les pronoms en image

Remplacez l'image par le nom, puis le nom par le pronom.

Vedo il 🕷　　　　　　Va a 🏠

🗣 mangia del 🐟　　Piero guida la 🚗

Vivo nell' 🏝　　　　Dorme nel 🛏

🗣 parla al 🗣　　　　Leggo i 📚

Réponses

🔔 Combien y en a-t-il ?

1. **C'è** il sole, andiamo al mare !
2. Guarda, **c'è** molta gente che fa il bagno.
3. Oggi, sulla piazza, **c'è** il circo e **ci sono** i clowns.
4. Nello spettacolo, **ci sono** tanti attori molto famosi.
5. Quanti personaggi **ci sono** ?
6. Che film **c'è** stasera ? **C'è** solo *La Strada*, di Fellini.
7. In questo giardino, **c'è** l'ombra perché **ci sono** molti alberi.

🔔 QCM

1. **lo** guardi.
2. parlo **loro**.
3. **le** scrivo.
4. **ti** racconto questa storia.
5. voglio studiar**le**.
6. **lo** so bene.
7. **li** prendo.
8. **le** compri un gelato.
9. **l'**ha dipinta.
10. **gli** domando i soldi.

🔔 Les pronoms en image

Vedo il 🕷	Vedo il **ragno**, **lo** vedo.
🐱 mangia del 🐟	Il **gatto** mangia del pesce, **ne** mangia.
Vivo nell' 🏝	Vivo nell'**isola**, **ci** vivo.
👤 parla al 🐱	L'**uomo** parla al **gatto**, **gli** parla.
Va a 🏠	Va a **casa**, **ci** va.
Piero guida la 🚗	Piero guida la **macchina**, **la** guida.
Dorme nel 🛏	Dorme nel **letto**, **ci** dorme.
Leggo i 📚	Leggo i **libri**, li **leggo**.

13
La ronde des compléments, deuxième tour

Les pronoms personnels compléments forts

Après les faibles, place aux forts ! Les pronoms personnels sont « forts » quand ils sont mis en valeur dans la phrase par leur position après le verbe et/ou après une préposition. Nouveau tour de piste pour tout savoir des pronoms personnels compléments…

✵ Les formes

	réfléchis	compléments
1re pers. sing.	me	me
2e pers. sing.	te	te
3e pers. sing. masc. 3e pers. sing. fém.	sé sé	lui lei
1re pers. plur.	noi	noi
2e pers. plur.	voi	voi
3e pers. plur. masc. fém.	sé	loro

✵ Les pronoms personnels réfléchis

Un pronom personnel est dit « réfléchi » quand il renvoie à une personne identique au sujet. Il faut être attentif à la

3ᵉ personne du singulier et du pluriel des pronoms réfléchis dont la forme est « sé » avec un accent.
Ex. : Porta il libro con sé. *Il emporte le livre avec lui.*

� Les pronoms compléments forts

Un pronom personnel fort – comme un pronom personnel faible – peut être COD ou COI. Il est toujours placé après le verbe. Les formes sont identiques en fonction complément ou sujet sauf « me » et « te ».
Ex. : Con te partirò. *Avec toi je partirai.*
Nella folla, ho visto solo te. *Dans la foule, je n'ai vu que toi.*

✱ En plaçant le pronom à la fin de la phrase, on traduit le gallicisme « c'est… qui ».
Ex. : Offro il caffè. *J'offre le café.*
Io, offro solo il caffè. *Moi, je n'offre que le café.*
Oggi, offro io. *Aujourd'hui, c'est moi qui offre.*
ATTENTION ! Après « come » et « quanto » dans une comparaison, on emploie toujours le pronom fort.
Ex. : Faccio come te. *Je fais comme toi.*
ATTENTION ! L'expression *c'est mon tour de, c'est à moi de…* suivie de l'infinitif se traduit par « toccare a + infinitif ».
Ex. : A chi tocca ? tocca a me (giocare). *À qui le tour ? C'est mon tour (de jouer).*
ATTENTION ! Les expressions idiomatiques *pauvre de moi !* et *selon moi* font usage du pronom fort.
Ex. : Povero me ! *Pauvre de moi !*
Secondo te, cosa succederà ? *Selon toi, que va-t-il se passer ?*

🔔 Forcez le ton !

Remplacez le pronom faible par le pronom fort avec une préposition si c'est nécessaire. Exemple : Ti ho dato, ho dato **a te.**

1. Ti offro un caffè.
2. Non posso parlarti.

13. Les pronoms personnels compléments forts

3. Vi parlo.
4. Mi ha scritto una lettera.
5. Le ho cantato una canzone.
6. Non devi parlarmi.
7. Ci ha lasciato un regalo.
8. Non fargli paura. (2 solutions)
9. Questo libro ti è dedicato.

🔔 Toujours plus fort

Remplissez les espaces avec les pronoms forts qui conviennent.

1. Siete insieme a...... (1re pers. sing.)
2. Partiamo con...... (3e pers. sing. fém.)
3. Lavora per...... (3e pers. sing. réfl.)
4. Lavora per...... (3e pers. sing. masc.)
5. Arrivo con...... (3e pers. plur.)
6. Abito da...... (2e pers. sing.)
7. È bella come...... (2e pers. sing.)

Réponses

🔔 Forcez le ton !

1. Offro un caffè a te.
2. Non posso parlare a te.
3. Parlo a voi.
4. Ha scritto una lettera per me/a me.
5. Ho cantato una canzone per lei.
6. A me, non devi parlare.
7. Ha lasciato un regalo per noi.
8. Non fare paura a lui/non fare loro paura.
9. Questo libro è dedicato a te.

🔔 Toujours plus fort

1. Siete insieme a **me**.
2. Partiamo con **lei**.
3. Lavora per **sé**.
4. Lavora per **lui**.
5. Arrivo con **loro**.
6. Abito da **te**.
7. È bella come **te**.

14
Que les couples se forment!

Les pronoms personnels groupés

Il reste encore quelques petits pièges à désamorcer à propos des pronoms personnels : comment se comportent-ils quand on doit les mettre en couple ? Changent-ils de forme ? Dans quel ordre les placer ? Dernier tour de piste pour tout savoir sur les pronoms personnels !

✖ Dans les cas où un verbe commande deux pronoms personnels compléments, l'un COD et l'autre COI, la langue italienne adopte un ordre immuable : d'abord le COI puis le COD. Les COD concernés sont : « lo », « la », « li », « le », et la particule adverbiale « ne ».

Dans la combinaison de deux pronoms, la terminaison « i » du COI devient « e ».

Ex. : Te (ti + lo) lo regalo. *Je te le donne.*
Me (mi + li) li presenta. *Il me les présente.*
Ce ne (ci + ne) sono molti. *Il y en a beaucoup.*

| mi
ti
si
ci
vi
si | + | lo
la
li
le
ne | = | me
te
se
ce
ve
se | + | lo
la
li
le
ne |

💣 Dans le cas particulier de « gli » et de « le », on utilise une forme unique pour les deux genres, écrite en un seul mot avec le COD qui suit.

Ex. : Glielo dico. *Je le lui dis (à elle ou à lui).*

Cette règle est valable même si « gli » est utilisé à la place de « loro ». Dans l'usage, on rencontre les deux versions, mais la forme avec « loro » est plus littéraire.
Ex.: Gliela presenta; la presenta loro. *Il la leur présente.*

✵ Quand les pronoms personnels sont groupés avec un verbe à l'infinitif, à l'impératif et au gérondif, les règles concernant l'ordre et la place des pronoms personnels ne changent pas.
Ex.: Devi rendermela. *Tu dois me la rendre.*
Regalacelo! *Offre-le-nous!* (inversion en français)
Facendotelo studiare, ti ha fatto apprezzare Dante. *En te le faisant travailler, il t'a fait apprécier Dante.*

ATTENTION! Lorsque « C'è » et « ci sono » (*il y a*) doivent être groupés avec le pronom adverbial « ne » pour donner *il y en a*, « ci » se transforme en « ce ».
Ex.: C'è una casa, ce n'è (ne + è) una sola. *Il y a une maison; il y en a une seule.*
Ci sono molti giovani, ce ne sono molti. *Il y a beaucoup de jeunes; il y en a beaucoup.*

🔔 Embrassez-vous!

Dans les phrases suivantes, remplacez les substantifs par des compléments directs et/ou indirects et groupez les deux pronoms.

1. Mando una cartolina ai miei amici. (2 solutions)
2. Ti scrivo una mail.
3. Domandi un libro ai compagni. (2 solutions)
4. Mi parlate del film.
5. Domandiamo le informazioni al direttore.
6. Carlo dipinge un quadro per la sua ragazza.
7. Ti do un fiore.
8. Vi racconto i film che ho visto.
9. Voglio dirvi un segreto.

14. Les pronoms personnels groupés

🔔 **Unissez-vous!**

Reconstituez les couples en traçant les bons liens: se li – me la – te lo – gliele – ce lo – ve ne – me ne – gliene.

lo •   • mi
la •   • ti
li •   • gli
le •   • si
ne •   • ci
lo •   • vi
ne •   • le

Réponses

🔔 Embrassez-vous !

1. Mando una cartolina ai miei amici : **gliela** mando/**la** mando **loro**.
2. Ti scrivo una mail : **te la** scrivo.
3. Domandi un libro ai compagni : **glielo** domando/**lo** domando **loro**.
4. Mi parlate del film : **me ne** parlate.
5. Domandiamo le informazioni al direttore : **gliele** domandiamo.
6. Carlo dipinge un quadro per la sua ragazza : Carlo **glielo** dipinge.
7. Ti do un fiore : **te lo** do.
8. Vi racconto i film che ho visto : **ve li** racconto.
9. Voglio dirvi un segreto : voglio dir**velo**.

🔔 Unissez-vous !

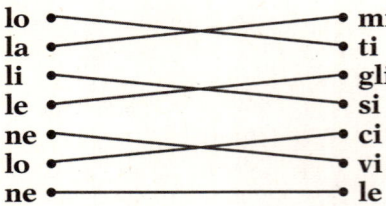

15
Soyez présent !

Les verbes : le présent et l'impératif

Sans le verbe, impossible de penser et de dire le temps. Pour vous exprimer en italien, vous devez donc savoir l'utiliser.

Sachez tout d'abord que les verbes italiens connaissent trois groupes selon leur terminaison : -ARE, -ERE, -IRE. Le troisième groupe se subdivise en deux : en effet, la majorité de ces verbes insère entre le radical et la désinence l'élément « isc » à toutes les personnes sauf pour le « nous » et le « vous ».

Le système verbal italien n'est pas des plus faciles, mais nous allons vous donner quelques astuces pour vous sortir sans peine des méandres de la conjugaison !

ATTENTION ! Les pronoms sujets ne sont exprimés que pour vous faciliter l'apprentissage ; ils ne sont utilisés que dans les cas ambigus (voir les chapitres consacrés aux pronoms personnels). C'est la désinence du verbe qui, à elle seule, suffit à indiquer la personne.

✵ Les auxiliaires ESSERE et AVERE

Ils entrent dans la formation des temps composés, tout comme en français ; mais le choix de l'auxiliaire est spécifique à l'italien, il est bon de le vérifier.

Le présent des verbes « essere » (*être*) et « avere » (*avoir*) comporte des difficultés. Le verbe « avere » a l'honneur de posséder les quatre uniques mots italiens qui commencent par la lettre « h » (non aspiré).

	essere	avere
io	sono	**h**o
tu	sei	**h**ai
lui, lei	è	**h**a
noi	siamo	abbiamo
voi	siete	avete
loro	sono	**h**anno

✂ Les conjugaisons régulières

	are parlare	ere mettere	ire (1) aprire	ire (2) finire
io	parlo	metto	apro	finisco
tu	parli	metti	apri	finisci
lui, lei	parla	mette	apre	finisce
noi	parliamo	mettiamo	apriamo	finiamo
voi	parlate	mettete	aprite	finite
loro	parlano	mettono	aprono	finiscono

ATTENTION ! Toutes les 1res personnes du singulier se terminent en « -o ». Toutes les 2es personnes du singulier se terminent en « -i ». Toutes les 1res personnes du pluriel se terminent en « -iamo ».

✂ Les verbes réfléchis

Rappel : à l'infinitif le pronom est soudé au verbe, dans la conjugaison il reprend sa place habituelle.

Ex.: Lavarsi: mi lavo; decidersi: ti decidi; servirsi: si serve.
Se laver: je me lave; se décider: tu te décides; se servir: il se sert.

✹ Verbes irréguliers

Les verbes irréguliers sont assez nombreux. Voyons en priorité les plus utiles d'entre eux. Certains verbes très fréquents se sont alignés sur le présent du verbe *avoir*: c'est le cas de « dare », « sapere », « stare », « andare » et « fare » (dans une moindre mesure).
Voici leurs formes:

avere *avoir*	andare *aller*	dare *donner*	fare *faire*	sapere *savoir*	stare *être, rester*
ho	vado	do	faccio	so	sto
hai	vai	dai	fai	sai	stai
ha	va	dà	fa	sa	sta
abbiamo	andiamo	diamo	facciamo	sappiamo	stiamo
avete	andate	date	fate	sapete	state
hanno	vanno	danno	fanno	sanno	stanno

✹ D'autres verbes irréguliers

– Le verbe « dovere » (*devoir*) présente une alternance e/o dans les voyelles du radical.

– Les verbes « volere » (*vouloir*) et « potere » (*pouvoir*) ont des ressemblances, ce qui explique que l'on rapproche leurs conjugaisons. La 1re personne du singulier vient directement de la conjugaison latine.

	volere	**potere**	**dovere**
1re pers. sing.	voglio	posso	devo
2e pers. sing.	vuoi	puoi	devi
3e pers. sing.	vuole	può	deve
1re pers. plur.	vogliamo	possiamo	dobbiamo
2e pers. plur.	volete	potete	dovete
3e pers. plur.	vogliono	possono	devono

✘ ... et d'autres encore !

Il est possible de présenter ensemble les verbes « venire » et « tenere » qui présentent des ressemblances notoires.

	venire	**tenere**
1re pers. sing.	vengo	tengo
2e pers. sing.	vieni	tieni
3e pers. sing.	viene	tiene
1re pers. plur.	veniamo	teniamo
2e pers. plur.	venite	tenete
3e pers. plur.	vengono	tengono

✘ L'impératif

Il se conjugue avec trois personnes : la 2e du singulier, la 1re et la 2e du pluriel. L'ordre donné peut être affirmatif ou négatif. Les seules difficultés concernent le *tu* : à la forme affirmative, on emploie une forme similaire au présent de l'indicatif, mais, à la forme négative, on emploie l'infinitif précédé de « non ». Pour *nous* et *vous*, il n'y a pas de problèmes.

Ex. : Andiamo al cinema ! Non facciamo rumore ! *Allons au cinéma ! Ne faisons pas de bruit !*

15. Les verbes : le présent et l'impératif

Fate attenzione, non andate troppo veloce ! *Faites attention, n'allez pas trop vite !*

Pour la 2ᵉ personne du singulier, on distingue les verbes en -ARE des autres verbes : la terminaison est « -a ». Pour les 2ᵉ et 3ᵉ groupes, la terminaison est « -i », comme à l'indicatif présent.

Ex. : Parla forte ! Ora, non parlare più ! *Parle fort ! Maintenant, ne parle plus !*

Vieni a casa mia ! Non andare troppo distante ! *Viens chez moi ! ne va pas trop loin !*

Finisci il tuo pranzo, obbedisci ! Non partire ! *Finis ton repas, obéis ! Ne pars pas !*

💣 Quelques exceptions

À l'impératif certains verbes très brefs n'ont qu'une seule syllabe à la 2ᵉ personne du singulier. Ce sont :

dire (*dire*) → di' ; dare (*donner*) → da' ; andare (*aller*) → va' ; fare (*faire*) → fa', stare (*rester*) → sta'

Les formes des 1ʳᵉˢ et 2ᵉˢ personnes du pluriel restent inchangées.

Les autres irrégularités portent sur les deux auxiliaires « essere » et « avere » ainsi que sur le verbe « sapere » qui suit le modèle de « avere ».

essere	avere	sapere
sii	abbi	sappi
siamo	abbiamo	sappiamo
siate	abbiate	sappiate

✂ Place des pronoms personnels

Ils sont comme à l'infinitif et au gérondif soudés à la fin du verbe.

– À la forme affirmative, ils sont toujours soudés, qu'ils soient simples ou groupés. La consonne initiale de tous les pronoms personnels (sauf « gli ») est doublée quand l'impératif a une seule syllabe.

Ex. : Per favore, disegnami una pecora, e dammela. *S'il te plaît, dessine-moi un mouton, et donne-le-moi.*

Cantatele una bella canzone e fatela ballare. *Chantez-lui une belle chanson et faites-la danser.*

– À la forme négative, le pronom personnel peut être placé, au choix, devant la forme verbale, entre le « non » de la négation et le verbe, ou encore après le verbe et soudé à lui :

Ex. : Non lo guardare!/Non guardarlo! *Ne le regarde pas!*
Non mi dite niente!/Non ditemi niente! *Ne me dites rien!*

⊷ Un peu de vocabulaire ?

Distruggere, distrutto : *détruire, détruit*
Grande : *grand, âgé*
Guidare : *conduire*
La macchina : *la voiture*
La patente : *le permis de conduire*
Piangere, pianto : *pleurer, pleuré*
Il posto : *la place, le siège*
La voglia : *l'envie*

🔔 Être ou avoir… ?

Remplacez les mots manquants par la forme conjuguée des auxiliaires « essere » ou « avere ».

1. (tu) …… veramente una bella casa.
2. (io) …… triste e …… voglia di piangere.
3. I soldati …… distrutto la casa, tutto …… a terra.
4. Questo posto …… libero?
5. I miei amici …… venuti con il treno ; non …… la macchina.
6. (tu) …… guardato il programma? che film c'…… stasera?
7. (noi) non …… paura di niente.
8. Quanti anni …… i tuoi compagni di scuola?
9. Michele …… il più grande, …… la patente e guida l'auto.
10. L'Italia …… ricca di tradizioni. Ogni regione …… una caratteristica.

15. Les verbes : le présent et l'impératif

🔔 Puzzle

Notre ami a découpé dix verbes conjugués au présent et ne sait plus les reconstituer. Pouvez-vous l'aider ?

so	doman	can	pe	oi	no	pos
te	vo	do	chi	gliono		
chiamo	edi	ta	siamo		pu	
sa	par	te	cari			

🔔 Retour à la base

En partant du verbe conjugué au présent, retrouvez le verbe à l'infinitif.
vuoi – caricate – gioco – viene – studi – dite – ride – scrivete – può – fiorisce – va – voli.

🔔 À vos ordres !

Transformez ces indications en ordres à la personne qui convient.
Ex. : Tu dois le faire → Fais-le !

1. Dovete dire tutto.
2. Devi mangiare per vivere.
3. Dobbiamo lavorare.
4. Dovete raccontarmi il film.
5. Non dovete fumare al cinema.
6. Devi fare la fila.
7. Devi finire di leggere questo libro.
8. Non devi parlarmi.
9. Non dovete avere paura.
10. Devi essere buono.

Réponses

🔔 Être ou avoir… ?

1. (tu) **hai** veramente una bella casa.
2. (io) **sono** triste e **ho** voglia di piangere.
3. I soldati **hanno** distrutto la casa, tutto **è** a terra.
4. Questo posto **è** libero?
5. I miei amici **sono** venuti con il treno; non **hanno** la macchina.
6. (tu) **hai** guardato il programma? che film c'**è** stasera?
7. (noi) non **abbiamo** paura di niente.
8. Quanti anni **hanno** i tuoi compagni di scuola?
9. Michele **è** il più grande, **ha** la patente e guida l'auto.
10. L'Italia **è** ricca di tradizioni. Ogni regione **ha** una caratteristica.

🔔 Puzzle

Les verbes à reconstituer étaient :
Sono, domando, canta, possiamo, vogliono, carichiamo, puoi, chiedi, sapete, parte.

🔔 Retour à la base

Vuoi → **volere**, *vouloir*
Caricate → **caricare**, *charger*
Gioco → **giocare**, *jouer*
Viene → **venire**, *venir*
Studi → **studiare**, *étudier*
Dite → **dire**, *dire*

Ride → **ridere**, *rire*
Scrivete → **scrivere**, *écrire*
Può → **potere**, *pouvoir*
Fiorisce → **fiorire**, *fleurir*
Va → **andare**, *aller*
Voli → **volare**, *voler*

🔔 À vos ordres !

1. **Dite** tutto!
2. **Mangia** per vivere!
3. **Lavoriamo!**
4. **Raccontatemi** il film!
5. **Non fumate** al cinema!
6. **Fa'** la fila!
7. **Finisci** di leggere questo libro!
8. **Non parlarmi!/Non mi parlare!**
9. **Non abbiate** paura!
10. **Sii** buono!

16

C'est du passé !

L'imparfait et le passé composé

Le deuxième volet de notre mode d'emploi du verbe italien va vous permettre de découvrir les temps du passé. L'imparfait, très employé comme en français pour les descriptions, les récits, les actions qui se prolongent ou se répètent, est facile à former et facile à utiliser.

Le passé composé est d'usage courant et moins littéraire.

Formation de l'imparfait

cant-	a	-vo
		-vi
mett-	e	-va
		-vamo
part-	i	-vate
		-vano

Il se conjugue sur le radical de l'infinitif, suivi des désinences appropriées.

On remarque que les terminaisons sont toujours les mêmes. Seule change la voyelle thématique de la terminaison de l'infinitif.

✇ Verbes « décontractés »

– Certains verbes ayant subi une contraction à l'infinitif et au présent retrouvent leur racine latine à l'imparfait. C'est le cas de « dire » (en latin *dicere*), de « fare » (en latin *facere*), et aussi de « bere » (en latin *bevere*). On les construit en prenant le radical latin : « dic-ere », « fac-ere », « bev-ere », et l'on obtient : « dic-e-vo », « dic-e-vi »… ; « fac-e-va », « fac-e-vamo »… ; « bev-e-vate », « bev-e-vano ».

– Il existe des verbes composés sur les racines : « -trarre », *tirer* ; « -durre », *conduire* et « -porre », *poser* dont l'imparfait est construit sur leur radical latin *trahere*, *ducere* et *ponere*.

✇ Les auxiliaires

L'auxiliaire « avere » est un verbe régulier du 2e groupe. Pour l'auxiliaire « essere », la conjugaison est la suivante : ero → eravamo ; eri → eravate ; era → erano.

✇ Le passé composé

Le passé composé évoque une action accomplie dans un passé proche. Pour créer un passé composé, on emploie le présent des verbes *être* et *avoir* (selon l'emploi) suivi du participe passé des verbes.

cant-	a	
sap-	u	-to
part-	i	

Ho cantato (cant-a-to) : *j'ai chanté* ; ho saputo (sap-u-to) : *j'ai su* ; sono partito (part-i-to) : *je suis parti*.

L'auxiliaire est souvent le même qu'en français à quelques exceptions près.

1) Certains verbes impersonnels s'emploient avec l'auxiliaire « essere » (alors que le français utilise l'auxiliaire *avoir*), en particulier les verbes exprimant des intempéries.

Ex.: È nevicato; è piovuto. *Il a neigé; il a plu.*
       È bastato; è bisognato. *Il a suffi; il a fallu.*
2) Les verbes exprimant un changement se construisent avec l'auxiliaire « essere ».
Ex.: Crescere, *grandir*; ingrassare, *grossir*; cambiare, *changer*; vivere, *vivre*.
L'accord du participe est ici indispensable, puisqu'il est employé avec l'auxiliaire « essere ».
Ex.: Sei cambiata molto. *Tu as beaucoup changé.*
       La nostra bambina è cresciuta. *Notre fillette a grandi.*
3) Le participe passé du verbe *être* est « stato, a, i, e, » de même que pour le verbe « stare » :
Ex.: Siete stati malati. *Vous avez été malades.*

💣 Verbes irréguliers

Un assez grand nombre de verbes ont un passé simple et un participe passé irréguliers (héritage du latin) que l'on retrouve aussi en français. Ce sont le plus souvent des verbes du 2e groupe en -ERE. Il convient de vérifier les temps principaux des verbes avant de les utiliser.
Ex.: Fare, ho fatto. *Faire, j'ai fait.*
       Leggere, ho letto. *Lire, j'ai lu.*
       Mettere, ho messo. *Mettre, j'ai mis.*
       Prendere, ho preso. *Prendre, j'ai pris.*

� Le passé proche : traduction de *venir de...*

Une action qui vient de se terminer peut être exprimée en français par l'emploi de la périphrase verbale *venir de* + inf. Cela est impossible en italien où le verbe « venire » est surtout employé comme verbe de mouvement (suivi de la préposition « a »).
Pour rendre la même idée, la langue italienne emploie un passé composé et intercale l'adverbe « appena » (*à peine, juste*) entre l'auxiliaire et le participe passé.
Ex.: Ho appena spento la TV. *Je viens d'éteindre la télé.*

⚓ Un peu de vocabulaire ?

Bastare : *suffire*
Chiamarsi : *s'appeler*
La civiltà : *la civilisation*
Condurre, condotto : *mener, mené*
Dettare : *dicter*
Dove : *où*
L'impresa : *l'entreprise*
L'indovinello : *la devinette*
Pericoloso : *dangereux*
Permettere, permesso : *permettre, permis*
Il posto : *la place*
La prigione : *la prison*
Il prodotto : *le produit*
Scoprire, scoperto : *découvrir, découvert*
Sorridere, sorriso : *sourire, souri*
Trasferirsi : *se déplacer*

🔔 Indovinelli

Trouvez quels personnages célèbres se cachent derrière ces autoportraits :

1. Sono nato a Genova, ma ho abitato molti anni in Spagna. Sono diventato un capitano celebre e ho navigato molto. Ho fatto imprese pericolose. Ho scoperto un continente. Ho dato il mio nome a un paese. Mi sono interessato a nuove civiltà. I miei viaggi hanno permesso di importare in Europa dei prodotti nuovi.
Come mi chiamo ?

2. Sono una bella signora, sono fiorentina e sono famosa in tutto il mondo. Ho avuto una vita piacevole, sono sempre stata una persona calma e non sono cambiata. Ho sempre sorriso alla vita. Ho viaggiato molto a Milano, poi in Francia. Sono installata a Parigi e ho sempre condotto una vita mondana. La gente ha sempre voluto venire a vedermi, oggi ancora di più.
Chi sono ?

🔔 Soirée à l'opéra

Mettez ce texte à l'imparfait :

Roberta è davanti alla Scala di Milano ; è la prima volta che va all'Opera. Non ha mai sentito musica lirica e *La Bohème* di Puccini può essere un bell'inizio. Prova molta curiosità e interesse perché conosce il testo originale. Il giornale dice che tutti devono andarci, è un capolavoro, e così, ci sono molti spettatori che fanno la fila come lei, ma si sa già che i posti all'interno non bastano.

📖 Le saviez-vous ?

Giacomo Puccini (1858-1924) est un compositeur lyrique des plus appréciés. Ses œuvres sont nombreuses et très connues : *La Tosca, Madama Butterfly, Turandot... La Bohème* est l'une des plus célèbres. C'est un mélodrame dont l'action se déroule à Paris à la fin du XIXe siècle, adapté des chroniques *Scènes de la vie de bohème* de Henri Murger.

Réponses

🔔 Indovinelli

1. Cristoforo Colombo è nato a Genova nel 1451 ma è andato a chiedere soldi e navi alla Regina di Spagna per andare in India con un itinerario nuovo e pericoloso. Invece, è arrivato in America Centrale dove ha conosciuto popoli nuovi. La Colombia porta il suo nome. È morto a Valladolid nel 1506. Non ha mai saputo che aveva scoperto un nuovo continente.

2. Monna Lisa del Giocondo, chiamata La Gioconda (significa calma e felice), era una signora fiorentina dipinta da Leonardo da Vinci. Quando Leonardo si è trasferito a Milano poi in Francia (nel 1513 con il re Francesco I), ha sempre portato il quadro con sé. *La Gioconda* è celebre per il suo sorriso. Alla morte dell'artista, il quadro è restato proprietà della Francia. Oggi si trova al museo del Louvre e molti visitatori vengono a vederla, soprattutto dopo il successo del libro e del film *Da Vinci Code*.

🔔 Soirée à l'opéra

Roberta **era** davanti alla Scala di Milano; **era** la prima volta che **andava** all'Opera. Non **aveva** mai sentito musica lirica e *La Bohème* di Puccini **poteva** essere un bell'inizio. **Provava** molta curiosità e interesse perché **conosceva** il testo originale. Il giornale **diceva** che tutti **dovevano** andarci, **era** un capolavoro, e così c'**erano** molti spettatori che **facevano** la fila come lei, ma si **sapeva** già che i posti all'interno non **bastavano**.

17
Retour vers le futur

Le futur et le conditionnel

Le futur, c'est le temps des projets, comment s'en passer ? Il existait déjà en latin ; nous l'avons conservé, mais sa conjugaison est plus facile en italien.

Avoir des projets, c'est bien. Toutefois, si la réalisation de l'action est soumise à condition, on emploie le conditionnel. Il est proche du futur, sa formation est identique, il est donc facile à mémoriser.

✹ Formation du futur

La base est l'infinitif, auquel on retire le « -e » final ; on y ajoute les terminaisons du présent de l'indicatif du verbe *avoir*, sans « h » évidemment.

metter(e) + (h)ò	metterò
metter(e) + (h)ai	metterai
metter(e) + (h)à	metterà
metter(e) + (av)emo	metteremo (forme ancienne du verbe)
metter(e) + (av)ete	metterete
metter(e) + (h)anno	metteranno

Pour les verbes du 1er groupe, en plus de ces quelques règles, le « a » de la terminaison se change en « e » :

parlar(e) + (ho)	parl-e-rò
parlar(e) + (h)ai	parl-e-rai
parlar(e) + (h)à	parl-e-rà
parlar(e) + (av)emo	parl-e-remo
parlar(e) + (av)ete	parl-e-rete
parlar(e) + (h)anno	parl-e-ranno

💣 Cette règle n'est pas valable pour les verbes « dare », « fare » et « stare », dont le futur est :
darò, darai, darà, daremo, darete, daranno ; farò, farai, farà, faremo, farete, faranno ; starò, starai, starà, staremo, starete, staranno.

Par ailleurs, certains verbes au futur se contractent, en éliminant la première voyelle de la terminaison ; c'est le cas notamment de : avere (avrò, avrai, avrà, avremo, avrete, avranno) ; dovere (dovrò, dovrai, dovrà, dovremo, dovrete, dovranno) ; potere (potrò...) ; vedere (vedrò...) ; sapere (saprò...) ; vivere (vivrò...) ; andare (andrò...).

💣 L'autre tournure exceptionnelle à signaler est une double contraction qui affecte deux verbes fréquents, « venire » et « volere », et d'autres moins usuels : venire (verrò, verrai, verrà, verremo, verrete, verranno) ; volere (vorrò, vorrai, vorrà, vorremo, vorrete, vorranno).

Pour compléter le tableau, il faut aussi évoquer le cas du verbe « essere » qui est irrégulier :

1ʳᵉ pers. sing.	sarò
2ᵉ pers. sing.	sarai
3ᵉ pers. sing.	sarà
1ʳᵉ pers. plur.	saremo
2ᵉ pers. plur.	sarete
3ᵉ pers. plur.	saranno

✵ Le futur proche

On emploie le futur pour une action qui n'est pas encore accomplie, qu'elle se situe dans un avenir proche ou plus lointain. Là où le français emploie un futur proche avec le verbe aller, l'italien met un futur simple (parfois un présent) puisque l'action est à mi-chemin entre le présent et le futur, mais en aucun cas le verbe « andare » :

Ex. : Presto si sposerà/presto si sposa. *Il va bientôt se marier.*

✵ La formation du conditionnel

Le conditionnel suit en tout point les mêmes règles que le futur avec les mêmes modifications et les mêmes contractions. Voici les terminaisons :

terminaisons	mettere	partire	parlare
-ei	metterei	partirei	parlerei
-esti	metteresti	partiresti	parleresti
-ebbe	metterebbe	partirebbe	parlerebbe
-emmo	metteremmo	partiremmo	parleremmo
-este	mettereste	partireste	parlereste
-ebbero	metterebbero	partirebbero	parlerebbero

✵ L'emploi du conditionnel

On utilise le conditionnel en même temps que l'on annonce les conditions à remplir pour que l'action soit accomplie.

Ex. : Se facesse bel tempo, verrei a trovarti. *S'il faisait beau, je viendrais te voir.*

Se fosse brava, vincerebbe il campionato. *Si l'équipe était forte, elle gagnerait le championnat.*

Ces phrases exigent une concordance de temps que nous traiterons au chapitre suivant.

⚡ Un peu de vocabulaire ?

Al di sopra : *au-dessus*
Alzarsi : *se lever*
Salire : *monter*
Sereno : *bleu, clair (pour le ciel)*

Circa: *environ*
Estivo: *estival*
L'isola: *l'île*
La media: *la moyenne*
Nuvoloso: *nuageux*
L'ombrello: *le parapluie*
Parso: *épars*
Pescare: *pêcher*

Splendere: *briller*
Stagionale: *saisonnier*
La stagione: *la saison*
Il temporale: *l'orage*
Tirare vento: *souffler (le vent)*
Trascorrere: *passer*
Uscire: *sortir*

🔔 Le damier

Complétez cette grille en retrouvant l'infinitif du verbe puis en complétant à la personne exprimée et aux divers temps demandés.

infinitif	présent	imparfait	futur	conditionnel
	vado			
		venivamo		
				vorrei
			avranno	
		dovevo		
	vede			
		mangiavi		
				giochereste
			potrai	
	dicono			

🔔 Le bulletin météo

Lisez le bulletin météo puis distinguez le vrai du faux pour chacune des phrases proposées.

Domani sarà una bella giornata in molte regioni italiane. Il sole splenderà su una grande parte dell'Italia. In Lom-

17. Le futur et le conditionnel

bardia e sui laghi farà ancora freddo la mattina, ma la temperatura salirà durante la giornata. Nelle Dolomiti, il cielo diventerà sempre più chiaro e le piste di sci saranno praticabili. Nel Veneto, invece, si verificheranno piogge e temporali sparsi. In Toscana e nel centro-Italia, il cielo resterà sereno e poco nuvoloso, ma tirerà un po' di vento. Il Sud e le isole vivranno una giornata quasi estiva con temperature che si alzeranno al si sopra della media stagionale. La notte trascorrerà serena con cielo stellato su tutta l'Italia.

1. Siamo in estate.   VERO O FALSO
2. I Veneziani prenderanno l'ombrello.   VERO O FALSO
3. I Milanesi, la mattina, metteranno abiti leggeri.   VERO O FALSO
4. Gli abitanti di Belluno potranno sciare.   VERO O FALSO
5. I Siciliani metteranno abiti pesanti.   VERO O FALSO
6. I Fiorentini prenderanno l'ombrello.   VERO O FALSO
7. Nessuno uscirà in barca a pescare di notte.   VERO O FALSO

Réponses

🔔 Le damier

infinitif	présent	imparfait	futur	conditionnel
andare	vado	andavo	andrò	andrei
venire	veniamo	venivamo	andremo	andremmo
volere	voglio	volevo	vorrò	vorrei
avere	hanno	avevano	avranno	avrebbero
dovere	devo	dovevo	dovrò	dovrei
vedere	vede	vedeva	vedrà	vedrebbe
mangiare	mangi	mangiavi	mangerà	mangerebbe
giocare	giocate	giocavate	giocherete	giochereste
potere	puoi	potevi	potrai	potresti
dire	dicono	dicevano	diranno	direbbero

🔔 Le bulletin météo

1. FALSO: Siamo in primavera perché cè ancora la neve sulle piste, la mattina fa ancora freddo ma le temperature si alzano.

2. VERO: I Veneziani devono prendere l'ombrello perché pioverà.

3. FALSO: A Milano, la mattina farà freddo.

4. VERO: A Belluno, nelle Dolomiti, le piste di sci sono praticabili.

5. FALSO: In Sicilia, farà una bella giornata calda.

6. FALSO: In Toscana, il cielo sarà nuvoloso ma non pioverà.

7. VERO: Tutti i pescatori potranno uscire a pescare di notte.

18
Subjectif subjonctif

Le présent et l'imparfait du subjonctif

Le mode subjonctif est le mode subjectif par excellence. Vrai, faux, incertain, douteux... tout ce qui relève de l'appréciation a un mode : le subjonctif. Il est tout à fait indispensable en italien, qu'il soit au présent ou même à l'imparfait. Rassurez-vous : on ne vous prendra pas pour un vieux barbon rétrograde et vous pourrez dire sans y penser « mes parents auraient voulu que je fusse avocat » ou encore « j'aurais aimé que tu vinsses » !

✵ Le subjonctif présent

Les verbes terminés par -ARE ont des formes en « -i » au subjonctif, les verbes en -ERE et en -IRE ont un subjonctif en « -a ».
Les terminaisons ne varient pas et ne présentent aucune difficulté.

singulier	are cantare	ere mettere	ire (1) partire	ire (2) capire
1re pers.	cant-**i**	mett-**a**	part-**a**	cap*isc*-**a**
2e pers.	cant-**i**	mett-**a**	part-**a**	cap*isc*-**a**
3e pers.	cant-**i**	mett-**a**	part-**a**	cap*isc*-**a**

373

pluriel	are cantare	ere mettere	ire (1) partire	ire (2) capire
1ʳᵉ pers.	cant-**iamo**	mett-**iamo**	part-**iamo**	cap-**iamo**
2ᵉ pers.	cant-**iate**	mett-**iate**	part-**iate**	cap-**iate**
3ᵉ pers.	cant-**ino**	mett-**ano**	part-**ano**	cap*isc*-**ano**

Pour vous faciliter la tâche, partez toujours de la 1ʳᵉ personne du présent de l'indicatif, et vous trouverez facilement la terminaison de tous les verbes (même les plus difficiles) : en effet, les formes du subjonctif présent sont construites sur la base de la 1ʳᵉ personne du présent de l'indicatif.

Potere   présent de l'indicatif, 1ʳᵉ pers. sing. : posso
         présent du subjonctif, 1ʳᵉ pers. sing. : possa
Venire   présent de l'indicatif, 1ʳᵉ pers. sing. : vengo
         présent du subjonctif, 1ʳᵉ pers. sing. : venga
Volere   présent de l'indicatif, 1ʳᵉ pers. sing. : voglio
         présent du subjonctif, 1ʳᵉ pers. sing. : voglia

La 1ʳᵉ personne du pluriel est la même qu'au présent de l'indicatif :
– À partir de la forme « -iamo », on forge la forme « -iate » de la 2ᵉ personne du pluriel.
– La 3ᵉ personne du pluriel reprend la 1ʳᵉ en lui ajoutant la terminaison propre au pluriel « -no ».

canti/cantino   possa/possano
finisca/finiscano   abbia/abbiano

Au subjonctif, les trois personnes du singulier ayant la même forme, on introduit le pronom personnel sujet pour éviter les ambiguïtés.

💣 Les (seules) exceptions

Les verbes « essere », « dare », « stare » font : « sia », « dia », « stia »... Les verbes « avere », « sapere » font : « abbia », « sappia »... Le verbe « dovere » fait : « debba »... Le verbe « andare » fait : « vada »...

Les règles étant toujours les mêmes, il suffit de connaître la 1ʳᵉ personne des verbes pour savoir conjuguer le temps.

🛠 Les emplois du subjonctif

En italien courant, l'emploi du subjonctif est plus étendu et plus strict qu'en français courant. Lorsque le verbe principal exprime un doute (*je ne sais pas si…, je doute que…*), une crainte (*j'ai peur que…*), un désir (*je souhaite que…*), une croyance (*je crois que…*), une exigence (*je veux que…, il faut que…*), une restriction (*il suffit que…*), il faut une subordonnée au subjonctif.

Ex.: Temo che gli uffici siano chiusi. *Je crains que les bureaux (ne) soient fermés.*
Bisogna che tu venga in Italia. *Il faut que tu viennes en Italie.*

🛠 Subjonctif imparfait

cant-a- mett-e- part-i- (1) fin-i- (2)	-ssi
	-ssi
	-sse
	-ssimo
	-ste
	-ssero

Les formes de l'imparfait du subjonctif sont construites sur celles de l'imparfait de l'indicatif.

Les terminaisons étant prévisibles, ces verbes ne présentent pas de difficultés.

💣 Exceptions

Elles sont peu nombreuses (trois au total) :

Le verbe « essere » est irrégulier : che io fossi, tu fossi, fosse, fossimo, foste, fossero.

Les verbes « dare » et « stare » changent leur voyelle « a » en « e » : che io dessi, tu dessi, desse, dessimo, deste, dessero ; che io stessi, tu stessi, stesse, stessimo, steste, stessero.

Comme au présent du subjonctif, on introduit le pronom personnel sujet pour différencier la 1re de la 2e personne du singulier qui sont identiques.

✖ Emplois du subjonctif imparfait

Les emplois sont les mêmes que pour le subjonctif présent, mais en appliquant scrupuleusement la concordance de temps : si le verbe principal est au passé, le subjonctif employé est le subjonctif imparfait (ce qui n'est plus appliqué dans l'usage courant en français depuis longtemps).
>Ex. : Credevo che tu fossi malato ! *Je croyais que tu étais malade !*
>
>Tutti i giorni ho sperato (speravo) che venisse. *Tous les jours j'ai espéré (j'espérais) qu'elle vienne.*

Concordance des temps

Quand le verbe principal est au conditionnel, la subordonnée est au subjonctif imparfait.
>Ex. : Bisognerebbe che tu andassi a comprare il pane. *Il faudrait que tu ailles acheter du pain.*
>
>Ex. : Vorrei che tu studiassi di più la storia. *Je voudrais que tu étudies davantage l'histoire.*

Quand on fait une comparaison tout à fait improbable introduite par «*comme si*», le verbe est toujours au subjonctif imparfait.
>Ex. : Mi tratta come se fossi un bambino. *Il me traite comme si j'étais un enfant.*

Lorsque la phrase est hypothétique avec un verbe principal au conditionnel, le temps employé dans la subordonnée (*si tu voulais, si je pouvais...*) est au subjonctif imparfait.
>Ex. : Se tu potessi, viaggeresti tutto l'anno. *Si tu pouvais, tu voyagerais toute l'année.*

🔔 Le mot caché

Faites croiser les verbes à la personne indiquée du subjonctif présent pour obtenir verticalement un mot caché (adjectif, masc. sing.).

Horizontalement : copiare (1re pers. plur.), avere (2e pers. plur.), tornare (3e pers. plur.), venire (1re pers. sing.), raccogliere (2e pers. plur.), navigare (3e pers. plur.), scrivere

(3ᵉ pers. plur.), volere (1ʳᵉ pers. sing.), restare (1ʳᵉ pers. sing.), potere (3ᵉ pers. plur.).

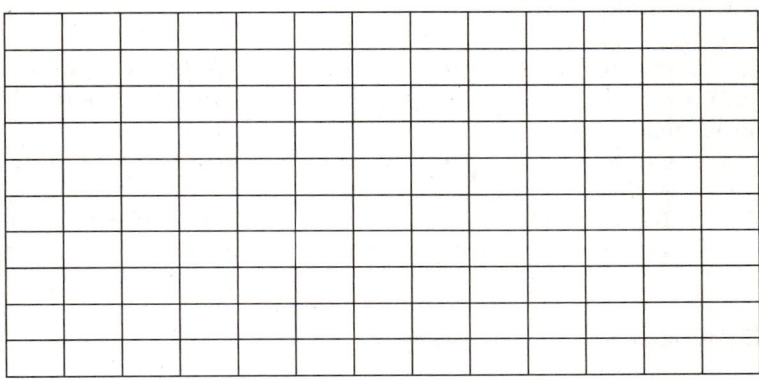

Un peu de bon temps

Complétez ces phrases en mettant le verbe proposé au bon temps : présent de l'indicatif ou présent du subjonctif ou imparfait du subjonctif.

1. Penso che Paolo (avere)...... ragione.
2. Mi sembra che tu (essere)...... contento.
3. Avevo paura che Carla (arrivare)...... troppo tardi.
4. Sono sicura che il mio amico (venire)...... a cena.
5. Desideravo che i nostri genitori (fare)...... una bella festa.
6. È vero che tu (essere)...... cresciuta !
7. Voglio che voi (lavorare)...... subito.
8. Non so se la vicina (partire)...... in vacanza.
9. Sono certo che tu (avere)...... apprezzato il film.
10. Credevi che noi (avere)...... già finito ?

Réponses

🔔 Le mot caché

						C	O	P	I	A	M	O
A	B	B	I	A	M	O						
					T	O	R	N	I	N	O	
			V	E	N	G	A					
		R	A	C	C	O	G	L	I	A	T	E
				N	A	V	I	G	H	I	N	O
				S	C	R	I	V	A			
					V	O	G	L	I	A		
				R	E	S	T	I				
P	O	S	S	A	N	O						

🔔 Un peu de bon temps

1. Penso che Paolo **abbia** ragione.
2. Mi sembra che tu **sia** contento.
3. Avevo paura che Carla **arrivasse** troppo tardi.
4. Sono sicura che il mio amico **viene** a cena.
5. Desideravo che i nostri genitori **facessero** una bella festa.
6. È vero che tu **sei** cresciuta!
7. Voglio che voi **lavoriate** subito.
8. Non so se la vicina **parta** in vacanza.
9. Sono certo che tu **hai** apprezzato il film.
10. Credevi che noi **avessimo** già finito?

19
Faites-vous des relations!

Les pronoms relatifs

Les pronoms relatifs remplacent un mot ou un groupe de mots d'une phrase antécédente et mettent ceux-ci en relation avec la phrase à laquelle ils appartiennent. Comme en français, il y a des formes simples et des formes composées qu'il faut savoir distinguer.

�֎ Les formes et les emplois des pronoms relatifs

Il existe en italien plusieurs formes de pronoms relatifs:
– La forme simple invariable «che» a la double fonction de sujet et d'objet.
   Ex.: Non conosco la persona che parla. *Je ne connais pas la personne qui parle.*
   Il signore che incontro ogni mattina è il mio vicino. *Le monsieur que je rencontre tous les matins est mon voisin.*

– La forme composée «il quale» varie en genre et en nombre. On a ainsi: «il quale», «la quale», «i quali», «le quali». Ces formes se prêtent à toutes les combinaisons et suivent la règle des contractions entre prépositions et articles.
   Ex.: Questa è la segretaria alla quale devi lasciare l'indirizzo. *Voici la secrétaire à laquelle (à qui) tu dois laisser ton adresse.*

– Le pronom «cui» remplace toutes les formes de «il quale»; plus facile d'emploi, il est invariable.

Ex.: L'amico a cui scrivo/l'amico al quale scrivo. *L'ami à qui j'écris.*
Il film di cui ti ho parlato/il film del quale ti ho parlato. *Le film dont je t'ai parlé.*

Toutes les prépositions peuvent être employées de cette façon, avec le cas particulier de « in cui » qui peut se traduire « dove » (où) dans certains cas.

Ex.: Il paese in cui abito/il paese dove abito. *Le pays dans lequel (où) j'habite.*

Ces deux phrases sont tout à fait correctes. Notons cependant que si *où* a un sens temporel, le seul pronom relatif possible est « in cui ».

Ex.: Il 1300 è l'anno in cui Dante è stato bandito da Firenze. *L'année 1300 est l'année où Dante a été banni de Florence.*

💣 « Cui » peut indiquer l'appartenance et avoir le sens de « del quale », « della quale », « dei quali », « delle quali » ; dans ce cas, on l'emploie en sous-entendant la préposition « di » et on le place entre l'article et le substantif.

Ex.: L'albero i cui rami (di cui i rami) sono secchi sarà tagliato. *L'arbre dont les branches sont sèches sera coupé.*

Emplois particuliers du relatif

– Le pronom relatif « chi » a la forme d'un pronom indéfini mais une fonction de relatif pour signifier *celui qui* ou *ceux qui*. Il est toujours employé au singulier. Cette tournure se trouve souvent dans les proverbes.

Ex.: Chi è interessato può venire. *Ceux qui sont intéressés peuvent venir.*
Chi va piano, va sano e va lontano. *Qui veut voyager loin ménage sa monture.*

– La forme « il che » remplace toute une proposition, elle signifie *ce qui, ce que* :

Ex.: Sono riuscita a fare l'esercizio, il che non era facile ! *Je suis arrivée à faire l'exercice, ce qui n'était pas facile !*

19. Les pronoms relatifs

⌕ Un peu de vocabulaire ?

La buca : *le trou, l'ornière*
La ditta : *l'entreprise*
Il francobollo : *le timbre-poste*
Il motivo : *la raison, le motif*

Le persiane chiuse : *les volets fermés*
Provenire (io provengo) : *provenir*

◔ QCM

Parmi les quatre propositions qui suivent chacune des phrases suivantes, choisissez le relatif qui convient.

Conosco la città...... abiterai.
in cui – nella quale – che – dove
Ho fatto il dolce...... mangio volentieri.
per il quale – cui – che – dove
Ecco Anna,...... fratello fa il medico.
il quale – cui – il cui – che
Aspettiamo il giorno...... saremo in vacanza.
dove – nel quale – il qual – in cui
Ho letto un libro in un giorno, ... non è facile.
che – dove – nel quale – il che
La regione...... provengo è bella.
da cui – da quale – dove – dalla quale
Il paese...... vorrei abitare è l'Italia.
nel cui – dove – in quale – il che
La casa...... persiane sono chiuse è mia.
la cui – le cui – le quali – di cui

◔ Cui-cui

Donnez un sens à ces phrases, en plaçant devant « cui » la préposition exacte.

1. Il giorno...... cui sono nata, faceva freddo.
2. Il ragazzo...... cui scrivo è in Cina.
3. La lettera...... cui manca un francobollo è sulla tavola.
4. La ditta...... cui lavoro ha molti dipendenti.
5. Il foglio...... cui disegno è bianco.

IV. L'ITALIEN EST UN JEU

6. La strada...... cui ci sono le buche è chiusa al traffico.
7. L'amica...... cui vado abita a Roma.
8. Il ragazzo...... cui vivo è italiano.
9. I libri...... cui parla la TV sono in vendita.
10. Il motivo...... cui sono venuto è chiaro.

Réponses

🔔 QCM

Conosco la città **in cui/dove** abiterai.
Ho fatto il dolce **che** mangio volentieri.
Ecco Anna, **il cui** fratello fa il medico.
Aspettiamo il giorno **in cui** saremo in vacanza.
Ho letto un libro in un giorno, **il che** non è facile.
La regione **da cui/dalla quale** provengo è bella.
Il paese **dove** vorrei abitare è l'Italia.
La casa **le cui** persiane sono chiuse è mia.

🔔 Cui-cui

1. Il giorno **in** cui sono nata, faceva freddo.
2. Il ragazzo **a** cui scrivo è in Cina.
3. La lettera **su** cui manca un francobollo è sulla tavola.
4. La ditta **per** cui lavoro ha molti dipendenti.
5. Il foglio **su** cui disegno è bianco.
6. La strada **in** cui ci sono le buche è chiusa al traffico.
7. L'amica **da** cui vado, abita a Roma.
8. Il ragazzo **con** cui vivo è italiano.
9. I libri **di** cui parla la TV sono in vendita.
10. Il motivo **per** cui sono venuto è chiaro.

Librio

934

Composition PCA – 44400 Rezé
Achevé d'imprimer en Italie
par  Grafica Veneta
en juillet 2009 pour le compte de E.J.L.
87, quai Panhard-et-Levassor, 75013 Paris
Dépôt légal juillet 2009

EAN 9782290015445

Diffusion France et étranger : Flammarion